Sett i gang 2

An Introductory Norwegian Curriculum

by

Kari Lie Dorer & Nancy Aarsvold

1st edition 2006
2nd edition 2016
3rd edition 2023

© **NorWords** www.settigang.com
ISBN: 9798387284922

Print and Digital Textbooks

Overview

Sett i gang is an introductory Norwegian curriculum designed for use in the first year of university courses, the first two years of community education and high school classes, or for self-study. Brimming with colorful images of Norway and numerous activities, the curriculum engages students in exploring contemporary Norwegian language and culture from the very first chapter.

The materials are carefully sequenced and organized around 10 main themes relevant to learners of all ages, providing an interesting and varied context for the students as they learn to understand texts in Norwegian and communicate with others both in the classroom and in the larger Norwegian community. Through the lens of Norwegian culture, students learn to view the world from multiple perspectives, bringing them new insights about their own culture and language as well as about Norway and its role in the world.

Highlights

• Focus on modern Norway and the connection between language and culture

• Extensive vocabulary presented with visuals

• Pedagogically sequenced materials

• Authentic texts combined with student-centered, process-oriented and strategy-based activities

• Listening materials by a variety of native speakers

• Grammatical explanations and exercises taken from the context of the chapter

• Numerous exercises for students to use and review grammar and vocabulary

• Technically enhanced materials such as multimedia presentations and interactive exercises

• Examples of written tests, oral tests, and projects, plus scoring rubrics for presentations and essays

Components of the *Sett i gang* Curriculum

Sett i gang 1:
Print Textbook
(Ch. 1-15, 225 pp.)

Sett i gang 1:
eTextbook
(Ch. 1-15, 225 pp.)

Sett i gang 2:
Print Textbook
(Ch. 16-30, 225 pp.)

Sett i gang 2:
eTextbook
(Ch. 16-30, 225 pp.)

Chapter Organization

Innledning	An overview of the communicative, structural, and cultural goals in the section (2 p.)
Fra ord til forståelse	Introduction to the chapter theme via short texts, visual vocabulary spreads, and listening exercises (4 p.)
Grammatikk	Presentation of two grammar topics with text, clear charts, and drawings with a variety of exercises for practice (4 p.)
Fra grammatikk til kommunikasjon	Communicative exercises that combine the chapter theme and the grammatical topics (2 p.)
I fokus	An in-depth presentation of a cultural topic related to the chapter theme using text, visuals, and audio (2 p.)
Uttale	Pronunciation practice focusing on vowel and consonant sounds, stress, and intonation through the use of songs and a variety of exercise types (1 p.)
Repetisjon	An overview of the main vocabulary from the chapter organized by questions and answers and translated to English (1 p.)

Web Portal

www.settigang.com

Check out all the resources available on the *Sett i gang* web portal!

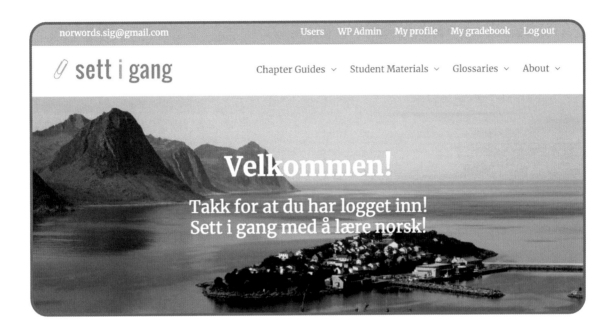

Overview

Sett i gang features a comprehensive web portal that brings together many useful online resources for Norwegian language learners. The portal includes a large number of audio and video clips, online flashcards, interactive exercises, and links to related web resources. In addition, there are answer keys to all the exercises in the textbook, an online glossary, and many extra resources for instructors.

Using modern technology in an accessible way, the portal makes the print textbooks come alive for learners with culturally rich digital materials while providing immediate feedback on learning and extra resources for further exploration.

The portal began as a faculty-student collaboration through the Collaborative Undergraduate Research and Inquiry (CURI) program at St. Olaf College. Later, the project received funding from two Digital Humanities on the Hill grants, providing support from student interns and staff in the IT department at St. Olaf.

Highlights

On the portal you will find:

- 500+ audio and video clips

- 500+ interactive online exercises

- 140+ digital flashcard sets with audio

- An online glossary with the essential words, meanings, and grammatical forms

- Practice assessments after each section (3 chapters)

- Links to additional online Norwegian language learning resources

- Password-protected resources for instructors

- How-to video tutorials

To the Teachers
Our Approach to Language Teaching

Like many language teachers, the co-authors of this textbook have a multi-faceted approach to language instruction. We believe that the instructors who use the *Sett i gang* curriculum will be able to adapt them to fit their own unique teaching styles and classroom needs. However, it will be clear when viewing and using our materials that we have several guiding principles that have heavily influenced the design of this curriculum package.

We value the importance of good instructional design and pedagogical sequencing. We see language learning as a gradual process, and we design contextualized and guided activities that take the students from comprehension of written and spoken texts to production of their own texts. We want the students to be aware of their own learning process and to learn strategies that will help them in understanding and communicating more effectively. We also want to give the students numerous opportunities to practice understanding texts and communicating with others. Often we find that many language textbooks include objectives for the students to master certain skills or topics without actually providing them enough of the type of practice that they need.

We value instruction that is contextualized and meaningful to the students. All of our chapters are organized by theme, and the vocabulary, texts, and grammar will always be presented and practiced in the context of this larger theme. We want the students to focus on learning "chunks (expressions, phrases, sentences, questions)" of language related to particular topics rather than individual and random words. Our materials also contain a much larger amount of vocabulary than is found in most beginning Norwegian textbooks. We want our students to be able to talk about themselves and to explore Norwegian culture in a meaningful way, and in order to do so they need more words to use. We also encourage students to make connections between their academic and leisure interests in the US and the expression of these interests in Norway.

We value materials that engage all of the senses and thus make students active participants in the learning process. Our materials are highly visual with many drawings, photos, maps, and graphs because we find it is much easier for both the teachers and the students to keep speaking Norwegian when they have visual support for what they are reading, hearing, or presenting. Similarly, our materials include more than the usual number of audio clips. We think that the students need to spend more time listening to Norwegian in order to improve both their comprehension and their pronunciation. We also incorporate many pair and small group activities and suggestions for larger projects and oral presentations because we want the students to be actively engaged in using the language as much as possible.

Last but not least, we value the role modern technology plays in helping us reach our pedagogical goals and improve our instruction in Norwegian language and culture. While the *Sett i gang* print materials present information and activities for class, the online materials cultivate student interest and develop language acquisition by providing rich cultural resources and immediate feedback that is engaging and encouraging. In addition, the portal includes many extra resources for teachers, such as sample assessments, digital presentations, and more.

To the Students

1. Feeling rusty?

If you took a break between *Sett i gang 1* and *2*, it is normal to feel that you need some time to get back in the swing of speaking Norwegian. We designed *Sett i gang 2* so that the grammar and vocabulary from the first book recurs regularly, but we recommend that you study the review pages from *Sett i gang 1* and work with the flashcards, audio clips, and interactive exercises on the web portal to get back up to speed again.

2. Assess the situation.

Take some time to reflect on your progress thus far. What things went well for you when you were studying from *Sett i gang 1*? What things do you need to work on a bit more?

3. Find a study partner.

As you remember from the song "Alle synger i dusjen" in *Sett i gang 1*, all learners have their own unique strengths. Find another learner or classmate and help one another with the areas that are difficult for each of you.

4. Discover additional Norwegian resources.

Norwegian language and cultural resources are readily available to everyone, whether you are enrolled in a class or learning on your own. Take some time to find out more about the resources available at your school, in your community, and on the web. We especially recommend that you click on the web resources link for each chapter on the *Sett i gang* web portal so that you can explore articles, audio clips, and videos related to Norwegian news and culture. It is a fabulous way to improve your reading and listening skills, as well as to learn about contemporary Norway.

5. Verb conjugations, noun declensions, and adjective endings, oh my!

Learning a language is much more than memorizing grammatical forms and vocabulary. Watch films, listen to music, and get to know some people from Norway or others interested in Norwegian. Have some fun, be creative, and play with the language!

6. Practice makes perfect!

One major difference between the top language students and others is that top students use their Norwegian as much as possible. You have a good language base at this level, so we encourage you to write longer texts for your assignments and to speak Norwegian as much as you can with students in your class and in other settings. Try to use a wider variety of vocabulary as well as more advanced grammatical forms. As the Norwegian saying goes, **Øvelse gjør mester**, which literally translates to *Practice makes the master.*

Hjertelig takk!

Sett i gang is an expansive, ongoing project that could not have been completed without the significant contributions of the people below. To them, we extend our sincere thanks and appreciation.

To our Norwegian language consultant, Torunn Strand Andresen for answering all questions, both great and small; Margaret Hayford O'Leary for pictures, consultation and proofreading; Peggy Hager for advice and support; Louis Janus for frequent consultation and inspiration; Hilde Reinertsen for writing, proofreading, and audio recording; Liv Dahl for proofreading, photos, and writing; and to Bettine Hermanson and Karoline Videsjorden for audio recording.

To the extended Førland and Solem families for the many photos from their private family moments; Jostein and Bente Førland Solem for additional photos; Krista Schweppe for taking and organizing photos; Tove Dahl for help with the text about Skogfjorden; Liv Harnæs for advice and proofreading of pronunciation pages; Ottar and Peder Dahl for photos; Katinka Nagell and Nina Slupphaug for writing and photos; Kjell and Judy Åvendal for providing family photos; Geir Holm Sundgot for text; Bruce Aarsvold, Reed Deardorff, Nora Serres, and Helge and Frode Husvær for photos.

To St. Olaf student workers who helped on numerous parts of the project: Thomas Halvorsen for audio/video recording and editing; Gudrun Austli, Marte Hovig, Liv Kvalvik, Kristin Valle, Bjørg Edberg, and Bjørn Sjue for videotaping; Kristin Clark, James Cleven, Britta Weber, Thea Lund, glossary; Grant Dobbe for audio/video editing; and Erik Moe for updating online materials.

To our CURI students Nora Serres and Jens Bringsjord for beginning the process of conceptually linking the digital and print materials in a new and creative way. For frequent technical consulting and assistance, our thanks to St. Olaf College's Digital Humanities team, most specifically Ben Gottfried, Ezra Plemons, Doug Hamilton, and Dolores Peters. Additionally, to DHH interns Annika Fredrikson and Armaan Bindra.

We would like to especially thank the Norwegian Foreign Ministry, St. Olaf College, and the Sons of Norway for providing financial support for this project: Norwegian Foreign Ministry travel grants, St. Olaf Digital Humanities on the Hill grants, Collaborative Undergraduate Research Inquiry grant, Technology Across Languages and Cultures grants, and the Sons of Norway Heritage grant.

To all the instructors who gave meaningful input toward developing the second and third editions of Sett i gang: Peggy Hager, Margaret Hayford O'Leary, Kim Pedersen, Melissa Gjellstad, Steve Finney, Ingrid Urberg, Kyle Korynta, Christine Haerter Piñero, Dean Krouk, Torild Homstad, Maren Mecham, and Jenna Coughlin.

And to our designers, Chelsey Johnson (1st ed.), Erika Terwilliger (2nd ed.), Laura Moquin (2nd ed.), and Alli Hering (3rd ed.), not only for their wonderful design work, but also for dealing with many changes in dates and layout. We could never have managed this project without you, and we're so grateful for your hard work.

To our families for their love and support while we spent countless hours and our family savings for the completion of this project: Letty Lie and Ben and Simon Dorer; Stephanie Fay, Andreas and Greta Aarsvold, and Tina, Jessica, and Jack Aarsvold.

And **sist men ikke minst** (*last but not least*), to all of our students who inspired us to provide a future generation with a curriculum package that would meet their needs.

Innhold: Sett i gang 2

AUTHORS: Kari Lie Dorer & Nancy Aarsvold
GRAPHIC DESIGNERS: Alli Hering, Erika Terwilliger, Laura Moquin & Chelsey Johnson

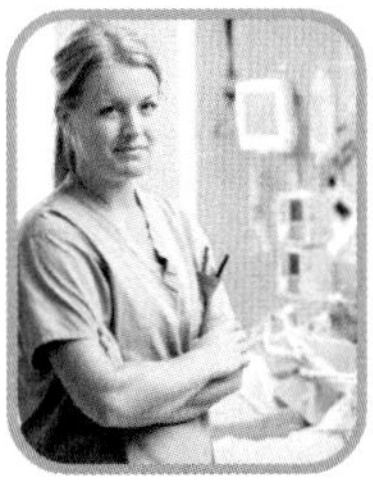

© NorWords 2004-2023

familie og feiring

family & celebrations

In this section, you will...

- learn about family in Norway, including typical family members, types of families, love and relationships, and family rituals and celebrations

- understand and participate in conversations and interviews about families

- read informative texts about relationships and family types

- listen to short descriptions of families, family members, and family celebrations

- write descriptions of families, family members, and life stories

- create a skit based on the story "Tor med hammeren" from Norse mythology

- reflect on how families are changing and discuss the causes and effects of these changes

	16. Family and Relatives	17. Appearance and Personality	18. Love and Relationships
Topics	Family trees, relatives, and birthdays	Hair, eyes, face, height, weight, and personality traits	Love relationships, domestic partnerships, same-sex partnerships, and marriage
Grammar	Nouns: Plural, Irregular Forms Determinatives: Possessives	Adjectives: Indefinite, Irregular Forms Adjectives: Comparison	Determinatives: Reflexive Possessive "sin" Verbs: Review of Tenses
Pronunciation	50 most challenging words and sentences	Birthday song	Stress in words
Functions	Asking for information about families	Identifying facial features, describing height and weight, making comparisons	Asking for information about family types
Tasks	Describing and discussing families	Describing people and birthday celebrations	Describing family types
Culture	Family structure, baptism, and comfirmation	Metric system (kilos vs. pounds, centimeters vs. inches)	Family types, weddings, marriage equality, and Norse mythology

Kap. 16: Familie og slektninger

FAMILIEN LARSEN OG FAMILIEN RUD

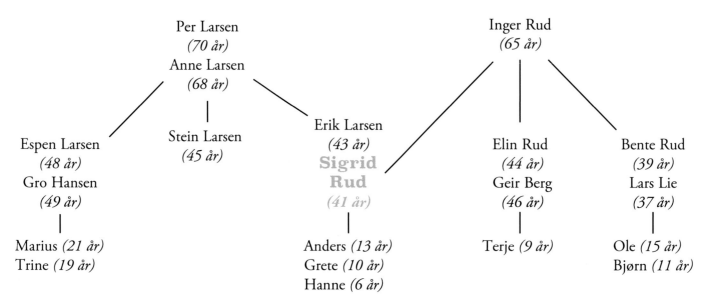

Per Larsen
(70 år)
Anne Larsen
(68 år)

Inger Rud
(65 år)

Espen Larsen
(48 år)
Gro Hansen
(49 år)

Stein Larsen
(45 år)

Erik Larsen
(43 år)
**Sigrid
Rud**
(41 år)

Elin Rud
(44 år)
Geir Berg
(46 år)

Bente Rud
(39 år)
Lars Lie
(37 år)

Marius *(21 år)*
Trine *(19 år)*

Anders *(13 år)*
Grete *(10 år)*
Hanne *(6 år)*

Terje *(9 år)*

Ole *(15 år)*
Bjørn *(11 år)*

 **øving a.**
FAMILIE

Read the text below and underline all the words for family members. Review the meanings of the family terms you have learned before and try to figure out the meanings of any new terms. As you read, write information from the text beside the name of each person in the family tree.

Sigrid Rud forteller:

Jeg har en stor og hyggelig familie. Jeg er gift med Erik Larsen, og vi har tre barn, en sønn og to døtre. Sønnen vår heter Anders, og døtrene våre heter Grete og Hanne. Anders er 13 år gammel og liker å kjøre snowboard og spille gitar. Grete og Hanne er ti og seks år gamle, og de er interessert i musikk og sport.

Mora mi heter Inger og er 65 år. Hun jobber som sykepleier på et sykehus i Oslo og trives godt med det. Faren min het Olav, men han døde i 1998. Vi savner ham fortsatt veldig. Svigerforeldrene mine heter Per og Anne Larsen. De er pensjonister og bor på Lillehammer. Om sommeren drar vi ofte på hytta deres.

Jeg har to søstre som heter Elin og Bente. De er begge gift og bor i Oslo-området. Mannen til Elin heter Geir, og de har en sønn på ni år som heter Terje. Mannen til Bente heter Lars, og de har to sønner, Ole og Bjørn. Mannen min, Erik, har to brødre som heter Espen og Stein. Jeg er ofte sammen med svogerne mine fordi vi har mange felles interesser. Stein er singel, men Espen er gift med Gro, og de har to nesten voksne barn. Marius er i militæret akkurat nå, og Trine skal begynne på universitetet til høsten. Jeg har til sammen fire nevøer og ei niese, og jeg liker godt å være sammen med dem og barna mine.

øving b.
SKRIVING

In the box on the left, match the Norwegian words for family members with the English equivalents by drawing a line from the Norwegian word to the English word. In the box on the right, match the collective terms for family members with two of the words listed on the far right by writing the letters on the line after the term.

norske ord	engelske ord
1. besteforeldre	a. grandparents
2. en bestefar	b. cousin
3. ei/en bestemor	c. nephew
4. et barn	d. grandfather
5. et barnebarn	e. father-in-law
6. en nevø	f. grandchild
7. en svoger	g. niece
8. ei/en svigerinne	h. brother-in-law
9. en svigerfar	i. female cousin
10. ei/en svigermor	j. parents-in-law
11. svigerforeldre	k. child
12. ei/en niese	l. male cousin
13. ei/en kusine	m. aunt
14. en fetter	n. uncle
15. ei/en tante	o. sister-in-law
16. et søskenbarn	p. grandmother
17. en onkel	q. mother-in-law

1. et ektepar _____
2. besteforeldre _____
3. søskenbarn _____
4. foreldre _____
5. søsken _____
6. svigerforeldre _____
7. barn _____

a. en bror
b. ei/en datter
c. en mann
d. ei/en kusine
e. ei/en svigermor
f. en bestefar
g. ei/en kone
h. ei/en mor
i. ei/en søster
j. ei/en bestemor
k. en fetter
l. en far
m. en sønn
n. en svigerfar

øving c.
FAMILIE

Look at Sigrid Rud's family tree on the previous page. Practice using the terms for family members by asking questions about how each person in the family tree is related to Sigrid. See examples below.

ex.) Hvem er Anders?   Anders er sønnen til Sigrid.
Hvem er Stein?   Stein er svogeren til Sigrid.

🔑 Språktips — mine barn, dine barn og våre barn

In Norway, there are many *blended families*, or **bonusfamilier** with **bonusforeldre** og **bonusbarn**. Below are other useful words ■

en steforelder   en stefar   ei/en stemor
et stebarn   en stesønn   ei/en stedatter
et stesøsken   en stebror   ei/en stesøster
et halvsøsken   en halvbror   ei/en halvsøster

Sivilstand

UGIFT SAMBOER **REGISTRERT PARTNER** GIFT SEPARERT **SKILT** ENKE ENKEMANN

 **øving d.**
SIVILSTAND

Listed above are the categories for marital status in Norway. What do they mean? In the texts below, circle the words related to marital status and the person's significant other. Are the categories for marital status in your country the same as in Norway, or are they different?

Mitt navn er Arne, og jeg er 28 år gammel. Jeg har en samboer som heter Liv. Hun jobber på et bibliotek, og jeg studerer ved Universitetet i Oslo.

Jeg heter Kristian, og jeg har en mann som heter Espen. Vi har vært sammen i 25 år. Vi inngikk partnerskap i 1998, og i 2009 gjorde vi om partnerskapet til ekteskapet.

Jeg heter Berit og er enke. Mannen min døde for fem år siden, og jeg savner ham veldig. Heldigvis bor barna mine og familiene deres i samme by som meg, så jeg treffer dem ofte. Jeg har også mange venninner som jeg tilbringer mye tid med.

Jeg heter Hanne og er 34 år gammel. Jeg er ugift og har ingen barn, men jeg har en kjæreste som jeg er veldig glad i! Kjæresten min heter Ole, og han driver en sportsbutikk i Oslo.

Jeg heter Maria, og jeg er gift. Mannen min heter Andreas, og vi har ei datter som heter Mona. Andreas har også to barn fra et tidligere ekteskap, så jeg har to stesønner som heter Morten og Thomas.

Jeg heter Lars-Erik og er 53 år gammel. Kona mi heter Anne-Lise, og vi har tre voksne barn. Pål og Ellen bor i Oslo, og Bjørn bor i Trondheim.

Mitt navn er Bjørg, og jeg er skilt. Jeg har to barn som heter Henrik og Nora. De bor hos meg, men de er ofte sammen med faren sin i helgene og om sommeren.

Jeg heter Kjell og er 24 år gammel. Nå for tida er jeg singel og trives godt med det. Jeg går ofte ut på byen i helgene og treffer en del jenter, men jeg har ennå ikke funnet noen som jeg vil være sammen med.

øving e.
LYTTING

Listen to the descriptions of the families in the photos below. Find the photo that is being described and write down key words about each person in the photo, including name, family relationship, age, interests, etc.

_____

_____

_____

_____

_____

i Innblikk familier

In the past, the most common family type in Norway was **en kjernefamilie** *(a nuclear family)*, consisting of a father, a mother, and at least one child. Today, there are still many nuclear families, but there are also blended families, single-parent families, and an increasing number of people who live alone. In addition, many of the recent immigrants to Norway live in **storfamilier** *(large, intergenerational families)*. ■

Substantiv: Uregelmessige former

[NOUNS: IRREGULAR FORMS]

Below is an overview of the noun forms relating to family. The first group follows the pattern you have learned, and the rest have irregular plural forms.

Nouns	Indefinite singular	Definite singular	Indefinite plural	Definite plural
Regular nouns	en sønn	sønnen	sønner	sønnene
	ei/en tante	tanta / tanten	tanter	tantene
	ei/en kusine	kusina / kusinen	kusiner	kusinene
	ei/en niese	niesa / niesen	nieser	niesene
	en nevø	nevøen	nevøer	nevøene
Most one-syllable et-nouns	et par	paret	**par**	parene / **para**
	et barn	barnet	**barn**	**barna**
Most en-nouns that end in -er	en fetter	fetteren	**fettere**	**fetterne**
Most en-nouns that end in –el	en onkel	onkelen	**onkler**	**onklene**
Nouns that have a vowel shift in plural	en far	faren	**fedre**	**fedrene**
	ei/en mor	mora / moren	**mødre**	**mødrene**
	en bror	broren	**brødre**	**brødrene**
	ei/en søster	søstera / søsteren	**søstre**	**søstrene**
	ei/en datter	dattera / datteren	**døtre**	**døtrene**
Other nouns	en forelder	forelderen	**foreldre**	**foreldrene**
	et søsken	søskenet	**søsken**	**søsknene**

Bruk av substantiv

1) **Indefinite singular** is used the first time a singular noun is introduced, and it usually occurs with the indefinite article. However, note that the indefinite article is not used with collective nouns or before nouns in the predicate that describe occupation, nationality, or religion.

> Jeg har **en bror** og **ei søster**. | Jeg er gift, og vi har **et barn**.
> Jeg vil ha **frukt**. | Jeg liker **kaffe**. | Jeg lager ofte **pizza**.
> Jeg er **lærer.** | Jeg er **amerikaner**. | Jeg er **muslim**.

2) **Definite singular** is used when the noun has already been introduced. It can also be used with possessives, demonstratives, and the definite adjective (presented in Ch. 21).

> Jeg har en jobb på kontor. Jeg liker **jobben** godt.
> **Jobben** <u>min</u> er fin. | Jeg liker <u>denne</u> **jobben**. | Jeg liker <u>den nye</u> **jobben**.

3) Indefinite plural is used the first time a plural noun is introduced. It often occurs after numbers or the determinatives **mange** (*many*), **flere** (*several*), or **noen** (*some*).

> Jeg har både **nieser** og **nevøer**. | Vi får ofte **gjester** om sommeren. | De har <u>tre</u> **sønner**.
> Vi har <u>mange</u> **slektninger** her. | Jeg må skrive <u>flere</u> **oppgaver** i år. | Vi har <u>noen</u> **venner** i Norge.

4) Definite plural is used when a plural noun has already been introduced. The definite form is also used with possessives, demonstratives, and the definite adjective.

> Jeg har nye sko. Jeg liker **skoene** godt.
> **Skoene** <u>mine</u> er pene. | Jeg liker <u>disse</u> **skoene**. | Jeg liker <u>de pene</u> **skoene**.

øving f.
SUBSTANTIV

Fill in the correct form of the noun listed in parentheses. Each sentence provides clear clues about which of the four noun forms to use. Circle the words in the sentence that help you decide which noun form to use.

1. *(en sønn)*   Søstera mi har én _____, men jeg har tre _____.
_____ mine liker å besøke _____ hennes.

2. *(ei niese /*   Hvor mange _____ og _____ har du? Jeg har
    en nevø)   ei _____ og to _____. _____ mi er
tre år gammel, og _____ mine er fem år gamle.

3. *(et barn)*   Broren min har to _____. Jeg spiller gitar med _____ hans.

4. *(en fetter)*   Jeg har en _____ som heter Jan Erik. Han er like gammel som meg
og bor i Norge. Jeg gleder meg til å se _____ min til sommeren.
På den andre siden av familien min har jeg fem _____.

5. *(en onkel)*   Har du mange tanter og _____? Nei, jeg har bare éi tante og
én _____. Tanta mi heter Merete, og _____ min heter Olav.

6. *(en bror)*   Kona mi har to _____ som heter Tom og Knut. _____
hennes er flinke til å synge. De spiller i et band med _____ min.

7. *(ei søster)*   Ella har ei _____ som jobber i USA. _____ hennes er lege.

8. *(ei datter)*   Beate har to _____. _____ hennes heter Emma og Linn.

9. *(ei bestemor)*   Kristian har to _____ som lever. De heter Kjersti og Ida.

10. *(et søsken)*   Tor har to _____. _____ hans bor i Nord-Norge.

11. *(en forelder)*   _____ våre jobber som arkitekter.

Determinativer: Possessiver

Possessives are words that express ownership or relationship, and you have used them many times in previous chapters even though you have not studied this grammar topic in detail. In Norwegian, possessives have the following characteristics:

1) The possessive occurs most commonly after the noun.

  bil<u>en</u> **min**

2) The noun is in the definite form when followed by a possessive.

  bil<u>en</u> **min**

3) The possessives for my, your, and our must agree in gender and number with the nouns they modify.

bil<u>en</u> **min**	senga **mi**	hus<u>et</u> **mitt**	penn<u>ene</u> **mine**
bil<u>en</u> **din**	senga **di**	hus<u>et</u> **ditt**	penn<u>ene</u> **dine**
bil<u>en</u> **vår**	senga **vår**	hus<u>et</u> **vårt**	penn<u>ene</u> **våre**

4) Occasionally, you will see the possessive in front of the noun. In this position, it emphasizes who owns an object. Note that the noun is in the indefinite form when the possessive precedes it.

  Det er **min** <u>bil</u> / **mitt** <u>hus</u> / **mine** <u>sko</u>!

Number	Masculine	Feminine	Neuter	Plural
1st person, singular	faren **min** *my father*	mora **mi** *my mother*	barnet **mitt** *my child*	foreldrene **mine** *my parents*
2nd person, singular	faren **din** *your father*	mora **di** *your mother*	barnet **ditt** *your child*	foreldrene **dine** *your parents*
3rd person, singular	faren **hans** *his father*	mora **hans** *his mother*	barnet **hans** *his child*	foreldrene **hans** *his parents*
	faren **hennes** *her father*	mora **hennes** *her mother*	barnet **hennes** *her child*	foreldrene **hennes** *her parents*
	faren **hens** *their father*	mora **hens** *their mother*	barnet **hens** *their child*	foreldrene **hens** *their parents*
1st person, plural	faren **vår** *our father*	mora **vår** *our mother*	barnet **vårt** *our child*	foreldrene **våre** *our parents*
2nd person, plural	faren **deres** *your father*	mora **deres** *your mother*	barnet **deres** *your child*	foreldrene **deres** *your parents*
3rd person, plural	faren **deres** *their father*	mora **deres** *their mother*	barnet **deres** *their child*	foreldrene **deres** *their parents*

øving g.
POSSESSIVER

Fill in the correct nouns and possessives. Remember to put the noun in the definite form and to place the possessive after the noun.

1. Jeg har en liten familie: far, mor, ei søster og meg.

   _____ *(my father)* heter Torbjørn og er 43 år gammel.

   _____ *(my mother)* heter Kirsten og er 44 år gammel.

   _____ *(my sister)* heter Randi og er 15 år gammel.

2. Du har en ganske stor familie. Du har en far, ei mor, to søstre og en bror.

   _____ *(your parents)* er lærere på en barneskole.

   _____ *(your brother)* studerer ved universitetet, og

   _____ *(your sisters)* går på videregående skole.

> 🔑 **barn**
>
> Families with children in Norway have on average 1.75 children per family. 3% of families have 4 children, 13% have 3 children, 40% have 2 children, and 44% have only 1 child.
>
> **et enebarn** *(an only child)* ■

3. Andreas har mange slektninger. Alle_____ *(his grandparents)* er i live,

   og det er oldefaren _____ *(his)* også. _____*(his uncles and aunts)*

   bor på Vestlandet, og han besøker dem ofte.

4. Hilde er gift. _____ *(her husband)* heter Pål og er fotograf. Hilde har

   tre søsken, to brødre og ei søster. _____ *(her brothers)*

   heter Erik og Lars, og _____ *(her sister)* heter Ellen.

5. Pål og jeg er gift og har tre barn. _____ *(our daughters)*

   er 10 og 8 år gamle, og _____ *(our son)* er 5 år gammel.

6. Du og Monika er søsken. _____ *(your parents)* bor på

   Vestlandet, men _____ *(your grandparents)* bor

   på Østlandet. _____ *(your female cousins)* bor også der.

7. Elisabeth og Morten er gift. _____ *(their children)* heter Sigrid og Lars.

💬 **øving h.**
FAMILIETRE

Look back at the family tree on p. 4 and practice describing the family from different points of view using correct possessive forms. See examples below.

ex.) *1st person, singular*   Jeg heter Sigrid. **Mannen min** heter Erik, og **sønnen min** heter Anders.

    3rd person, singular   Dette er Erik. **Kona hans** heter Sigrid, og **døtrene hans** heter Grete og Eli.

    3rd person, singular   Dette er Elin. **Svogerne hennes** heter Erik og Lars.

    3rd person, singular   Dette er Marius. **Faren hens** heter Espen, og **mora hens** heter Gro.

    3rd person, plural   Dette er Sigrid og Erik. **Barna deres** heter Anders, Grete og Hanne

LIVET TIL MARIT I KORTE TREKK

1974: Jeg ble født i februar. Jeg hadde to eldre søsken, en bror og ei søster.

1975–76: Mamma passet meg hjemme og jobbet som dagmamma for tre andre barn.

1981–82: Jeg begynte i 1. klasse på barneskolen og fikk mange nye venner. Jeg likte å lese og skrive.

1989: Jeg var med i elevrådet på skolen og sang i ungdomskor. Jeg ble konfirmert i kirken vår om våren.

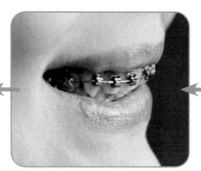

1987: Jeg begynte på ungdomsskolen. Det var gøy med nye venner, og jeg likte best naturfag. Jeg fikk tannregulering. Familien min fikk en hund, en liten Golden Retriever.

1990–1992: Jeg begynte på videregående skole og tok studieretning for allmenne fag, med fordypning i naturfag. Jeg lærte å kjøre bil og tok lappen.

1993: Jeg var rødruss, og vi feiret at vi var ferdige med videregående skole. Vi festet mye og laget en revy.

1993–1994: På høsten begynte jeg på folkehøgskole. Jeg traff mange nye mennesker, til og med min drømmeprins, Andrew, som var fra England.

 **øving i.**
LIVET TIL MARIT

Read the short texts about Marit above and on the next page. Do the exercises below.

Pre-reading: Marit is 41 years old, and these short texts comprise a timeline of her life. What events do you predict will be included in the timeline?

Reading: Write down the years in which the topics listed below are mentioned.

Barnefødsler: _____   Venner: _____

Hus og hjem: _____   Kjæledyr: _____

Skole: _____   Interesser: _____

Jobber: _____   Ferier: _____

Slektninger: _____   Kjærlighet *(love)*: _____

Post-reading: Describe when some of the events in Marit's life occurred. Start each sentence with the year and invert the subject and the verb after the adverbial. Do the same with events in your life.

ex.) I 1981 begynte Marit på barneskole. | I 1989 ble hun konfirmert.

1995–96: Andrew og jeg forlovet oss. Han bodde i England, og jeg i Norge. Det ble mange flyturer til England.

1996–1999: Jeg studerte kjemi og jobbet i en butikk. Jeg bodde alene for første gang og savnet Andrew mye.

1999: Andrew og jeg giftet oss i England. Det var en nydelig sommerdag, og alt var perfekt.

2001: Vi kjøpte vår første bil. Jeg ble daglig leder for en helt ny butikk. Jeg jobbet mye, og butikken gikk bra.

2000: Jeg prøvde å få jobb innenfor kjemifaget, men det var vanskelig. Derfor jobbet jeg som assisterende daglig leder i en butikk.

1999: Bestemora mi flyttet på gamlehjem. Etter noen uker ble hun syk, og hun døde på sykehuset.

2001: Jeg ble gravid, og vi fikk ei datter, Stella. Hun var lita og søt, og vi ble veldig glad i henne.

2002: Da dattera vår var 11 måneder, begynte hun i barnehagen. Så begynte jeg å jobbe igjen.

2004: Jeg fødte en sønn, Phillip. Vi kjøpte en større bil og et større hus utenfor Oslo.

2023: Utrolig hvor fort tida går! Stella studerer i England og Phillip går siste år på videregående.

2015: Nå går Stella i 1. klasse på videregående og Phillip i 8. klasse på ungdomsskole.

2014: Andrew og jeg feiret 40-årsdagene våre med en stor fest med familie og venner. Andrew er blitt professor ved universitetet, og jeg driver min egen butikk i sentrum.

 **øving j.**
INTERVJU Interview another student about family.

1. Hva heter foreldrene dine? Hvor gamle er de, og hva gjør de?

2. Hvor mange søsken har du? Hva heter de? Hvor gamle er de? Hva liker de å gjøre i fritida?

3. Er noen av søsknene dine gift? Har du en svoger eller ei svigerinne? Har du nieser eller nevøer? Beskriv dem.

4. Lever besteforeldrene dine? Hvor bor de? Hvor gamle er de?

5. Hvor mange tanter og onkler har du? Hvor bor de? Hvor ofte ser du dem?

6. Hvor mange fettere og kusiner har du? Beskriv én av dem.

7. Har du mann, kone, partner eller samboer? Har du kjæreste? Beskriv denne personen.

8. Har du barn eller barnebarn? Hva heter de, og hvor gamle er de?
   Går de på skole eller jobber de? Hva liker de å gjøre i fritida?

9. Har du et kjæledyr – en hund, en katt, en fisk, et marsvin, en fugl eller en slange?
   Hva heter kjæledyret ditt? Hvor lenge har du hatt det?

 i fokus: norske seremonier

øving k.
NORSKE SEREMONIER

Below is an overview of the options Norwegians have for ceremonies and rituals that mark important points in people's lives. Study the text and discuss in English the importance of ceremonies and the types of ceremonies you have in your country.

Key words:
en dåp *(baptism)* • **en konfirmasjon** *(confirmation)* • **et bryllup** *(wedding)* • **en vielse** *(wedding ceremony)*
en begravelse *(a funeral)* • **ei/en kirke** *(a church)* • **kirkelig** *(church/religious)* • **borgerlig** *(civil)*

Dåp, konfirmasjon, bryllup og begravelse er viktige seremonier for familier i Norge, og mange av disse seremoniene er nært knyttet til kirken. Nedenfor ser du statistikken over menneskene som tar del i disse seremoniene i Den norske kirke.

Dåp	48 %
Konfirmasjon	52 %
Bryllup / vielse	36 %
Begravelse	84 %

i Innblikk religion

In Norway, 65% of the people are members of **Den norske kirke**, or the *Norwegian State Church*. Some are members because they are religious, while others appreciate and respect the traditions of the church in Norway, including services on Christmas Eve and Easter Sunday, and ceremonies such as baptism, confirmation, weddings, and funerals.

Approximately 11% of the population is registered in other faith communities, such as Islam, the Roman Catholic Church, Pentecostal congregations, and Buddhism. ■

Folk som vil ha alternativer til kirkens seremonier, kan velge å delta i borgerlige eller humanistiske seremonier arrangert av Den norske stat eller Human-Etisk Forbund. For eksempel er det veldig vanlig for folk å velge borgerlig eller humanistisk vielse, og det er også blitt populært å velge humanistisk konfirmasjon. I dag er det ca. 20 % som konfirmerer seg humanistisk. Humanistisk konfirmasjon er et tilbud fra Human-Etisk Forbund og består av et kurs i etikk og livssyn som avsluttes med en høytidelig seremoni. Dessuten tilbyr Human-Etisk Forbund humanistisk navnefest, vielse og gravferd.

Source: SSB

Den norske kirke *Norwegian State Church*	**Den norske stat** *Norwegian Government*	**Human-Etisk Forbund** *The Norwegian Humanist Association*
Kirkelig dåp	—	Humanistisk navnefest
Kirkelig konfirmasjon	—	Humanistisk konfirmasjon
Kirkelig vielse	Borgerlig vielse	Humanistisk vielse
Kirkelig gravferd	—	Humanistisk gravferd

øving l.
DÅP

Study the photo series about baptism on the next page. Discuss the questions below with a partner. **Key words: en dåp** *(a baptism)* • **å bli døpt** *(to be baptized)*

1. Hva heter jenta som ble døpt? Når ble hun døpt? Hvem er hun oppkalt etter?
2. Hva betyr «fadder», tror du? Hvor mange faddere har den lille jenta?
3. Kom det mange mennesker til dåpen? Hva gjorde familien etter gudstjenesten?
4. Var det viktig *(important)* for familien å komme sammen på denne dagen?
5. Er det typisk for barn å bli døpt i familien din? Er du døpt? Har du faddere, og hvem er de?

Dåp: Bente forteller om dåpen til Dorthea

Vi heter Bente og Jostein, og dette er dattera vår som heter Dorthea. Hun ble døpt 11. april i Tonsen kirke i Oslo. Vi syntes det var viktig at dattera vår skulle få et navn fra familien vår. Derfor er Dorthea oppkalt etter oldemora til Jostein.

Dorthea har fem faddere: søstera mi og svogeren min, venninna mi og søstera og svogeren til Jostein. I tillegg til fadderne kom hele familien i dåpen – besteforeldrene, grandtanta, tantene, onklene og søskenbarna til Dorthea.

Etter gudstjenesten dro vi til foreldrene mine og spiste middag sammen. Det var en fin middag, og alle koste seg. Det betydde mye for oss at vi kunne samle hele familien på denne dagen.

Etter middagen tok vi mange bilder, men så ble Dorthea trøtt og sovnet. De voksne pratet, barna lekte og alle koste seg med deilige kaker.

Dette er familien til Jostein. Han har tre søsken, to søstre og en bror, og alle er gift.

Og dette er familien min. Jeg har også to søstre og en bror. Storesøstera mi er gift og har tre barn.

 **MEST UTFORDRENDE ORD OG SETNINGER**

In *Sett i gang 1*, you focused on learning individual sounds in Norwegian, including vowels, diphthongs, and consonants. In *Sett i gang 2*, you will continue to review these sounds, but you will focus more on pronunciation at the sentence level. In the chart below, there is a review of the pronunciation topics from the first book on the left and an overview of the topics that will be presented in this textbook, including stress, tones, and syllable reduction, on the right.

a) Stress in words: It is common for the first syllable in Norwegian words to be stressed, but there are some words that receive stress on the second, third, or fourth syllables. These are often foreign words that have been imported into the Norwegian language.

b) Stress in sentences and questions: In Norwegian sentences and questions, it is typical for one or more words to be stressed. The stressed words are usually the ones that carry meaning, rather than the smaller words such as articles, pronouns, prepositions, and conjunctions.

c) Tones: Norwegian is one of the few languages that utilizes both stress and tone. There are two tones, one that starts low and rises while the other starts high, falls, and then rises again. When pronounced individually, every word in Norwegian will have either tone 1 or tone 2, but in the context of the sentence, only the words that are stressed will keep the tone.

d) Syllable reduction: Norwegian does not have written contractions. However, it is common to have syllable reduction when Norwegian is spoken at normal tempo, making it difficult to hear the individual words in the flow of speech.

Sounds	Examples	Stress and Tones	Examples
i	liten, briller	**Stress: 1st syllable**	**slekt**ning, **sjek**ke
y	lys, stygg	**Stress: 2nd syllable**	fa**mi**lie, selv**sten**dig
e	leve, elske	**Stress: 3rd syllable**	sosi**al**, gratu**le**re, tradi**sjon**
ø	nevø, søster	**Stress: Sentences**	Jeg har to søstre.
a	sta, slank		Vi møttes på en kafé.
æ	er [ær], ærlig		I fritida går de på kino.
å	dåp, pålitelig		I sommerferien fikk jeg mitt første kyss.
o	kone, rolig		
u	kusine, ugrei	**Stress: Questions**	Har du barn?
ei, au, øy, ai	grei, øyne		Skal du gifte deg i sommer?
silent consonants	glad, vennlig		Hvor mange søsken har du?
j	gift, jotun		Hva liker barna å gjøre?
kj	kjærlighet, kyss	Tone 1	**sønn**, **ven**nen
skj	skjegg, skilt	Tone 2	**tan**te, **gif**ter, **ko**selig
r	rar, bror	Syllable reduction	Jeg kan ikke gå i bryllupet.
l	lat, foreldre		Jeg skal ikke gå ut med henne.
ng	tilbringe, ligne		Jeg liker ham ikke.

REPETISJON: ORD OG UTTRYKK

16. Familie og slektninger	16. Family and Relatives
Betyr familien din mye for deg? Ja, familien min betyr mye for meg. Jeg er ofte sammen med familien min. | Nei, familien min er ikke så viktig for meg. Jeg tilbringer ikke så mye tid med familien min.	*Does your family mean a lot to you?* Yes, my family means a lot to me. I am often with my family. | No, my family isn't so important to me. I don't spend so much time with my family.
Har du stor familie? Ja, jeg har en (ganske) stor familie. Nei, jeg har en liten familie.	*Do you have a large family?* Yes, I have a (quite) large family. No, I have a small family.
Hvem består familien din av? Familien min består av _____. (faren min, mora mi, broren min, brødrene mine, søstera mi, søstrene mine, mannen min, kona mi, partneren min, samboeren min, sønnen min, sønnene mine, dattera mi, døtrene mine, barnet mitt, barna mine, hunden min, hundene mine, katta mi, kattene mine)	*Whom does your family consist of?* My family consists of _____. (my father, my mother, my brother, my brothers, my sister, my sisters, my husband, my wife, my same-sex partner, my domestic partner, my son, my sons, my daughter, my daughters, my child, my children, my dog, my dogs, my cat, my cats)
Hva heter foreldrene dine? Foreldrene mine heter _____.	*What are your parents named?* My parents are named _____.
Hvor mange søsken har du? Jeg har _____. (en bror, to brødre, ei søster, to søstre)	*How many siblings do you have?* I have _____. (a brother, two brothers, a sister, two sisters)
Er du gift? Ja, jeg er gift. | Nei, jeg er _____. (ugift, skilt, enke, enkemann, registrert partner, samboer)	*Are you married?* Yes, I am married. | No, I am _____. (unmarried, divorced, a widow, a widower, a registered partner, a domestic partner)
Har du barn? Ja, jeg har _____. (et barn, to barn, tre barn, fire barn, en sønn, to sønner, ei datter, to døtre)	*Do you have children?* Yes, I have _____. (a child, two children, three children, four children, a son, two sons, a daughter, two daughters)
Lever besteforeldrene dine? Ja, jeg har _____. | Nei, de er døde. (en bestefar, en farfar, en morfar, ei bestemor, ei farmor, ei mormor)	*Are your grandparents living?* Yes, I have _____. | No, they are dead. (a grandfather, a father's father, a mother's father, a grandmother, a father's mother, a mother's mother)
Har du mange slektninger? Ja, jeg har _____. (en onkel, mange onkler, ei tante, mange tanter, mange søskenbarn, en fetter, mange fettere, ei kusine, mange kusiner, en nevø, mange nevøer, ei niese, mange nieser)	*Do you have many relatives?* Yes, I have _____. (an uncle, many uncles, an aunt, many aunts, many cousins, a male cousin, many male cousins, a female cousin, many female cousins, a nephew, many nephews, a niece, many nieces)
Ble du døpt, konfirmert eller gift? Ja, jeg ble ____. | Nei, jeg ble ikke ____. (døpt, konfirmert, gift)	*Were you baptized, confirmed, or married?* Yes, I was _____. | No, I wasn't _____. (baptized, confirmed, married)

Kap. 17: Utseende og personlighet

Øyne

Liv har
blå øyne.

Sarah har
grønne øyne.

Sissel har
blågrønne øyne.

Thea har
brune øyne.

Kari bruker
briller.

Hår

Kjersti har
blondt / lyst hår.

Jenny har
rødt hår.

Kristin har
brunt hår.

Eivind har
svart / mørkt hår.

Jens har
grått hår.

Barnet har
kort hår.

Kristine har
langt hår.

Ella har
rett hår.

Astrid har
krøllete hår.

Silje har
hestehale.

🔑 Språktips   faste uttrykk

In Norwegian, there are many wonderful metaphorical
expressions that contain words for parts of the body. Below
are a few expressions related to the head and face. ■

* miste **hodet**   *lose your head*
* gjøre store **øyne**   *be surprised or shocked*
* ha bein i **nesa**   *be tough and determined*

Birgit har
pannelugg.

Harald er
skallet.

Ansikt

| Lars har bart. | Geir har fippskjegg. | Kristian har skjegg. | Camilla har mange fregner. | Jens har smilehull. | Marit har tannregulering. |

 øving a.
UTSEENDE
Take turns describing people in your class. The student listening has to guess who is being described.

ex.) Dette er en gutt / en mann. Han har lyst hår....

Dette er ei jente / ei kvinne. Hun har langt, brunt hår...

 øving b.
UTSEENDE
Work with another student and ask one another questions about the appearance of your family members.

ex.) Hvordan ser faren din ut?   Faren min har kort, grått hår og blå øyne.
Han bruker briller.

Hvem ligner han på?   Han ligner på faren sin.

 øving c.
FAMILIE
Read the texts below and then describe two of your family members for your partner. Include the following: relationship to you, name, age, hair, eyes, and facial features.

Familien til Kristin

Dette er broren min. Han heter Stian og er 55 år gammel. Han er skallet, men har bart og skjegg. Han har også brune øyne. Når han smiler, får han store smilehull.

Dette er dattera mi. Hun heter Sara og er 20 år gammel. Hun har krøllete, rødt hår som hun ofte setter opp i en hestehale. Hun har blå øyne og noen fregner på nesa.

Dette er nevøen min. Han heter Jostein og bor på Lillehammer. Han har brunt hår og bruker briller. Han har brune øyne og smilehull.

øving d.
UTSEENDE

Work with another student and take turns describing the people in the pictures below. The student listening has to guess which picture the other student describes.

 øving e.
UTSEENDE

This is an information gap activity, so one student should look at the cues below while the other looks at the cues on the next page. One student describes a person, and the other student has to draw a picture of the person based on the description. Be sure to study the phrases for body type at the top of the following page before you start.

Student A (Cues)		
1. søstera mi høy, slank langt, krøllete lyst hår blå øyne, smilehull	**2. onkelen min** middels høy, kraftig mørkt, kort hår grønne øyne, bart	**3. svigermora mi** middels høy, fyldig kort, grått hår blå øyne, briller

Student A (Drawings)		
4.	**5.**	**6.**

Kroppsbygning

Høyde

Jeg er _____. (kort, liten, middels høy, høy)

Hvor høy er du? Jeg er <u>1,65 *(en sekstifem)*</u> meter høy.

Fot ➡ Meter
1 fot = 0,3048 meter

Tommer ➡ Centimeter
1 tomme = 2,54 centimeter

5'0"	1,52 m	5'10"	1,78 m
5'1"	1,55 m	5'11"	1,80 m
5'2"	1,57 m	6'0"	1,83 m
5'3"	1,60 m	6'1"	1,85 m
5'4"	1,63 m	6'2"	1,88 m
5'5"	1,65 m	6'3"	1,91 m
5'6"	1,68 m	6'4"	1,93 m
5'7"	1,70 m	6'5"	1,96 m
5'8"	1,73 m	6'6"	1,98 m
5'9"	1,75 m	6'7"	2,01 m

Vekt

Jeg er ____. (tynn, slank, kraftig, fyldig, overvektig, tykk)

Hvor mye veier du? Jeg veier _____ kilo.

Pund ➡ Kilo
1 pund = 0,45 kilo   1 kilo = 2,2 amerikanske pund

80 pund	36 kilo	180 pund	82 kilo
90 pund	41 kilo	190 pund	86 kilo
100 pund	45 kilo	200 pund	91 kilo
110 pund	50 kilo	210 pund	95 kilo
120 pund	54 kilo	220 pund	100 kilo
130 pund	59 kilo	230 pund	104 kilo
140 pund	64 kilo	240 pund	109 kilo
150 pund	68 kilo	250 pund	113 kilo
160 pund	73 kilo	260 pund	118 kilo
170 pund	77 kilo	270 pund	122 kilo

i Innblikk During World War II, Norway was occupied by German forces from 1940 to 1945. Hitler viewed Norwegians as being part of a superior race with their fair skin, blonde hair, and blue eyes. He encouraged his soldiers to fraternize with Norwegian women, and approximately 10,000–12,000 children were born to Norwegian mothers and German fathers during the war. After the war, these women and their children were considered to be traitors, and they were treated harshly by other Norwegians. Even today, many of these people still struggle to come to terms with their past. One of these children is the famous ABBA singer Anni-Frid Lyngstad (Frida). ■

	1.	2.	3.
Student B (Drawings)			
Student B (Cues)	**4. fetteren min** liten, slank kort rødt hår, brune øyne fregner	**5. tanta mi** høy, slank langt, mørkt hår satt opp i en hestehale brune øyne, briller, smilehull	**6. bestefaren min** middels høy, kraftig lyst hår, litt skallet, skjegg grønne øyne

Adjektiv: Unntak [ADJECTIVES: EXCEPTIONS]

In Chapter 15 of *Sett i Gang 1*, you learned the exceptions to the rules for indefinite adjectives. Many of these same adjectives are also used for describing physical appearance and personality. Review the chart below and note that the adjectives in bold type do not follow the general rules for adjective endings.

Adjectives	Masculine / Feminine	Neuter	Plural
Regular adjectives	høy rød brun	høyt rødt brunt	høye røde brune
1. Adjectives ending in -ig and adjectives ending in -sk that indicate nationality or have more than one syllable	hyggelig vennlig norsk fantastisk	**hyggelig** **vennlig** **norsk** **fantastisk**	hyggelige vennlige norske fantastiske
2. Adjectives ending in -el / -er / -en	gammel vakker åpen	gammelt vakkert åpent	**gamle** **vakre** **åpne**
3. Adjectives ending in a stressed vowel	blå grå ny	**blått** **grått** **nytt**	**blå** **grå** nye
4. Adjectives ending in a double consonant	snill grønn	**snilt** **grønt**	snille grønne
5. Adjectives ending in a consonant and a -t	kort svart	**kort** **svart**	korte svarte
6. Adjectives ending in an unstressed vowel	moderne spennende	**moderne** **spennende**	**moderne** **spennende**
7. The adjective "liten"	**liten / lita**	**lite**	**små**

øving f.
ADJEKTIV

Circle the noun that is being modified and fill in the correct form of the adjective. Note that there are some regular adjectives mixed in with the irregular adjectives.

1. Regular adjectives:

a) Broren min er _____ *(høy)* og _____ *(sterk)*. Han har _____ hår *(lys)*

og _____ øyne *(brun)*.

2. Adjectives ending in -ig and -sk:

a) Sønnen min er åtte år gammel. Han er _____ (hyggelig) og _____ (grei).

Han er et _____ barn (selvstendig).

b) Foreldrene mine er veldig _____ (aktiv). De bor i et _____ hus (koselig)

ved fjorden, og de drar ofte på seiltur. Bak på båten har de alltid et _____ flagg (norsk).

Det er _____ å besøke dem i helgene og i feriene (hyggelig).

3. Adjectives ending in -el / -er / -en:

a) Besteforeldrene mine er 73 år _____ (gammel). De bor på en gård på Vestlandet.

Det er veldig _____ der (pen), og jeg har mange _____ bilder derfra (vakker).

b) Sønnene mine er _____ (aktiv) i sport og andre aktiviteter.

De er alltid veldig _____ når de kommer hjem fra trening (sulten).

4. Adjectives ending in a stressed vowel:

a) Faren min har _____ øyne (blå) og _____ hår (grå).

Han har _____ briller (ny).

5. Adjectives ending in a double consonant:

a) Henrik er et veldig _____ barn (snill). Han leker med alle.

b) Broren min er litt _____ (rar). Han har på seg en _____ skjorte (rød), et _____ slips (grønn)

og _____ bukser (gul).

6. Adjectives ending in a consonant and a -t:

a) Mora mi har _____, _____ hår (kort, lys), men søstera mi har _____, _____ hår (lang, svart).

7. Adjectives ending in an unstressed vowel:

a) Tanta mi går alltid i _____ klær (moderne). Det er _____ å kjøpe slike klær (dyr),

men det er _____ for henne å se stilig ut (viktig).

8. Irregular forms of "liten":

a) Faren min er veldig _____ (høy), men mora mi er veldig _____ (liten).

b) Kattene mine er _____ (søt), og de er veldig _____ (liten).

c) Niesa mi har et _____ smilehull på kinnet (liten), og hun smiler hele tida.

d) Broren min er _____ (liten), men han snakker veldig høyt.

Gradbøyning [COMPARISON OF ADJECTIVES]

These adjectives are used to compare people and objects. The chart below shows examples of such comparisons, and it provides an overview of adjectives in the positive, comparative and superlative forms (tall, taller, tallest). The first group receives regular endings (-ere / -est), the second group is slightly irregular (-ere / -st), and the third and fourth groups contain all irregular forms.

1. When comparing two people or things, you should use the comparative form.
   Jeg er **høyere** enn Jon.   *(I am taller than Jon.)*

2. When comparing three or more people or things, you should use the superlative form.
   Jeg er **høyest**.   *(I am tallest.)*

Positive	Comparative	Superlative
Jeg er **høy**. Jeg er 16 år **gammel**.	Broren min er **høyere enn** meg. Broren min er **eldre enn** meg.	Faren min er **høyest**. Faren min er **eldst**.
høy slank tykk snill	høyere slankere tykkere snillere	høyest slankest tykkest snillest
hyggelig kraftig vennlig	hyggeligere kraftigere vennligere	**hyggeligst** **kraftigst** **vennligst**
gammel ung stor liten god / bra mye	**eldre** **yngre** **større** **mindre** **bedre** **mer**	**eldst** **yngst** **størst** **minst** **best** **mest**
intelligent	**mer** intelligent	**mest** intelligent

øving g.
ADJEKTIV

Compare the age, height, and body type of the siblings below by using the comparative and the superlative forms of the adjective.

Erik er eldre enn Jan. | Anders er yngre enn Morten.   Erik er eldst. | Anders er yngst.

Erik, 35 år 1,83 m høy, kraftig	Jan, 32 år 1,86 m høy, tykk	Morten, 30 år 1,79 m høy, slank	Anders, 26 år 1,85 m høy, kraftig
Elisabeth, 52 år 1,70 m høy, slank	Annette, 50 år 1,68 m høy, slank	Hilde, 47 år 1,72 m høy, fyldig	Kari , 45 år 1,69 m høy, slank

øving h.
ADJEKTIV

Fill in the comparative or superlative form of the adjective.

1. Jeg er _____ enn søstera mi (*taller*), men broren min er _____ (*tallest*).

2. Jeg er _____ enn broren min (*younger*), men søstera mi er _____ (*youngest*).

3. Jeg er _____ enn Pål (*larger*), men Erik er _____ (*largest*).

4. Jeg er _____ enn Elisabeth (*older*), men Tove er _____ (*oldest*).

5. Jeg er _____ enn Camilla (*smaller*), men Marit er _____ (*smallest*).

6. Sjokoladekake er _____ enn bløtkake (*better*), men marsipankake er _____ (*best*).

7. Jeg er _____ (*more intelligent*)

   enn fetteren min, men kusina mi er

   _____ (*most intelligent*).

Write three sentences comparing yourself to others.

8. Jeg er _____ enn _____.

9. Jeg er _____ enn _____.

10. Jeg er _____ enn _____.

Språktips

Heldiggrisen!

If someone has good fortune, we might call that person a *lucky duck* in English. However, it is pigs that are associated with luck in Norwegian. If one of your friends won the lottery, you could say **Heldiggrisen!** ■

Eldre og yngre søsken

When describing the ages of our siblings, we can use compound words or adjectives in the comparative or superlative form. Study the examples below and then do the exercise.

lillesøskenet mitt (*my little sibling*)
lillebroren min (*my little brother*)
lillesøstera mi (*my little sister*)

storesøskenet mitt (*my big sibling*)
storebroren min (*my big brother*)
storesøstera mi (*my big sister*)

det yngre søskenet mitt (*my younger sibling*)
den yngre broren min (*my younger brother*)
den yngre søstera mi (*my younger sister*)

det eldre søskenet mitt (*my older sibling*)
den eldre broren min (*my older brother*)
den eldre søstera mi (*my older sister*)

det yngste søskenet mitt (*my youngest sibling*)
den yngste broren min (*my youngest brother*)
den yngste søstera mi (*my youngest sister*)

det eldste søskenet mitt (*my oldest sibling*)
den eldste broren min (*my oldest brother*)
den eldste søstera mi (*my oldest sister*)

øving i.
PARARBEID

Give a short description of one or two of your siblings, including names, current residences, and studies or jobs. Use the expressions above to indicate whether the siblings are older or younger than you.

ex.) Den eldste søstera mi heter Annika og er 32 år gammel. Hun bor i Bergen og jobber som fotograf.

øving j.
EGENSKAPER

Study the new words for personality traits. Describe your own personality and those of your family members and friends for another student. You can use the adverbs **litt** (*a little*) and **veldig** (*very*) to decrease or increase the impact of the various adjectives.

ex.) Hvordan beskriver du deg selv? Jeg er rolig, avslappet og veldig lykkelig.
Hvordan beskriver du broren din? Broren min er vennlig og morsom, men litt innadvendt.

snill (*kind*)	**slem** (*mean*)
hyggelig, koselig (*nice*)	**sur** (*sour, crabby*)
åpen (*open*)	**lukket** (*closed*)
utadvendt (*extroverted*)	**innadvendt** (*introverted*)
pratsom (*talkative*)	**sjenert** (*shy*)
sosial (*social, outgoing*)	**usosial** (*antisocial*)
varm (*warm*)	**kald** (*cold*)
intelligent	**dum** (*dumb*)
grei (*easygoing, nice*)	**ugrei, vanskelig** (*difficult*)
vennlig (*friendly*)	**uvennlig** (*unfriendly*)
morsom (*fun, funny*)	**kjedelig** (*boring*)
positiv (*positive*)	**negativ** (*negative*)
rolig (*calm*)	**urolig, nervøs** (*nervous*)
avslappet (*relaxed*)	**stresset** (*stressed*)
glad, lykkelig (*happy*)	**lei seg, ulykkelig** (*unhappy*)
vanlig (*common, ordinary*)	**uvanlig** (*unusual*), **rar** (*strange*)
selvstendig (*independent*)	**uselvstendig** (*dependent*)
tålmodig (*patient*)	**utålmodig** (*impatient*)
pålitelig (*reliable*)	**upålitelig** (*unreliable*)
fleksibel (*flexible*)	**sta** (*stubborn*)
aktiv (*active*)	**lat** (*lazy*)
ærlig (*honest*)	**uærlig** (*dishonest*)
høflig (*polite*)	**uhøflig** (*impolite*)

 **Språktips** The word **koselig** (*cozy*) doesn't translate very well into English. It is often used to describe people or events and then means *nice* or *pleasant*. However, it can also be used to describe a home that is cozy and warm. ■

øving k.
FAMILIEBILDER

The texts below describe three family members and provide information about their ages, studies, work, interests, appearance, and personality. As you read, underline the phrases used for appearance and personality. Then take out the photos of your own family or friends and work with another student in the class. Each of you should give a brief description of one person, and afterwards you should have a brief conversation about another person as you look at the pictures. Use a variety of questions in your conversation.

BESTEMORA TIL SILJE

Bestemora mi heter Else Hansen og er 68 år gammel. Hun og bestefar har vært gift i 42 år. De bor på Sandane i Nordfjord. Besteforeldrene mine har sju barnebarn. Alle sier at jeg ligner mest på bestemor av alle barnebarna.

Bestemor er høy og slank. Hun har blå øyne og bruker briller. Håret er brunt og kortklippet.
Det er praktisk, sier bestemor. Hun er en veldig koselig dame, alltid i godt humør. Hun spiller piano og har god sangstemme. Bestemor er glad i å lage mat, og bløtkakene hennes er verdens beste. Jeg gleder meg til å besøke bestemor og bestefar.

BROREN TIL SILJE

Broren min heter Øystein og er student ved Universitetet i Oslo. Han er middels høy og kraftig, og han har blå øyne, lyst hår og skjegg. Øystein og jeg ligner ikke på hverandre i det hele tatt. Han er både kraftigere og høyere enn meg.

Øystein er en hyggelig gutt med et stort smil og mye energi. Han er veldig sosial og er ofte sammen med vennene sine. I fritida driver han med sport og friluftsliv, og han er også glad i film og musikk. Øystein studerer medievitenskap og har lyst til å jobbe i TV eller radio.

BROREN TIL KRISTINE

Kristine. Hei, Silje! Se på det fine bildet jeg tok av broren min i sommer!

Silje.   Tøft! Hvor gammel er han?

Kristine. Han er 18 – tre år yngre enn meg.

Silje.   Hm… han ser kjekk ut. Han må være populær blant jentene!

Kristine. Jada, det er han – «høy og mørk». Han er den høyeste i familien min. Ellers har han blå øyne, slik som jeg. Vi ligner på foreldrene våre i utseende.

Silje.   Er han lik deg i væremåte?

Kristine. Ja, på noen måter. Vi er begge ganske rolige, men han er nok litt mer utadvent enn meg.

Silje.   Han ser ut til å være i god form. Driver han med idrett?

Kristine. Ja, det gjør han. Han er den mest aktive personen jeg vet om. Han driver med roing, og trener både alene og sammen med andre flere timer hver eneste dag. Det er så vidt han får tid til skole og lekser. I helgene er han ute med venner.

 **i fokus: bursdag**

Birthdays are important family celebrations, both in Norway and in North America. Discuss the questions about birthday celebrations with another student.

1. Hvor gammel er du? Jeg er _____ år gammel.

2. Når har du bursdag? Jeg har bursdag _____.

   Når har du fødselsdag? Jeg har fødselsdag _____.

3. Hvordan feirer du bursdagen din?

   Hvordan feirer du fødselsdagen din?

- Jeg får frokost på senga.
- _____ sier «Gratulerer med dagen».
- _____ synger bursdagssangen for meg.
- _____ lager en god middag til meg.
- Jeg går på restaurant med _____.
- Jeg har en fest med _____.

- Jeg får ei bursdagskake med mange lys på.
- Jeg blåser ut lysene på kaka.
- Jeg får bursdagskort fra _____.
- Jeg får bursdagshilsener på SMS og på nett.
- Jeg får gaver eller presanger fra _____.
- Jeg får penger fra _____.

 Innblikk

sangtradisjoner

In Norway, it is common for people to write their own lyrics to well-known melodies to celebrate important events, such as weddings, anniversaries, or birthdays. The new words are often given to all the guests so that everyone can sing for the couple or the person celebrating a birthday.

The Sami also have a song tradition for important events. They sing a **joik**. A joik attempts to capture an event, not to tell about it. Some joiks have words, while others tell stories through a combination of melody, rhythm, expressions, or gestures. ■

Do the reading exercises below.

Pre-reading: The text on the next page describes the birthday celebration of a three-year-old girl named Gina. What do you predict that she might do on her birthday?

Reading: Match the people with their activities on Gina's birthday.

Aunt Bente & Uncle Jostein • came over for dinner

Great Aunt Reidun • blew out the candles

Uncle Eivind • knit Gina mittens

Mommy • gave Gina a dress

The entire family • gave Gina a pair of pants

Gina • made a big dinner

Daddy • read a book to Gina and her

sister

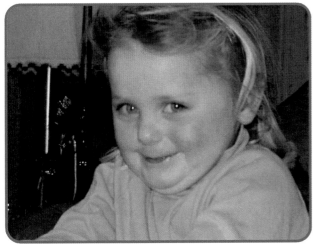

Jeg heter Gina. Jeg bor i Tønsberg sammen med mamma, pappa og søstera mi. Den 11. april fylte jeg tre år.

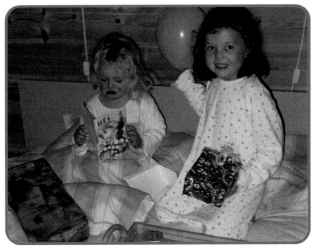

Mamma, pappa og søstera mi vekket meg klokka sju med frokost på senga. De hadde med seg presanger også.

Mormor og morfar og tantene og onklene mine kom på besøk til oss. Pappa laget en stor middag til hele familien.

Etter middagen spiste vi kake som mamma hadde laget. Det var en marsipankake som så ut som en kanin! Jeg fikk blåse ut de tre lysene på kaka.

Så fikk jeg flere presanger! Jeg fikk en kjole fra tante Bente og onkel Jostein, et par bukser fra onkel Eivind, noen bøker fra mormor og morfar og en leke fra tante Elise. Grandtante Reidun hadde strikket et par rosa votter til meg.

Klokka åtte leste mamma ei bok for Martine og meg. Selv om jeg var trøtt etter en lang dag, var jeg veldig fornøyd med treårsdagen min.

 uttale: trykk i ord - «Hurra for deg»

 **øving n.**
BURSDAGSSANGEN

This text has many new words, but it is easier to understand if you see the dance that accompanies it. Listen to the song and see if you can understand the text.

Key words: å fylle år *(to have a birthday)* | **å gratulere** *(to congratulate)* | **å ønske** *(to wish)*

Hurra for deg som fyller ditt år!
Ja, deg vil vi gratulere!

Alle i ring omkring deg vi står,
og se, nå vil vi marsjere,

bukke, nikke, neie, snu oss omkring,

danse for deg med hopp og sprett og spring,

ønske deg av hjertet alle gode ting og
si meg så, hva vil du mere? Gratulere!

 øving o.
UTTALE

Listen to the recording again and find examples of the vowels, diphthongs, and consonants that you learned in *Sett i gang 1*. Write them below. Remember that not all of the vowels and consonants are pronounced exactly as they look.

Vokaler	Eksempler	Diftonger og konsonanter	Eksempler
i		ei, au, øy, ai	
y		silent consonants	
e		j	
ø		kj	
a		skj	
æ		r	
å		l	
o		ng	
u			

REPETISJON: ORD OG UTTRYKK

17. Utseende og personlighet	17. Appearance and Personality
Hvordan ser du ut? **Jeg er** _____. (høy, middels høy, kort, liten, tynn, slank, overvektig, kraftig, tykk)	***How do you look (What do you look like)?*** ***I am*** _____. *(tall, medium tall, short, small, thin, slim, overweight, stocky, fat)*
Hvordan ser du ut? **Jeg har** _____. (blå øyne, blågrønne øyne, grønne øyne, brune øyne, lyst / blondt hår, rødt hår, brunt hår, mørkt / svart hår, grått hår, langt hår, kort hår, rett hår, krøllete hår hestehale, pannelugg)	***How do you look (What do you look like)?*** ***I have*** _____. *(blue eyes, hazel eyes, green eyes, brown eyes, light / blonde hair, red hair, brown hair, dark / black hair, gray hair, long hair, short hair, straight hair, curly hair, a ponytail, bangs)*
Hvordan ser du ut? **Jeg har** _____. (skjegg, fippskjegg, bart, smilehull, fregner, tannregulering)	***How do you look (What do you look like)?*** ***I have*** _____. *(a beard, a goatee, a mustache, dimples, freckles, braces)*
Bruker du briller? Ja, jeg bruker briller. | Nei, jeg bruker ikke briller. Nei, jeg bruker linser.	***Do you wear glasses?*** *Yes, I wear glasses. | No, I don't wear glasses. No, I wear contacts.*
Hvem ligner du på? Jeg ligner på _____. (bestefaren min, bestemora mi, faren min, mora mi, broren min, søstera mi, onkelen min, tanta mi, fetteren min, kusina mi)	***Whom do you resemble / look like?*** *I resemble / look like* _____. *(my grandfather, my grandmother, my father, my mother, my brother, my sister, my uncle, my aunt, my male cousin, my female cousin)*
Hvordan beskriver du deg selv? Jeg er _____. (snill, slem, hyggelig, koselig, sur, åpen, lukket, utadvendt, innadvendt, pratsom, stille, sjenert, sosial, usosial, varm, kald, intelligent, dum, grei, ugrei, vanskelig, vennlig, uvennlig, morsom, interessant, kjedelig, positiv, negativ, rolig, urolig, nervøs, avslappet, stresset, glad, lei meg, lykkelig, ulykkelig, vanlig, uvanlig, rar, selvstendig, uselvstendig, tålmodig, utålmodig, pålitelig, upålitelig, fleksibel, sta, aktiv, lat, ærlig, uærlig, høflig, uhøflig)	***How do you describe yourself?*** *I am* _____. *(kind, mean, nice, pleasant / cozy, sour / crabby, open, closed, extroverted, introverted, talkative, quiet, shy, social, antisocial, warm, cold, intelligent, dumb, easygoing / nice, unpleasant, difficult, friendly, unfriendly, fun / funny, interesting, boring, positive, negative, calm, uneasy, nervous, relaxed, stressed, happy, sad / upset, happy, unhappy, common, unusual, weird, independent, dependent, patient, impatient, reliable, unreliable, flexible, stubborn, active, lazy, honest, dishonest, polite, impolite)*
Er du eldst i familien din? Ja, jeg er eldst. Nei, jeg er yngst.	***Are you oldest in your family?*** *Yes, I am the oldest. No, I am the youngest.*

Kap. 18: Kjærlighet og samliv

en ektefelle
(a spouse)

en partner
*(a same-sex or
opposite-sex partner)*

en samboer
(a domestic partner)

en kjæreste
(a boyfriend or girlfriend)

å elske *(to love):*
Jeg elsker deg!

å være glad i *(to be fond of):*
Jeg er glad i deg!

et kyss *(a kiss):*
Jeg gav henne et kyss.

å kysse *(to kiss):*
Jeg kysset henne lenge.

en klem *(a hug):*
Jeg trenger en klem.

å klemme *(to hug):*
Jeg klemte henne.

 **øving a.**
FORHOLD

The text on the next page, "Pick-up Lines from the Street," consists of several short descriptions of how different couples got together. As a pre-reading exercise, interview another student about his or her relationship or about the relationship of a couple the student knows well (parents, friends, etc.). Use the questions and phrases listed below.

1. **Når og hvordan møttes dere?** *When and how did you meet?*

Vi møttes	på skolen	på jobben	på treningssenter	gjennom felles venner
We met	*at school*	*at work*	*at a health club*	*through common friends*
	på Internett	på nettet	på en nattklubb	mens vi var på ferie
	on the Internet	*on the web*	*at a night club*	*while we were on vacation*

2. **Hvem tok initiativet?** *Who took the initiative?*

Hun inviterte meg på kino.
She invited me to the movies.

Jeg bad henne på kaffe.
I asked her to coffee.

Jeg sjekket opp __ (ham, henne, hen).
I flirted with ____ (him, her, them).

Vi sjekket opp hverandre.
We flirted with each other.

Det var gjensidig flørting.
There was flirting from both sides.

Han gav seg ikke.
He wouldn't give up.

3. **Hvordan visste du at __ (han, hun, hen) var den rette?** *How did you know that __ (he, she, they) was the one?*

Det var kjærlighet ved første blikk.
It was love at first sight.

Det sa «pling» med en gang.
It said "click" right away.

Kjemien stemte.
The chemistry was there.

Jeg falt for sjarmen hans.
I fell for his charm.

Jeg falt for hele personen.
I fell for the whole person.

Jeg syntes ____ (han, hun, hen) var så ____ (kjekk, søt).
I thought ___ (he, she, they) was so ____ (handsome, cute).

4. **Hvor lenge har dere vært sammen?** *How long have you been together?*

Vi har vært gift i 30 år.
*We have been married
for 30 years.*

Vi har vært samboere i fem år.
*We have been domestic partners
for five years.*

Vi har vært sammen i to måneder.
We have been together for two months.

 **øving b.**
SJEKKETRIKS

Read the short texts below and answer the four questions from the previous page about each of the relationships described. Underline the key phrases in the text. All four questions are not necessarily answered in every one.

1. Hvor og hvordan møttes de?
2. Hvem tok initiativet?
3. Hvordan visste ___ (hun, han, hen) at ___ (hun, han, hen) var den rette?
4. Hvor lenge har de vært sammen?

Sjekketriks fra gaten

Lill Merethe (22), Fredrikstad
Kjærester i fire år.
Vi møttes på en chattelinje på nettet. Jeg falt vel for måten han skrev på og sjarmen hans. Første daten hadde vi på Peppes i Kristiansand, og i fjor giftet vi oss!

 **Bård** (45), Sofiemyr
Kjærester i 25 år, gift i 24.
Hun kom på besøk og inviterte meg med på kino da jeg lå på sykehuset med øyebetennelse. Det var kanskje ikke noe godt forslag, men vi har vært på kino mange ganger siden. Det sa «pling» med en gang.

Mark (37) og **Daniella** (35), Majorstuen
Kjærester i snart 15 år.
Vi studerte sammen i Nederland. Det var jeg som sjekket opp ham. Han satt i baren, og jeg gikk bort for å prate. Jeg syntes han var så kjekk. I dag har vi tre barn.

Erik (80), Stovner
Kjærester i to og et halvt år.
Vi traff hverandre på eldresenteret. Det var hun som tok initiativet og inviterte meg hjem på kaffe. Da var det gjort! Om 14 dager reiser vi på ferie til Spania.

Jan (69), Bislett
Kjærester i 52 år, gift i 44.
Vi møttes på håndballbanen. Jeg var aktiv spiller og skulle trene et damelag. Det var gjensidig flørting. Jeg ringte vel og foreslo kino eller noe sånt.

 **Ann Britt** (42), Asker
Kjærester i syv år.
Vi møttes på en nattklubb i Kragerø. Det var han som tok initiativet. Vi danset sammen. Jeg var nyskilt og ganske reservert, men han ga seg ikke. Så sa det «pang». Tre dager senere møttes vi igjen, og siden har vi vært sammen.

Source: Aftenposten

 Fred (25), Nesodden
Kjærester i tre år, gift i én og en halv måned.
Vi møttes under studieopphold i England. Vi bodde på samme korridor og hadde sett på hverandre lenge. Jeg inviterte på morgenjoggetur med frokost. Det er ikke blitt mange joggeturer etter det.

Preben (27), Frøen
Kjærester i to år.
Begge var studenter hos Kaospilotene i Århus. Sitter du tett nok sammen over lang nok tid, skjer det bare. Kjemien stemte. Hun har en egen evne til å se på ting på en annen måte, og så er hun god til å lytte.

Pål (38), Tønsberg
Kjærester i tre og et halvt år, gift i halvannet.
Vi møttes på jobb. Jeg holdt kurs, og hun var deltager. Det var litt sånn «pang» ved første blikk. Etter kurset tok jeg kontakt og fant fort ut at hun var den rette.

 **Dag** (55), Kalbakken
Gift i 33 år.
Vi gikk i samme klasse før jeg dro i militæret. Da jeg kom tilbake, ba jeg henne lære meg fransk. Jeg hadde nok noen baktanker.

Mats (21), Frogner
Kjærester i ett år.
Vi har kjent hverandre i seks-syv år og møttes via felles venner. Jeg gjorde sikkert ett eller annet for å imponere henne, men jeg husker ikke hva det var.

Christina (27), Hauketo
Kjærester i tre og et halvt år.
Vi møttes på et cruiseskip hvor vi begge jobbet. Jeg tror begge sjekket opp hverandre. Det første kysset skjedde i hvert fall i regnvær på en strand på Barbados.

Read the texts below about the different types of relationships in Norway. Compare and contrast the relationships in your country with those in Norway.

Samlivsformer i Norge: EKTESKAP, SAMBOERSKAP OG PARTNERSKAP

Samlivsformene i Norge har forandret seg mye i løpet av de siste 50 årene. Tidligere var **ekteskapet** den eneste samlivsformen, men siden 1970-tallet har flere og flere par valgt **samboerskap**, det vil si å bo sammen istedenfor for å gifte seg. I 1993 ble partnerskapsloven vedtatt, og den ga homofile og lesbiske rett til å inngå **registrert partnerskap**. I 2009 ble partnerskapsloven opphevet da den nye felles ekteskapsloven trådte i kraft. Denne loven gir lesbiske og homofile rett til å inngå **ekteskap** i likhet med heterofile. I Norge i dag lever 64 prosent av alle voksne mennesker i samliv: 45 prosent er gifte og 19 prosent er samboere, mens 36 prosent bor alene.

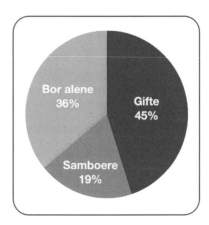

et ekteskap	**et samboerskap**	**et registrert partnerskap**
a marriage	*a domestic partnership*	*a same-sex partnership*

Source: ssb.no

Samboerskap

Et økende antall mennesker velger å bo sammen uten å gifte seg, og i dag er 30 prosent av alle par samboere. For unge mennesker under 30 år er det mer vanlig å bo sammen enn å gifte seg. Tidligere var det ikke så mange samboere som hadde barn, men i dag har over halvparten av samboerpar barn.

å bo sammen	**et samboerpar**	**en samboer**
to live together	*a domestic couple*	*a domestic partner*

Ekteskap

Antallet gifte mennesker synker fordi noen velger å bo sammen, skille seg eller bo alene, men likevel er nesten halvparten av alle voksne mennesker gift. I dag er det vanlig at folk gifter seg når de er litt eldre, 37 år for menn og 34 år for kvinner. Den nye ekteskapsloven fra 2009 gir lesbiske og homofile rett til å inngå ekteskap i likhet med heterofile, og det er ca. 330 lesbiske og homofile par som velger å gifte seg hvert år. Endringer til adopsjonsloven og bioteknologiloven gir lesbiske par, homofile par, samboerpar og enslige rett til å bli vurdert som adoptivforeldre. Dessuten kan lesbiske par, samboerpar og enslige kvinner få assistert befruktning.

gift	**å gifte seg**	**et ektepar**	**en ektefelle**	**en vielse**
married	*to marry*	*a married couple*	*a spouse*	*a wedding ceremony*

Partnerskap

I 1993 ble partnerskapsloven vedtatt i Norge, og den ga homofile og lesbiske rett til å inngå partnerskap. Registrerte partnere hadde nesten de samme rettighetene og pliktene som ektepar, men de kunne ikke ha en kirkelig vielse eller adoptere barn sammen. Da den nye ekteskapsloven trådte i kraft i 2009, ble partnerskapsloven opphevet. Dette betyr at homofile og lesbiske ikke lenger kan inngå nye partnerskap. Registrerte partnere kan omgjøre partnerskap til ekteskap hvis begge partnere ønsker det.

å inngå partnerskap	**en partner**
to enter into a same-sex partnership	*a same-sex or opposite-sex partner*

et lesbisk par	**et homofilt par**	**et skeivt par**
a lesbian couple	*a gay couple*	*a queer couple*

Et tradisjonelt bryllup

øving d.
TRADISJONELT BRYLLUP

This picture series portrays a traditional wedding. The bride has on a wedding crown that has been in the groom's family since 1832. Study the picture series and try to find typical wedding vocabulary.

People: *bride, groom, wedding couple, best man, maid of honor, flower girl, ring bearer.*
Places, things, animals: *church, horse and buggy, cake, pictures.*

Faren fører bruden inn i kirken. Foran går brudepiken og brudesvennen.

Bruden og forloveren hennes.

Brudgommen og forloveren hans.

Bruden og brudgommen gir hverandre hånden.

Nå er det gjort!

Hest og kjerre fra kirken er stas for brudeparet, brudepiken og brudesvennen.

Fotografering på taket sammen med spillemennene.

Middag på Ruten Fjellstue.

Klare for kaken!

øving e.
BRYLLUP

What makes this wedding traditional? How does this vary from weddings you have attended? Do you think all Norwegian weddings are like this one?

Determinativer: Refleksiv eieform

[DETERMINATIVES: REFLEXIVE POSSESSIVE "SIN"]

Possessives are words that express relationship or ownership, so they are often used to describe family members and possessions. Some of the possessives must agree in gender and number with the noun.

The reflexive possessive **sin** can mean *his, her, their,* or *their*, depending on the context of the sentence. Since there is no English equivalent to **sin**, and since you have already learned that **hans, hennes, hens,** and **deres** can mean *his, her, their,* and *their*, it might seem difficult to determine which possessive to use. However, keep in mind that the reflexive possessive **sin** can only be used in very specific situations. Study the examples below.

Person/ number	Masculine	Feminine	Neuter	Plural
1. person, singular	**Faren <u>min</u>** er snill. *My father is kind.*	**Mora <u>mi</u>** er klok. *My mother is smart.*	**Barnet <u>mitt</u>** er trøtt. *My child is tired.*	**Søstrene <u>mine</u>** er små. *My sisters are small.*
2. person, singular	**Faren <u>din</u>** er snill. *Your father is kind.*	**Mora <u>di</u>** er klok. *Your mother is smart.*	**Barnet <u>ditt</u>** er trøtt. *Your child is tired.*	**Søstrene <u>dine</u>** er små. *Your sisters are small.*
3. person, singular	**Faren <u>hans</u>** er snill. *His father is kind.*	**Mora <u>hans</u>** er klok. *His mother is smart.*	**Barnet <u>hans</u>** er trøtt. *His child is tired.*	**Søstrene <u>hans</u>** er små. *His sisters are small.*
	Han er glad i **faren <u>sin</u>**. *He loves his father.*	Han er glad i **mora <u>si</u>**. *He loves his mother.*	Han er glad i **barnet <u>sitt</u>**. *He loves his child.*	Han er glad i **søstrene <u>sine</u>**. *He loves his sisters.*
	Faren <u>hennes</u> er snill. *Her father is kind.*	**Mora <u>hennes</u>** er klok. *Her mother is smart.*	**Barnet <u>hennes</u>** er trøtt. *Her child is tired.*	**Søstrene <u>hennes</u>** er små. *Her sisters are small.*
	Hun hjelper **faren <u>sin</u>**. *She helps her father.*	Hun hjelper **mora <u>si</u>**. *She helps her mother.*	Hun hjelper **barnet <u>sitt</u>**. *She helps her child.*	Hun hjelper **søstrene <u>sine</u>**. *She helps her sisters.*
	Faren <u>hens</u> er snill. *Their father is kind.*	**Mora <u>hens</u>** er klok. *Their mother is smart*	**Barnet <u>hens</u>** er trøtt. *Their child is tired.*	**Søstrene <u>hens</u>** er små. *Their sisters are small.*
	Hen besøker **faren <u>sin</u>.** *They visit their father.*	Hen besøker **mora <u>si</u>.** *They visit their mother.*	Hen besøker **barnet <u>sitt</u>.** *They visit their child.*	Hen besøker **søstrene <u>sine</u>.** *They visit their sisters.*
1. person, plural	**Faren <u>vår</u>** er snill. *Our father is kind.*	**Mora <u>vår</u>** er klok. *Our mother is smart.*	**Barnet <u>vårt</u>** er trøtt. *Our child is tired.*	**Søstrene <u>våre</u>** er små. *Our sisters are small.*
2. person, plural	**Faren <u>deres</u>** er snill. *Your father is kind.*	**Mora <u>deres</u>** er klok. *Your mother is smart.*	**Barnet <u>deres</u>** er trøtt. *Your child is tired.*	**Søstrene <u>deres</u>** er små. *Your sisters are small.*
3. person, plural	**Faren <u>deres</u>** er snill. *Their father is kind.*	**Mora <u>deres</u>** er klok. *Their mother is smart.*	**Barnet <u>deres</u>** er trøtt. *Their child is tired.*	**Søstrene <u>deres</u>** er små. *Their sisters are small.*
	De er glad i **faren <u>sin</u>**. *They love their father.*	De er glad i **mora <u>si</u>**. *They love their mother.*	De er glad i **barnet <u>sitt</u>**. *They love their child.*	De er glad i **søstrene <u>sine</u>**. *They love their sisters.*

Bruk av «sin»

1) Sin is used when the subject is a third person pronoun (han, hun, hen, de) or an equivalent name.

Han snakker i telefonen med **broren** <u>sin</u>.	*He talks on the phone with his brother.*
Hun skriver e-post til **broren** <u>sin</u>.	*She writes e-mail to her brother.*
Hen spiller gitar med **broren** <u>sin</u>.	*They play guitar with their brother.*
De skriver brev til **broren** <u>sin</u>.	*They write letters to their brother.*

2) Sin is used when the subject owns or is related to an object or person in the second part of the sentence.

Thomas hjelper **broren** <u>sin</u>.	*Thomas helps his brother [Thomas' brother].*
Thomas hjelper **broren** <u>hans</u>.	*Thomas helps his brother [another man's brother].*
Anne snakker med **mora** <u>si</u>.	*Anne talks to her mother [Anne's mother].*
Anne snakker med **mora** <u>hennes</u>.	*Anne talks to her mother [another woman's mother].*
Nora besøker **vennene** <u>sine</u>.	*Nora visits their friends [Nora's friends].*
Nora beøker **vennene** <u>hens</u>.	*Nora visits their friends [another person's friends].*
Mari og Lars besøker **tantene** <u>sine</u>.	*Mari and Lars visit their aunts [Lars and Mari's aunts].*
Mari og Lars besøker **tantene** <u>deres</u>.	*Mari and Lars visit their aunts [another couple's aunts].*

Dette er Erik og Tom.	Erik kjøpte en ny bil.	Erik vasker bilen **sin**.	Tom vasker bilen **hans**.

3) Sin can never be part of the subject.

Kristian har en nevø.	**Nevøen** <u>hans</u> heter Marius.	*His nephew is named Marius.*
Kari har ei søster.	**Søstera** <u>hennes</u> er 12 år.	*Her sister is 12 years.*
Marius har en fetter.	**Fetteren** <u>hens</u> er student.	*Their cousin is a student.*
Mie og Per har en sønn.	**Sønnen** <u>deres</u> bor i USA.	*Their son lives in the USA.*

 **øving f.**
REFLEKSIV EIEFORM   Fill in the correct possessive or reflexive possessive.

1. Erik har en stor familie. Foreldrene _____ heter Siri og Knut (*his*), og han har fire brødre. Brødrene

    _____ er aktive innenfor sport og friluftsliv (*his*). Erik er glad i familien _____ (*his*).

2. Marit er gift og har to døtre. Hun er ofte sammen med døtrene _____ (*her*). De spiller teater sammen

    og danser ballett. Mannen _____ er også glad i teater og dans (*her*).

3. Bente og Tor bor i Nord-Norge. Huset _____ ligger i Tromsø (*their*), og de har også ei hytte på fjellet.

    De drar ofte på hytta _____ (*their*).

Verb: Oversikt [VERBS: OVERVIEW]

In previous chapters, you have learned to use the infinitive form of the verb, present tense, and past tense. Study the chart below, learn the new verbs, and do the exercises.

Verb	Infinitive	Present Tense	Past Tense	Present Perfect
Strong Verbs	**be** *(ask, invite)*	ber	ba	har bedt
	bli *(become, stay)*	blir	ble	har blitt
	dra *(go, leave)*	drar	dro	har dratt
	drikke *(drink)*	drikker	drakk	har drukket
	drive *(do, take part in)*	driver	drev	har drevet
	falle *(fall)*	faller	falt	har falt
	forstå *(understand)*	forstår	forsto	har forstått
	få *(receive)*	får	fikk	har fått
	gi *(give)*	gir	ga	har gitt
	gjøre *(do)*	gjør*	gjorde	har gjort
	gå *(go)*	går	gikk	har gått
	komme *(come)*	kommer	kom	har kommet
	møtes *(meet one another)*	møtes*	møttes	har møttes
	se *(see)*	ser	så	har sett
	si *(say)*	sier*	sa	har sagt
	skrive *(write)*	skriver	skrev	har skrevet
	slå *(hit, strike)*	slår	slo	har slått
	sove *(sleep)*	sover	sov	har sovet
	stå *(stand)*	står	sto	har stått
	synes *(think)*	synes*	syntes	har syntes
	synge *(sing)*	synger	sang	har sunget
	ta *(take)*	tar	tok	har tatt
	treffe *(meet)*	treffer	traff	har truffet
	vite *(know)*	vet*	visste	har visst
	være *(be)*	er*	var	har vært
Weak, Class 1 (-et, -et)	**gifte seg** *(get married)*	gifter seg	giftet seg	har giftet seg
	kysse *(kiss)*	kysser	kysset	har kysset
	sjekke *(flirt with)*	sjekker	sjekket	har sjekket
Weak, Class 2 (-te, -t)	**invitere** *(invite)*	inviterer	inviterte	har invitert
	spise *(eat)*	spiser	spiste	har spist
	klemme *(hug)*	klemmer	klemte	har klemt
Weak, Class 3 (-de, -d)	**prøve** *(try)*	prøver	prøvde	har prøvd
	pleie *(be accustomed to)*	pleier	pleide	har pleid
Weak, Class 4 (-dde, -dd)	**bety** *(mean)*	betyr	betydde	har betydd
	ha *(have)*	har	hadde	har hatt*

øving g.
INFINITIV OG PRESENS

Read the descriptions of the couples below and fill in å + infinitive, infinitive, or present tense.

å + infinitive: Used after some common verbs: *liker, pleier, prøver, lærer, begynner*
Used after some set expressions: *har lyst til, er interessert i, gleder seg til*

infinitive: Used after the modal verbs: *skal, vil, kan, må, bør*

present tense: Used to describe events in the present or to express general statements
Has infinitive plus r-ending except for the irregular verbs: vite, gjøre, være, spørre, si

1. Mathias og Berit _____ gift *(være)* og _____ to barn *(ha)*.

   De _____ i Oslo nå *(bo)*, men de skal _____ til Bergen til sommeren *(flytte)*.

   I fritida liker de _____ på tur med barna *(gå)* og _____ musikk *(spille)*.

2. Kjæresten til Jenny _____Anders *(hete)*, og han _____ ved universitetet *(studere)*.

   På fredager pleier de _____ på restaurant *(gå)*, men de har lyst til _____

   middag hjemme i kveld *(lage)*. De skal _____ noen venner også *(invitere)*.

3. Annika og Markus _____ veldig glad i hverandre *(være)*. De _____ sammen nå *(bo)*,

   og de skal _____ seg neste sommer *(gifte)*. De prøver _____ penger *(spare)*

   fordi de vil _____ ny leilighet i byen *(kjøpe)*.

øving h.
PRETERITUM

Complete the descriptions of the people below with the past tense form.

Past tense is usually used to describe events that took place at specific times in the past. Regular endings are added to the four classes of weak verbs, but the strong verb forms must be memorized.

1. Foreldrene mine _____ seg for 30 år siden *(gifte)*. De _____ *(møtes*)*

   på jobb, og de sier at det _____ kjærlighet ved første blikk *(være*)*.

   De _____ fire barn i løpet av åtte år *(få*)*, og nå har de også tre barnebarn.

2. Samboeren min og jeg _____ på en nattklubb *(møtes)*.

   Det _____ jeg *(være*)* som _____ initiativet *(ta*)* og _____ opp ham *(sjekke)*.

   Jeg _____ *(synes*)* han _____ kjekk *(være*)*, og han sier

   han _____ for øynene mine *(falle*)*. Vi _____ sammen tre måneder seinere *(flytte)*.

3. Bestevenninna mi _____ kjent med kjæresten sin på nettet *(bli*)*.

   De _____ e-post til hverandre i noen uker *(skrive)*, og så_____ han henne ut *(invitere)*.

   De _____ på en vietnamesisk restaurant i sentrum *(spise)*,

   og det _____ litt «pang» med en gang *(si*)*! Kjemien _____ *(stemme)*.

Da Tor mistet hammeren sin

This section includes a well-known story from Norse mythology, "When Tor Lost His Hammer." Stemming from the pre-Christian religion of the Nordic peoples, these myths were passed on via the oral tradition for many generations. In the 13th century, they were recorded by an unknown author in the *Poetic Edda (Elder Edda)* and by Snorri Sturlason in the *Prose Edda (Younger Edda),* two centuries after the Christianization of the Nordic countries. These myths include stories about how the world was created, how things happened in the natural

world, the daily lives of the gods, and how the world would end. The main characters are the gods (**en ås, æser** or **en gud, guder**), the positive force, and the giants (**en jotun, jotner**), the destructive force in the world. Thor, the god of thunder, was responsible for keeping the balance between the gods and the giants, and his most important weapon was **Mjølner**, a hammer that always hit the target and then returned in the air to Thor.

Odin:	Father of all the gods
Tor:	God of thunder
Siv:	Tor's wife, who has golden hair
Heimdall:	Watchman of the gods
Frøya:	Goddess of love
Loke:	Half god and half giant
	Helps the gods but also causes trouble
Trym:	Leader of the giants

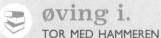

Tor og bukkene hans

 øving i.
TOR MED HAMMEREN

Pre-reading: This story has been rewritten as a skit. Before you read the skit, study these key words.

å drepe (-te, -t): *to kill*	**sint**: *angry*	**ei/en vogn**: *a wagon, chariot*
å beskytte (-et, -et): *to protect*	**farlig**: *dangerous*	**Åsgard**: *home of the gods*
å miste (-et, -et): *to lose*	**uten**: *without*	**en gud**: *a god*
å stjele (stjal, har stjålet): *to steal*	**fæl**: *terrible*	**en ås** (æser): *a god*
å gifte seg (-et, -et): *to marry*	**gal**: *crazy*	**Jotunheimen**: *home of the giants*
å kle seg ut (-dde, -dd): *to dress up*	**feit**: *fat*	**en jotun** (jotner): *a giant*
å lengte etter (-et, -et): *to long for*	**stygg**: *ugly*	**ei/en kjærlighetsgudinne**: *a goddess of love*

øving j.
TOR MED HAMMEREN

Reading: Answer the true / false questions as you read the text.

1. _____ Tor er alltid snill og liker jotnene godt.
2. _____ Tor er kjærlighetsguden.
3. _____ Hammeren til Tor heter Mjølner.
4. _____ Siv er kona til Loke.
5. _____ Odin har stjålet hammeren til Tor.
6. _____ Loke reiser til Jotunheimen for å finne hammeren.

7. _____ Trym vil gifte seg med Frøya.
8. _____ Frøya synes Trym er kjekk.
9. _____ Tor kler seg ut som ei dame.
10. _____ Loke kler seg ut som ei dame.
11. _____ Tor spiser lite i Jotunheimen.
12. _____ Tor dreper alle jotnene når han får hammeren sin tilbake.

Scene 1:
Dette er Tor

Forteller. Odin har mange sønner, og én av dem er Tor. Han er stor og sterk, og når han blir sint, kan det bli farlig.

(Tor kjører over himmelen i en vogn trukket av to geiter, Tanngjost og Tanngrise.)

Tor. Hvor er jotnene? Hvis jeg finner dem, skal jeg drepe dem med hammeren min.

(Tor slår med hammeren, Mjølner, og da blir det lyn og torden.)

Tor. Mjølner er den fineste hammeren i verden. Den treffer alt som jeg sikter på, og så flyr den tilbake til meg! Med den kan jeg beskytte gudene mot de onde jotnene.

Scene 2:
Tor har mistet hammeren sin

Forteller. En morgen våkner Tor, og han kan ikke finne hammeren sin.

Tor. Å, må jeg stå opp allerede? Jeg er så trøtt.

Siv. Ja, det må du. Vi har mye å gjøre i dag.

Tor. Ja vel, da. Siv, har du sett hammeren min? Den ligger ikke her ved senga som den pleier.

Siv. Nei, det har jeg ikke.

Tor. *(begynner å få panikk)* Hammeren min. Hvor er hammeren min?

Siv. Slapp av! Jeg skal hjelpe deg med å lete etter den.

(Siv og Tor leter og leter, men de finner ikke hammeren.)

Tor. Nei, den er ikke her, Siv. Kanskje jeg har mistet den, eller kanskje noen har stjålet den.

Forteller. Odin og Loke kommer til huset til Tor.

Odin. Fant du hammeren din?

Tor. Nei, den er ikke her. Jeg tror jeg har mistet den.

Odin. Loke, du må hjelpe oss med å finne hammeren til Tor. Dra først til Jotunheimen. Det blir ikke bra hvis jotnene får tak i hammeren til Tor.

Loke. Nettopp! Jeg drar med en gang.

Scene 3:
Trym har stjålet hammeren til Tor

Forteller. Loke kommer tilbake fra reisen og finner Tor.

Tor. Har du hammeren min?

Loke. Nei, men jeg vet hvor den er. Trym har stjålet den, men han vil gi den tilbake hvis han får gifte seg med Frøya.

Tor. Trym! Bare vent til jeg får tak i ham!

Loke. Ja, men først må vi gå og snakke med Frøya.

Forteller. Frøya er kjærlighetsgudinna, og hun er veldig vakker. Hun sitter og grer håret og ser seg i speilet.

Tor. Frøya, vi må snakke med deg.

Frøya. Ja, hva gjelder det?

Loke. Trym har stjålet hammeren til Tor, og uten den kan han ikke beskytte oss mot jotnene.

Frøya. Det var leit, men hva har det med meg å gjøre?

Tor. Trym sier at han vil gi hammeren tilbake hvis han får gifte seg med deg.

Frøya. Gifte seg med meg? Er dere gale! Jeg kommer aldri til å gifte meg med Trym. Han er feit og stygg!

Tor. Vær så snill, Frøya. Jeg må få hammeren min tilbake.

Frøya. Nei, absolutt ikke!

Scene 4:
Gudene har et møte

Odin. Trym har stjålet hammeren til Tor, og han vil bare gi den tilbake hvis han kan gifte seg med Frøya.

Tor. Frøya, kan du ikke gifte deg med Trym?

Frøya. Jeg sa nei, og det mente jeg!

Heimdall. Jeg tror jeg har en idé. Vi kan kle Tor ut som Frøya, og han kan reise til Jotunheimen og hente hammeren sin selv.

Tor. Nei, aldri i livet!

Heimdall. Jo, og du kommer til å se veldig pen ut. *(Han ler høyt.)* Kanskje du kan hjelpe oss litt, Frøya?

Frøya. Ja, gjerne!

Loke. Ikke vær redd, Tor. Jeg skal kle meg ut som ei brudepike og bli med deg til Jotunheimen.

Tor kler seg ut som Frøya

(Frøya og de andre gudene kler Tor og Loke ut som brud og brudepike.)

Scene 5:
Tor og Loke reiser til Jotunheimen

Forteller. Tor og Loke kommer til Jotunheimen, og det er en stor bryllupsfest hos Trym.

Trym. Velkommen, Frøya! Jeg er så glad for at du vil gifte deg med meg i dag. Og hvem er dette?

Tor. Dette er brudepika mi.

Loke. God dag, Trym. Så fin du ser ut i dag!

Trym. Takk. Kom dere, nå skal vi spise.

Tor. Det ser godt ut. Jeg er veldig sulten.

(Tor spiser en hel okse alene og drikker tre tønner mjød.)

Trym. *(overrasket)* Jeg har aldri sett ei dame spise så mye.

Loke. Ja, men det er ikke så rart. Frøya har lengtet så mye etter deg at hun ikke har spist på åtte dager.

Trym. Ja, vel. Det er kanskje ikke så rart, da. Jeg har lyst til å gi deg et kyss, Frøya.

(Han tar brudesløret til side for å kysse henne, men han hopper tilbake når han ser de sinte øynene til Tor.)

Trym. Men hvorfor er øynene hennes så røde?

Loke. Å, det er ikke så rart, det heller. Du skjønner, hun har lengtet så mye etter deg at hun ikke har sovet på åtte netter!

Trym. Ja vel, ja. Da synes jeg det er på tide at vi gifter oss. Mor, ta med hammeren og legg den i fanget til Frøya.

Mora til Trym. Vær så god *(gir hammeren til Tor).*

Tor. Takk skal du ha. Og nå ser dere at jeg ikke er Frøya, men Tor. Og nå skal jeg få min hevn!

Forteller. Tor svinger med Mjølner og dreper alle jotnene, og så reiser han og Loke hjem. Og slik endte også denne historien godt for gudene i Åsgard. ■

Tor dreper alle jotnene

øving k.
TOR MED HAMMEREN

Post-reading: After you have finished the story, place the following events in order.

_____ En morgen våkner Tor, og han kan ikke finne hammeren sin. Odin ber Loke om å dra til Jotunheimen for å finne ut hva som har skjedd.

_____ Når Tor og Loke kommer til Jotunheimen, er det en stor bryllupsfest hos Trym. Tor spiser en hel okse og drikker tre tønner mjød.

_____ Tor og Loke drar på besøk til Frøya. De spør henne om hun vil gifte seg med Trym, men hun sier nei.

_____ Så prøver Trym å kysse Tor, men han blir redd når han ser øynene hans. Loke forklarer at Tor har røde øyne fordi han har lengtet så mye etter Trym at han ikke har sovet på åtte netter.

_____ Gudene har et møte og bestemmer at Tor må kle seg ut som Frøya og dra til Jotunheimen. Loke kler seg ut som brudepika til Tor, og de drar sammen til Jotunheimen for å hente hammeren.

_____ Trym er overrasket over hvor mye Tor spiser og drikker, men Loke sier at det er fordi Tor har lengtet så mye etter Trym at han ikke har spist på åtte dager.

_____ Loke treffer Trym i Jotunheimen og finner ut at det var han som stjal hammeren til Tor. Loke drar hjem igjen og forteller Tor at Trym vil gi hammeren tilbake hvis han kan gifte seg med Frøya.

_____ Til slutt er det på tide for Trym å gifte seg med Frøya (Tor). Når mora til Trym legger hammeren i fanget til Tor, dreper han Trym og alle de andre jotnene. Så reiser Tor og Loke glade og fornøyde tilbake til Åsgard.

øving l.
SKETSJ

Work with a group of students and prepare a skit of one scene or the whole story.

Characters: Tor, Odin, Loke, Frøya, Siv, Heimdall, Trym, Mora til Trym, Forteller

Props: Hammer, food, veil (others highly recommended)

Preparation: Divide up the roles equally among the group members, make your costumes, and gather the props. You may use your script, but you must disguise it in your costume or props. Practice the skit until you can act out your parts and say your lines clearly while keeping eye contact with one another and with the audience. Present the skit in class or record it outside class.

Focus on Pronunciation: After you have divided up the parts, go through the text several times and practice the pronunciation. Focus on individual sounds, stress in words, stress in sentences, and intonation patterns.

uttale: trykk i ord

first syllable

1. In Norwegian, the general rule is that stress comes in the first syllable of a word. This rule also applies to most compound words.

ex.)   general rule: **he**ter, **li**ker, **snak**ker, **skjor**te, **buk**se
compound words: **hes**tehale, **smi**lehull

HESTEHALE

second syllable

2. Most of the exceptions to this basic rule are words that have come into Norwegian from other languages, usually having a prefix or suffix. For example, in German loan words that start with certain prefixes, there is stress on the second syllable rather than the first syllable.

ex.)   **be**-:   be**tyr**, be**stil**le, be**ta**le
for-: for**stå**, for**kla**re, for**sy**ne

BE**TA**LE

second to last syllable

3. There is stress on the second to last syllable in words that end in certain suffixes.

ex.)   **-ere**:   stu**de**re, repa**re**re, jus**te**re
-isk: fan**tas**tisk, ca**na**disk, pa**te**tisk

STU**DE**RE

last syllable

4. There is stress on the last syllable in words that end in other suffixes.

ex.)   **-i**:   biolo**gi**, kje**mi**, psykolo**gi**, sosiolo**gi**
-ikk: poli**tikk**, fy**sikk**, e**tikk**, bu**tikk**
-ant: interes**sant**
-ent: stu**dent**, intelli**gent**
-sjon: sta**sjon**, administra**sjon**, institu**sjon**
-é: ka**fé**, en**tré**
-ær: popu**lær**

BUT**IKK**

 øving m.
TRYKK

Listen to the audio clip and circle or underline the syllable in each of the words where you hear the stress. Then practice saying each of the words.

1. familie
2. bursdag
3. nevø
4. niese
5. bestefar
6. slektning
7. kjemi
8. kommer
9. filosofi
10. musikk
11. kommunikasjon
12. student
13. restaurant
14. feirer
15. kinesisk

REPETISJON: ORD OG UTTRYKK

18. Kjærlighet og samliv	18. Love and Relationships
Jeg elsker deg! | Jeg er glad i deg!	*I love you! | I am fond of you!*
Vil du ha et kyss eller en klem? Ja, det vil jeg. | Nei, det vil jeg ikke.	*Do you want a kiss or a hug?* *Yes, I do. | No, I don't.*
Er du sammen med noen? Ja, jeg har _____. (en kjæreste, en samboer, en partner, en mann, ei kone) Nei, det er jeg ikke.	*Are you with someone?* *Yes, I have _____.* *(a girlfriend or boyfriend, a domestic partner* *a partner, a husband, a wife)* *No, I am not.*
Hvordan møttes dere? Vi møttes _____. (på skolen, på universitetet, på jobben, på nettet, på en nattklubb, på ferie, gjennom felles venner)	*How did you meet?* *We met _____.* *(at school, at the university, at work, online,* *at a nightclub, on vacation, through mutual friends)*
Hvem tok initiativet? Hun inviterte meg på kino. Han bad meg på kaffe. Jeg sjekket opp _____ (ham, henne, hen). Vi sjekket opp hverandre. Det var gjensidig flørting.	*Who took the initiative?* *She invited me to the movies.* *He asked me to coffee.* *I flirted with _____ (him, her, them).* *We flirted with / hit on each other.* *There was flirting on both sides.*
Hvordan visste du at __ var den rette? Det var sånn «pang» ved første blikk. Det var kjærlighet ved første blikk. Det sa «pling» med en gang. Kjemien stemte. Jeg falt for sjarmen hens. Jeg falt for måten han snakket på. Jeg falt for øynene hennes. Jeg falt for smilet hans. Jeg falt for hele personen. Jeg synes hen var så kjekk Jeg syntes hun var så søt.	*How did you know that __ was the right one?* *It was like "wow" at first sight.* *It was love at first sight.* *It said "click" at once.* *The chemistry was there.* *I fell for his charm.* *I fell for the way he talked.* *I fell for her eyes.* *I fell for his smile.* *I fell for the whole person.* *I thought he was so handsome.* *I thought she was so pretty.*
Hvor lenge har dere vært sammen? Vi har vært gift i 30 år. Vi har vært samboere i fem år. Vi har vært sammen i to måneder.	*How long have you been together?* *We have been married for 30 years.* *We have been domestic partners for fem years.* *We have been together for two months.*
Hvilke samlivsformer finnes i Norge? I Norge finnes det samboerskap, partnerskap og ekteskap.	*What types of relationships are there in Norway?* *In Norway there are domestic partnerships,* *same-sex partnerships, and marriage.*

hjemsted og bolig

hometowns & housing

In this section, you will...

- learn about homes in Norway, including hometowns, types of housing, rooms, and furniture

- understand and participate in conversations and interviews about hometowns and housing

- understand and participate in short conversations about giving directions and giving someone a tour of a home

- read informative texts about urbanization in Norway and positive and negative features of hometowns

- listen to short descriptions of hometowns, housing, and favorite rooms

- write descriptions of hometowns, current homes, and dream homes

- think about how our cities, towns and homes reflect our personal and social values

	19. Hometowns	20. Housing and rooms	21. Furniture and decorations
Topics	Cities, towns, country settlements, nature, stores, buildings, services, positive and negative features of hometowns	Types of housing, yard, garage, rooms, activities	Furniture and decorations
Grammar	Determinatives: Quantifiers, Determinatives: Cardinal Numbers	Adverbs: Location and Motion, Word Order: Dependent Clauses	Prepositions: Location, Adjectives: Definite Form
Pronunciation	Stress and intonation in sentences	Song: "Gøy på landet"	50 most challenging words and sentences
Functions	Asking for information about hometowns, describing positive and negative features	Asking for information about types of housing	Describing rooms
Tasks	Describing and discussing rural and urban life, describing hometowns	Describing and discussing types of housing	Describing rooms in a home
Culture	Rural and urban life, urban planning, Norwegian towns and cities	Types of housing, architecture, activities in the home, Norwegian cabins	Home decorating, the home as a private space

Kap. 19: Hjemsteder

Countries	**Counties, states and provinces**	**Municipalities, cities, suburbs and towns**	**Country settlements and rural life**
et land	et fylke (Norge)	en kommune	ei bygd
	en delstat (USA)	en by	på landet
	en provins (Canada)	en forstad	
		et tettsted	

ⓘ Innblikk — hjemsteder

While approximately 80% of Norwegians live in **byer** (cities), **forsteder** (suburbs), or **tettsteder** (towns), many people still have strong connections to **bygder** (rural settlements) where their families used to live or where their relatives still reside.

When describing hometowns or home areas, some might also use terms for both geographic and administrative areas, such as **fylker** (counties) and **kommuner** (municipalities). ■

Source: ssb.no

Hvor er du fra?
Jeg er fra ____ (USA, Norge, Canada, Tyskland).

Hvor bor du?
Jeg bor i _____ (en by som heter _____
en forstad som heter ____
et tettsted som heter ____).

Hvor mange innbyggere har _____?
_____ har _____ innbyggere.

Hvordan trives du der?
Jeg trives _____ (godt, ikke, dårlig).

Norsk natur

et hav

en fjord

ei/en elv

en innsjø

ei/en øy

en foss

en kyst

en dal

et fjell

en skog

Hvor ligger Fagernes?
Fagernes ligger i en dal.

Hvor ligger Gjøvik?
Gjøvik ligger ved en stor innsjø som heter Mjøsa.

Hvor ligger Bergen?
Bergen ligger ved kysten og ved havet.

Hvor ligger Oslo?
Oslo ligger ved en fjord.

Butikker, bygninger og tjenester

øving a.
I BYEN

Match the stores, buildings, or services on the left with the activities, people, or things on the right.

_____ en bensinstasjon

_____ et museum

_____ et kjøpesenter

_____ ei/en klesforretning

_____ en matbutikk

_____ en idrettshall, et helsestudio

_____ et bakeri

_____ et torg

_____ et konserthus

_____ en bokhandel

_____ et postkontor

_____ en nattklubb

_____ en bank

_____ en svømmehall

_____ et sykehus

_____ et hotell

_____ et teater

_____ en kafé, en restaurant

_____ en bar, en pub

_____ en skole

_____ et kunstgalleri

_____ en kino

_____ et bibliotek

_____ en tennisbane

_____ en park

_____ ei/en kirke

_____ en flyplass

_____ en jernbanestasjon

_____ en bussterminal

_____ en golfbane

1. Her er det mange syke mennesker.

2. Her kan man kjøpe brød og kaker.

3. Her kan man lære mye.

4. Her kan man låne bøker.

5. Her kan man sende brev og pakker.

6. Her kan man gå på gudstjeneste.

7. Her kan man reise med fly.

8. Her kan man overnatte.

9. Her kan man kjøpe klær.

10. Her kan man spise et måltid.

11. Her kan man kjøpe mat.

12. Her er det mange butikker.

13. Her kan man fylle bensin.

14. Her kan man kjøpe frukt, grønnsaker og blomster.

15. Her kan man ta seg et glass øl eller vin eller en drink.

16. Her kan man ha piknik, gå tur eller spille frisbee.

17. Herfra kan man reise med tog.

18. Her kan man sette inn eller ta ut penger.

19. Her kan man kjøpe bøker.

20. Her kan man reise med buss.

21. Her kan man trene.

22. Her kan man svømme.

23. Her kan man spille golf.

24. Her kan man spille tennis.

25. Her kan man gå på konsert.

26. Her kan man se malerier og skulpturer.

27. Her kan man lære om historie.

28. Her kan man se film.

29. Her kan man se skuespill.

30. Her kan man danse, høre på musikk og drikke alkohol.

i Innblikk

ei/en gågate

Many Norwegian cities and towns have a **gågate** or _pedestrian street_ where people can shop, go to cafes and meet friends in a traffic-free, urban setting. In Oslo, the name of the main pedestrian street is **Karl Johans gate**. City planners in Oslo are creating more car-free zones and working toward making the downtown area car-free. ■

Hjemstedet mitt

Kristin

Jeg har bodd i tolv år på et sted som heter Gvarv. Gvarv ligger i Telemark og er et ganske lite sted med bare 1000 innbyggere. På Gvarv har vi to matbutikker, et apotek, et begravelsesbyrå, en bank og en blomsterbutikk. I tillegg har vi et bakeri og en kinesisk restaurant.

Bjørg

Hjemstedet mitt heter Storslett og ligger i Nord-Troms. På Storslett bor det ca. 3000 mennesker. Det jeg liker best med Storslett, er at det er veldig lett å komme seg ut i naturen. Vi har fire matbutikker og to hoteller. Dessuten har vi to bensinstasjoner, et par kiosker, en kinesisk restaurant, en kafé, en bar og et diskotek.

Gudrun

Jeg er født og oppvokst i Snåsa, en kommune som ligger i Nord-Trøndelag. Kommunen er ganske stor, men det bor bare 2500 mennesker her. Vi har faktisk ca. én innsjø per innbygger i kommunen! Det er ikke så mange arbeidsplasser i Snåsa, og de fleste driver med skogbruk eller jobber i skole eller butikk.

Thomas

Gausdal er bygda hvor jeg vokste opp. Den ligger 20 minutter fra Lillehammer og er en typisk jordbruks- og skogbrukskommune. I Gausdal finner du fire matbutikker, en bank, en kirke, noen frisørsalonger og fem skoler.

 øving b.
HJEMSTEDER

Read the texts above and fill out the chart below.

Name	Hometown	Type of town	Inhabitants	Stores | Services	Nature
Kristin					
Gudrun					
Bjørg					
Thomas					

Fordeler og ulemper ved hjemsteder

(en) natur

(et) klima

(ei/en) forurensning

et menneske

(et) bråk

(en) kriminalitet

(en) trafikk

en jobb

 **øving c.**
FORDELER OG ULEMPER

Use the dialog examples below to discuss the positive and negative features of your hometown and other cities you visit while on vacation.

A. Hvor bor du?

B. Jeg bor i _____.

A. Hvordan liker du å bo i _____?

B. Det er _____

  (helt topp, fint, OK, greit nok, sånn passe, kjedelig).

  Det er _____ i _____,

  men det er også _____.

A. Hvor drar du på ferie?

B. Jeg drar på ferie til _____.

A. Hvordan liker du å være på ferie der?

B. Det er _____

  (helt topp, fint, OK, greit nok, sånn passe, kjedelig).

  Det er _____ i _____,

  men det er også _____.

FORDELER

fin natur

fint klima

hyggelige mennesker

mye å gjøre

lite forurensning

lite kriminalitet

lite trafikk

lite bråk

gode skoler

mange ledige jobber

god offentlig transport

ULEMPER

ikke så fin natur

dårlig klima

snobbete mennesker

lite å gjøre / ikke noe å gjøre

mye forurensning

mye kriminalitet

mye trafikk

mye bråk

dårlige skoler

ingen ledige jobber

dårlig offentlig transport

i Innblikk elgbro

Norway's ever-present moose have attracted much attention in recent years, partially due to the number of vehicle accidents they have caused. In some areas, **elgbroer** *(moose bridges)* are being built, as seen in this picture over highway E6. These bridges allow the moose to walk safely from one side of the road to the other. There is even a **Norsk Elgsenter** *(Norwegian Moose Center)* in Solør, northeast of Oslo. ■

Determinativer: Kvantorer [DETERMINATIVES: QUANTIFIERS]

With countable nouns, you will use the determinatives below to express quantity.

With countable nouns	Examples
mange *many*	Jeg har **mange** venner på hjemstedet mitt. *I have many friends in my hometown.*
noen *some*	Jeg har **noen** venner på hjemstedet mitt. *I have some friends in my hometown.*
noen få *a few*	Jeg har **noen få** venner på hjemstedet mitt. *I have a few friends in my hometown.*
få *few*	Jeg har **få** venner på hjemstedet mitt. *I have few friends in my hometown.*
ingen / ikke noen *no / not any*	Jeg har **ingen / ikke noen** venner på hjemstedet mitt. *I don't have any friends in my hometown.*

 **øving d.**
KVANTORER   Describe your hometown using the quantifiers from the chart above.

På hjemstedet mitt er det...

_____ mennesker	_____ butikker	_____ museer
_____ hyggelige mennesker	_____ klesforretninger	_____ biblioteker
_____ snobbete mennesker	_____ restauranter	_____ kirker
_____ turister	_____ bakerier	_____ teatre
_____ arbeidsplasser	_____ kaffebarer	_____ fotballbaner
_____ skoler	_____ barer / puber	_____ idrettshaller
_____ sykehus	_____ hoteller	_____ parker

i Innblikk sentrum

Most cities and towns in Norway have distinct *downtown areas* or **sentrum**. It would be common to say:

Jeg skal til **sentrum.**
I'm going downtown.

Jeg bor i **sentrum.**
I live downtown. ■

With collective nouns, you will use the determinatives below to express quantity.

With collective nouns	Examples
mye *much*	Det er **mye** trafikk på hjemstedet mitt. *There is a lot of traffic in my hometown.*
noe *some*	Det er **noe** trafikk på hjemstedet mitt. *There is some traffic in my hometown.*
litt *a little*	Det er **litt** trafikk på hjemstedet mitt. *There is a little traffic in my hometown.*
lite *little, hardly any*	Det er **lite** trafikk på hjemstedet mitt. *There is little traffic in my hometown.*
ikke noe *not any*	Det er **ikke noe** trafikk på hjemstedet mitt. *There is not any traffic in my hometown.*

mye og veldig

It is easy to mix up the words **mye** and **veldig**, but their meanings and usage are quite different.

The adverb **veldig** *(very)* is usually used as an intensifier before other adjectives and adverbs:

ex.)　Byen var **veldig** stor.
Jeg liker Oslo **veldig** godt.

In contrast, **mye** (much, a lot) is used as a quantifier with collective nouns, as an adverb with verbs, and as a noun.

ex.)　Det var **mye** trafikk i byen.
Faren min reiser **mye**.
Det er **mye** å gjøre i Oslo. ■

øving e.
KVANTORER
Describe your hometown using the quantifiers from the chart

ex.) På hjemstedet mitt er det _____ å gjøre, _____ trafikk, _____ kriminalitet og _____ forurensning.

Kvantorer brukt som substantiv: [QUANTIFIERS USED AS NOUNS]

All of the quantifiers can also function as nouns, representing people or quantity. See below.

Nouns: People	Nouns: Quantity
Mange liker å gå på kino. *Many like to go to the movies.*	Det er **mye** å gjøre på hjemstedet mitt. *There is a lot to do in my hometown.*
Noen liker å lese. | Kjenner du **noen** fra Norge? *Some like to read. | Do you know someone from Norway?*	Vet du **noe** om hjemstedet mitt? *Do you know anything about my hometown?*
Noen få er med i gjenger. *A few are part of gangs.*	Jeg vet **litt** om hjemstedet ditt. *I know a little about your hometown.*
Få liker den mørke vinteren. *Few like the dark winter.*	Turistene vet **lite** om Norge. *The tourists know little about Norway.*
Ingen / Ikke noen flytter herfra! *No one moves away from here!*	Det er **ikke noe / ingenting** å gjøre her. *There isn't anything / is nothing to do here.*

øving f.
KVANTORER
Describe the people in your hometown with the quantifiers used as nouns.

1. Mange _____.

2. Noen _____.

3. Noen få _____.

4. Få _____.

5. Ingen / ikke noen _____.

Determinativer: Grunntall [DETERMINATIVES: NUMBERS]

Bruk av grunntall på norsk

- **Ages:** Jeg er **55** år gammel *(femtifem)*.
- **Addresses:** Jeg bor i Drammensveien **32** *(trettito)*.
- **Dates:** Sønnen min ble født i 1988 (nittenåttiåtte).
  Nevøen min ble født i 2015
  (tjuefemten eller totusenogfemten).
- **Distance:** Tromsø er **1 151** kilometer fra Oslo
  (ett tusen ett hundre og femtien).
- **Phone Numbers:** Mobilnummeret mitt er **957 24 440**
  (ni fem sju tjuefire fire fire null).
- **Population:** Narvik har **18 783** innbyggere
  (atten tusen sju hundre og åttitre).
- **Prices:** Boka kostet **235 kroner**
  (to hundre og tretti fem).

1	en	21	tjueen
2	to	22	tjueto
3	tre	23	tjuetre
4	fire	24	tjuefire
5	fem	25	tjuefem
6	seks	26	tjueseks
7	sju / syv	27	tjuesju
8	åtte	28	tjueåtte
9	ni	29	tjueni
10	ti	30	tretti
11	elleve	31	trettien
12	tolv	32	trettito
13	tretten	33	trettitre
14	fjorten	40	førti
15	femten	50	femti
16	seksten	60	seksti
17	sytten	70	sytti
18	atten	80	åtti
19	nitten	90	nitti
20	tjue	100	(ett) hundre

423	fire hundre og tjuetre
839	åtte hundre og trettini
5614	fem tusen seks hundre og fjorten
10 742	ti tusen sju hundre og førtito
38 293	trettiåtte tusen to hundre og nittitre
68 247	sekstiåtte tusen to hundre og førtisju
276 390	to hundre og syttiseks tusen tre hundre og nitti
583 950	fem hundre og åttitre tusen ni hundre og femti

Grunntall i skrift og uttale

1. Large numbers should be placed in groups of three with a space between the groups.
   5 326 879   642 987   52 453   8 461 (eller) **8461**

2. When numbers are read aloud, there should be the conjunction **og** between the hundreds and the tens.

   320 *(tre hundre og tjue)*   **4572** *(fire tusen fem hundre og syttito)*

Fylkene i Norge

øving g.
FYLKER

Listen to the recording and write in the number of inhabitants for each **fylke** (*county*) next to the names on the map.

Source: regjeringen.no

Finnmark: _____

Troms: _____

Nordland: _____

Trøndelag: _____

Møre og Romsdal: _____

Innlandet: _____

Vestland: _____

Rogaland: _____

Agder: _____

Telemark: _____

Buskerud: _____

Akershus: _____

Oslo: _____

Østfold: _____

Vestfold: _____

1. Hvor ligger de store byene i Norge? I hvilke fylker?
2. Hvor bor mesteparten av menneskene i Norge?

øving h.
BYER

Work with another student and take turns asking about the number of inhabitants in various cities. The student listening should record the answer.

ex.) Student: Hvor mange innbyggere har <u>Hamar</u>?

Student: <u>Hamar</u> har 26 508 innbyggere.

Student A:

Kautokeino: _____   Skien: _____

Stavanger: _____   Kristiansand: _____

Fredrikstad: 70 161   Drammen: 83 206
Trondheim: 194 860   Ålesund: 54 983

Student B:

Kautokeino: 2 877   Skien: 50 142

Stavanger: 134 298   Kristiansand: 65 506

Fredrikstad: _____   Drammen: _____
Trondheim: _____   Ålesund: _____

 **øving i.**
FORDELER OG ULEMPER

Read the texts below and make a list of the natural features as well as the advantages and disadvantages of each city, town, or area.

Hjemstedet mitt

Olav er 65 år gammel og kommer fra Sandane, et tettsted i Nordfjord på Vestlandet. Sandane har ca. 2000 innbyggere, og har bank, postkontor, skoler, hotell, golfbane og mange butikker. Det er også et fint

folkemuseum med mange gamle hus og ei samling av møbler og annet utstyr. Mange lever av jordbruk og pelsavl. Andre arbeider på trevarefabrikken.

Olav trives godt på Sandane fordi det er så fin natur der. Det er fjell på den ene siden og fjorden på den

andre. Dessuten er det mange hyggelige mennesker som bor der. Om vinteren går Olav på ski i fjellet, og om sommeren fisker han i elva eller fjorden. Han liker også å gå på fottur.

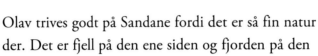

Å BO PÅ LANDET

Jon. Hvordan liker du å bo på landet?

Hanne. Jeg stortrives! Det er stille og rolig der.

Jon. Men kan det ikke bli kjedelig?

Hanne. Absolutt ikke! Man har alltid noe å gjøre på en gård. Jeg steller dyr og hus og hage.

Jon. Hva gjør du i fritida?

Hanne. Mannen min og jeg liker å gå i fjellet. Det er veldig fin natur her.

Jon. Ligger gården deres på fjellet?

Hanne. Nei, den ligger ved ei elv, men vi har hytte på fjellet.

Jon. Hva med butikker? Må dere dra inn til byen for å handle?

Hanne. Nærbutikken har det meste, men vi drar ofte til byen. Der er det bank, postkontor, klesbutikk og restaurant. Det er også en ny idrettshall her.

Jon. Hva synes du om Oslo?

Hanne. Det er morsomt å være her, men jeg vil ikke bo her — for mye bråk!

SEATTLE ELLER MINNEAPOLIS?

Liv. Neste år skal jeg studere i USA.

Jon. Hvor da?

Liv. Jeg har ikke bestemt meg ennå. Men jeg har slektninger i Seattle og Minneapolis.

Jon. Da er du heldig. Både Seattle og Minneapolis er fine steder å bo. Og de har gode universiteter også.

Liv. Det var godt å høre.

Jon. Seattle minner litt om Bergen. Den ligger ved en fjord, og den er omgitt av store fjell.

Liv. Hva med Minneapolis? Er det fjell der?

Jon. Nei, Minneapolis har en helt annen natur. Det er ganske flatt, og byen har mange parker og innsjøer.

Liv. Hva med været?

Jon. Både Seattle og Minneapolis har mye sol om sommeren. Men om vinteren er det mildt i Seattle og svært kaldt i Minneapolis.

øving j.
HJEMSTEDER

Play the roles of the students described in the boxes below. Describe their hometowns using the key words provided.

John, 21 år et tettsted Decorah, IA 8 500 innbyggere stille og rolig lite kriminalitet postkontor, kino, golfbane, sykehus, bakeri, parker, kirker, restauranter, noen museer, og et college fin natur	Kathy, 19 år en by Camrose, Alberta 17 000 innbyggere mye å gjøre lite trafikk bussterminal, konserthus, museer, kunstgalleri, hoteller, butikker, idrettshaller, gode restauranter kaldt om vinteren	Mike, 25 år et tettsted Poulsbo, WA 9 500 innbyggere hyggelige mennesker stille og rolig klesbutikk, bakeri, matbutikk, bank, postkontor, skoler, parker, bibliotek, tennisbaner, et gammelt sentrum ved Puget Sound	Jennifer, 18 år en by Madison, WI 243 000 innbyggere fin natur mye å gjøre sykehus, flyplass, jernbanestasjon, kinoer, hoteller, butikker, konserthus, kirker, universitet, golfbane, kaldt klima ved Mendota-innsjøen

OK became a popular expression in the US during the mid-1800s, and it is one you will often hear in Norway today as well. In Norwegian, OK can be pronounced several different ways:

[o-kæi]　　　　**[å-kæi]**　　　　**[o-kå]**

øving k.
HJEMSTEDER

Work with another student and take turns describing your hometowns or other towns that you know well. The student listening should record the information.

Giving name, age, hometown, and population	Jeg er fra_____ (en by, en forstad, et tettsted) som heter _____. _____ har _____ innbyggere.
Indicating likes and dislikes	Jeg _____ (trives godt, trives ikke) i _____. Det er _____ (helt topp, fint, OK, greit nok, sånn passe, kjedelig).
Describing positive and negative features	I _____ er det _____. (stille, rolig, bråkete, mye trafikk, lite trafikk, mye kriminalitet, lite kriminalitet, mye forurensing, lite forurensing, mye bråk, lite bråk, hyggelige mennesker, snobbete mennesker, fin natur, gode skoler, dårlige skoler, mange jobber, få jobber, mye å gjøre, lite å gjøre, ingenting å gjøre)
Describing businesses and services	I _____ er det _____. (postkontor, kino, golfbane, museum, sykehus, bakeri, torg, bussterminal, bank, bibliotek, konserthus, flyplass, kunstgalleri, tennisbaner, parker, butikker, kirker, restauranter)
Describing natural features	_____ ligger ved _____ (en fjord, ei elv, en innsjø, en skog, kysten). _____ ligger _____ (i en dal, i en skog, på ei øy).

i fokus: Store byer i Norge

Oslo er hovedstaden og sentrum for kulturlivet i Norge. Samtidig som man har tilgang til storbylivets gleder, er det kort vei til både marka og fjorden. Om sommeren kan det være fantastisk badevær, og om vinteren er det like flott skivær.

Bergen er Norges nest største by og har et yrende studentliv. Hele 35 000 av Bergens 267 117 innbyggere er studenter. Bergen er én av Norges koseligste byer med mange parker, kontinental atmosfære og fantastisk arkitektur.

Trondheim er et moderne senter for handel, sjøfart og kulturliv, men likevel har byen bevart et koselig småbypreg. Studentlivet står sentralt her, og det er et sterkt fokus på høyteknologisk utdanning og forskning. Trondheim har også rike historiske tradisjoner. Byen var Norges første hovedstad, og i middelalderen var den ett av Nord-Europas viktigste pilegrimsmål.

Naturen rundt **Stavanger** er slående. På den ene siden er det fritt utsyn over havet, og på den andre siden trange fjorder og steile fjell. I midten ligger det urbane sentrumet med et mangfoldig folkeliv. Stavanger har

ca. 135 000 innbyggere og er kjent som hovedstaden for oljeindustrien i Norge.

Kristiansand har over 65 000 innbyggere og er kjent som Sørlandets hovedstad. For mange er Kristiansand sommerbyen fremfor alle på grunn av det fantastiske båtlivet og de varme temperaturene. Dyreparken og Kardemomme by er de mest populære turistattraksjonene.

Sommeren i **Tromsø** er kort og intens, noe som skaper en sydlandsk stemning. Tromsøs uteliv og musikkscene er verdensberømt, og mangfoldige stjerner har kommet fra «Nordens Paris».

Tønsberg er Norges eldste by og er kjent som hvalfangstby. Byen er også Vestfolds hovedstad og handelssentrum, og om sommeren yrer det med liv på brygga. Her ligger restaurantene og utestedene på rad og rekke.

Distriktet rundt **Sarpsborg** har vært befolket i over 7000 år. Sarpsfossen er et viktig symbol for befolkningen og har inspirert utallige kunstnere.

 øving 1.
BYER

Read the text and put an X in the table where positive statements are mentioned.

	naturen	kulturtilbud	utdanning	utelivet	været	arkitektur
Oslo						
Bergen						
Trondheim						
Stavanger						
Kristiansand						
Tromsø						
Tønsberg						
Sarpsborg						

øving m.
NORSKE BYER

Listen to the descriptions of hometowns or towns that people have visited in Norway. Fill in the name of the city and the positive and negative features mentioned.

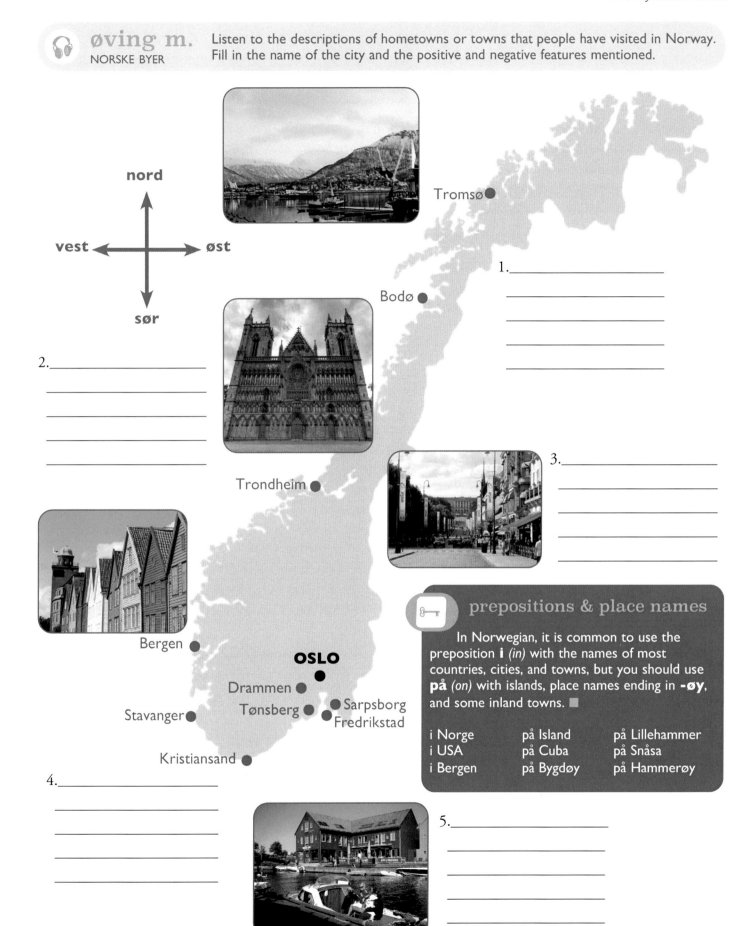

nord

vest ← → øst

sør

Tromsø ●

Bodø ●

1._____

_____

_____

_____

_____

2._____

_____

_____

_____

_____

Trondheim ●

3._____

_____

_____

_____

_____

Bergen ●

OSLO
●

Drammen ●

Tønsberg ● ● Sarpsborg
● Fredrikstad

Stavanger ●

Kristiansand ●

prepositions & place names

In Norwegian, it is common to use the preposition **i** *(in)* with the names of most countries, cities, and towns, but you should use **på** *(on)* with islands, place names ending in **-øy**, and some inland towns. ■

i Norge	på Island	på Lillehammer
i USA	på Cuba	på Snåsa
i Bergen	på Bygdøy	på Hammerøy

4._____

_____

_____

_____

_____

5._____

_____

_____

_____

uttale: trykk og intonasjon i setninger

Trykk i setninger

In Chapters 16-18, we discussed where to place stress in individual words, but here we will study stress in Norwegian sentences. In the flow of normal speech, it is important to note that only a few words in each sentence are stressed, namely the words that give us the most important information in the sentence. Learning to stress the correct words in the sentence is one of the keys to having good pronunciation in Norwegian. Study the examples below and listen to the recording.

Det er **mange hyggelige mennesker** i **Tromsø**.   I **Norge** er det **nitten fylker**.

It isn't possible to give a list of words or parts of speech that will always be stressed because every utterance is different. The stress in the same sentence can also be different depending on what one is trying to emphasize. See the following examples in English.

He loves me.   He **loves** me.   He loves **me**.

Trykklette ord

pronouns	jeg, meg, du, deg, min
articles	en, ei, et
prepositions	på, i, med, ved
conjunctions	og, men, eller, for
modal verbs	kan, vil, må, bør, skal
adverbs	ikke, nok, vel, jo, da
infinitive marker	å

There are, however, general rules for which parts of speech usually do not have stress. In the chart on the left, you will notice that most unstressed words are short, functional words, providing grammatical information rather than carrying the main meaning of the sentence.

Intonasjon

Intonation, sometimes called sentence melody, is equally as important as stress in Norwegian. Intonation can be described as the variation of pitch one has when speaking. An example is that when one poses a question in English, our pitch usually rises:

Do you know what time the class starts?   Do you have your textbook with you?

Frequently, the ends of sentences rise in Norwegian, and English speakers often mistake that for a question. Norwegian questions usually rise even more than the statements. Listen to these examples:

Jeg har lyst til å gå på tur.   Har du lyst til å gå på tur?
Broren min er femten år gammel.   Hvor gammel er broren din?

øving n.
INTONATION

Listen to the following sentences and circle the syllables in the words that are stressed. After you have located where the stress is, practice saying these sentences aloud, paying close attention to where you are putting the stress.

1. Andrea bor i Sarpsborg.
2. Stavanger er en fin by.
3. Hovedstaden i Norge er Oslo.

4. Det er mye å gjøre i Bodø.
5. Jeg lånte to bøker fra biblioteket.
6. Det er fin natur utenfor Bergen.

7. Marte skal på kino på fredag.
8. Det er gode skoler i Kristiansand.
9. Knut bor i Stavanger.

REPETISJON: ORD OG UTTRYKK

19. Hjemsteder	19. Hometowns
Hvor bor du? Jeg bor _____. (i Oslo, i Telemark fylke, i Norge, i Seattle, i delstaten Minnesota, i USA, i Toronto, i provinsen Alberta, i Canada)	***Where do you live?*** *I live _____.* *(in Oslo, in Telemark county, in Norway,* *in Seattle, in the state of Minnesota, in the USA* *in Toronto, in the province of Alberta, in Canada)*
Hvor mange innbyggere har Stavanger? Stavanger har 144 877 innbyggere.	***How many inhabitants does Stavanger have?*** *Stavanger has 144 877 inhabitants.*
Hvordan trives du i Trondheim? Jeg trives godt. | Jeg trives ikke.	***How do you like it in Trondheim?*** *I like it very much. | I don't like it.*
Hvordan liker du å bo i Tromsø? Det er _____. (helt topp, fint, OK, greit nok, sånn passe, kjedelig)	***How do you like living in Tromsø?*** *It is _____.* *(great, nice, OK, good enough, so-so, boring)*
Hva slags natur har du på hjemstedet ditt? På hjemstedet mitt har vi _____. (et hav, en fjord, ei/en elv, et vann, en innsjø, ei øy, en foss, en kyst, en dal, et fjell, en skog)	***What type of nature do you have in your hometown?*** *In my hometown, we have _____.* *(an ocean, a fjord, a river, a small lake, a lake, an island* *a waterfall, a coast, a valley, a mountain, a forest)*
Hva er fordelene ved hjemstedet ditt? Fordelene ved hjemstedet mitt er _____. (fin natur, fint klima, hyggelige mennesker, mye å gjøre, lite forurensning, lite kriminalitet, lite trafikk, lite bråk, gode skoler, mange ledige jobber, god offentlig transport).	***What are the advantages of your hometown?*** *The advantages of my hometown are _____.* *(nice nature, a good climate, friendly people,* *a lot to do, minimal pollution, not much crime,* *not a lot of traffic, little noise, good schools,* *many available jobs, good public transportation)*
Hva er ulempene ved hjemstedet ditt? Ulempene ved hjemstedet mitt er _____. (kjedelig natur, dårlig klima, snobbete mennesker, lite å gjøre, ikke noe å gjøre, mye forurensning, mye kriminalitet, mye trafikk, mye bråk, dårlige skoler, ingen ledige stillinger, dårlig offentlig transport)	***What are the disadvantages of your hometown?*** *The disadvantages of my hometown are _____.* *(boring nature, a bad climate, snobby people,* *not much to do, nothing to do, a lot of pollution,* *a lot of crime, a lot of traffic, a lot of noise,* *bad schools, no available jobs,* *bad public transportation)*
Hva er de ti største byene i Norge? De ti største byene i Norge er Oslo, Bergen, Stavanger / Sandnes, Trondheim, Fredrikstad / Sarpsborg, Drammen, Porsgrunn / Skien, Kristiansand, Ålesund og Tønsberg.	***What are the 10 largest cities in Norway?*** *The ten largest cities in Norway are* *Oslo, Bergen, Stavanger / Sandnes,* *Trondheim, Fredrikstad / Sarpsborg,* *Drammen, Porsgrunn / Skien,* *Kristiansand, Ålesund, and Tønsberg.*
Hvor ligger Bergen? Bergen ligger _____. (sør for Trondheim, vest for Oslo)	***Where is Bergen located?*** *Bergen is located _____.* *(south of Trondheim, west of Oslo)*

Kap. 20: Bolig og rom

Boligtyper

et hus /en enebolig

en tomannsbolig

et rekkehus

ei/en boligblokk
ei/en blokk

en leilighet

en hybel

i boliger i Norge

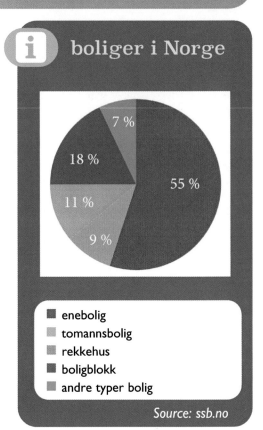

7 %
18 %
11 %
9 %
55 %

- enebolig
- tomannsbolig
- rekkehus
- boligblokk
- andre typer bolig

Source: ssb.no

Etasjer

} et loft

} andre etasje

} første etasje

} en underetasje
en kjeller

Utenfor huset

en garasje

en terrasse

en balkong

en hage

en plen

et tre (trær)

en busk

et blomsterbed

en blomst

øving a.
BOLIG

Interview members of your class to learn more about where they live.

1. Hvordan bor du?

Jeg bor _____.
(i et hus, i en enebolig, i en tomannsbolig,
i et rekkehus, i ei blokk, i en leilighet,
på en hybel)

2. Hvor ligger huset ditt?

Huset mitt ligger _____.
(i en by som heter _____,
i en forstad som heter _____,
i et tettsted som heter _____,
i ei bygd som heter _____,
på landet)

3. Hvor mange etasjer er det i huset ditt?

I huset mitt er det _____.
(en etasje, to etasjer, tre etasjer)

4. Har du terrasse, balkong eller vinterhage?

Ja, jeg har _____.
Nei, det har jeg ikke.

5. Har du stor garasje?

Ja, vi har _____.
(en dobbelgarasje, en trippelgarasje)
Nei, vi har en enkelgarasje.

6. Har du fin hage?

Ja, jeg har en fin hage med _____.
(trær, busker, blomsterbed, blomster)
Nei, det har jeg ikke.

7. Hva liker du ved huset ditt? Hva liker du ikke ved huset ditt?

Huset mitt er _____.
(stort, lite, nytt, gammelt, koselig)
Huset ligger _____.
(fint til, sentralt, midt i byen, på landet,
ved en innsjø, i et fint nabolag)
Det er kort vei til _____.
(skolen, jobben, sentrum, turområder)
Det er lang vei til _____.
(skolen, jobben, sentrum, turområder)

øving b.
HUSET TIL LIV

Read about Liv's home and then adapt questions 1-7 above to interview another student about Liv's house. See examples of questions 1-2 below.

ex.) 1. Hvordan bor Liv?   Liv bor i _____.
2. Hvor ligger huset hennes?   Huset til Liv ligger ____.

Familien min bor i et gammelt trehus som er 60-70 år gammelt. Huset har to etasjer, og i tillegg har vi kjeller og loft. Utenfor huset har vi garasje og en stor hage med mange trær og blomsterbed. Mamma og jeg liker godt å stelle i hagen.

Jeg liker huset vårt fordi det ligger så sentralt. Det tar bare fem minutter å gå til sentrum, så det er lett for folk å stikke innom på vei til eller fra byen. Det jeg synes er dumt, er at vi ikke har noen terrasse. Vi har to balkonger, men jeg synes det er så koselig med en terrasse i hagen. Det har begge bestevenninnene mine, og der har vi det alltid så hyggelig.

---

studentboliger

In Norway, **studentboliger** *(student dorms or apartments)* are usually not located on the university or college campus. Often, students live in **studentbyer** *(student apartment complexes)* with several large apartment buildings, stores, a bank, a restaurant, and other services. The apartment buildings contain both **leiligheter** *(apartments)* and **hybler** *(single rooms)* with shared bathrooms and kitchens. Sometimes, there will be a **studenthus** *(one large apartment building)* which again has both apartments and single rooms.

At many North American colleges and universities, students live in **studenthjem** *(dormitories)* located on the campus, which typically have single or double rooms with shared bathrooms and few kitchen facilities. This type of student housing is uncommon in Norway. ■

Rom

Hvilke rom er det i huset ditt eller leiligheten din? Hvilket rom liker du best?

ei/en stue   ei/en spisestue   ei/en TV-stue   ei/en kjellerstue   ei/en badstue

et soverom   et arbeidsrom   et hobbyrom   et vaskerom   en vinterhage

et kjøkken   et bad   et loft   en entré   en gang

Hva slags bolig bor du i?

Anki (20 år):
Jeg bor hjemme hos far. Han har et stort hus på Nesodden. Huset ligger i en hage med høye trær. I første etasje har vi peisestue, kjøkken, spisestue og toalett. I andre etasje er det bad og fire soverom. Vi har også loft og en stor kjeller. På loftet henger det gamle klær. I kjelleren har vi en fryseboks, ved, syltetøy, sykler og skiutstyret vårt. Der har vi også vaskemaskin og tørketrommel.

Per Olav (29 år), samboer med **Berit** (26 år):
Berit og jeg bor i en leilighet i Asker. Den er ganske liten, men komfortabel. Vi har kjøkken med spisekrok, ett soverom, ei ganske stor stue, entré og bad. Utenfor stua er det en balkong. Vi har god utsikt til en park. Jeg liker å sitte på balkongen og spille gitar.

Knut (35 år), samboer med **Elin** (38 år): Elin og jeg bor i en terrasseleilighet. Vi har det veldig bra der. Fra terrassen har vi en fantastisk utsikt over fjorden. Elin har mange planter på terrassen – det er nesten som å ha en liten hage. Vi har to stuer, kjøkken og to små soverom. I tillegg har vi et barneværelse til dattera vår, og så har vi entré, vaskerom og et stort bad.

Karin (19 år): Jeg leier en hybel i en enebolig. Eierne bor i overetasjen, mens jeg bor i underetasjen. Jeg har ett rom og eget bad. Kjøkkenet i underetasjen deler jeg med et ektepar. De har to rom og eget bad. Vi har også et vaskerom med vaskemaskin og tørkeskap. Utenfor huset er det en deilig hage med bærbusker, frukttrær og mange blomster. Jeg liker å sitte i hagen og lese.

øving c.
BOLIG

Read the texts on the previous page and do the exercises below.

Pre-reading: Scan the texts on the previous page. Circle the types of homes and underline the rooms.

Reading: List the advantages and disadvantages of each type of home in the chart below.

Post-reading: Hvilken bolig har du mest lyst til å bo i? Hvorfor? Hvilken bolig har du ikke lyst til å bo i?

	Huset til Anki	Leiligheten til Berit og Per Olav	Leiligheten til Elin og Knut	Hybelen til Karin
Fordeler				
Ulemper				

øving d.
ROM OG AKTIVITETER

Work with another student. Discuss the activities you do in the various rooms of your home.

ex.) Hva gjør du <u>i stua</u>? <u>Jeg ser på TV og drikker kaffe i stua</u>.

1. Jeg sover
2. Jeg spiser
3. Jeg jobber
4. Jeg skriver på datamaskin
5. Jeg leser avisa
6. Jeg slapper av
7. Jeg hører på musikk
8. Jeg vasker klær
9. Jeg ser på TV
10. Jeg trener
11. Jeg vasker meg
12. Jeg er sammen med venner
13. Jeg snakker med familien min
14. Jeg spiller spill
15. Jeg tegner
16. Jeg strikker
17. Jeg spiller piano
18. Jeg spiller gitar
19. Jeg lager mat
20. Jeg tar badstu
21. Jeg gjør lekser
22. Jeg snakker i telefonen
23. Jeg skriver brev

i stua.
i spisestua.
i TV-stua.
i kjellerstua.
i badstua.
i hagen.
i gangen eller entréen.
i vinterhagen.

på hobbyrommet.
på vaskerommet.
på soverommet.
på arbeidsrommet.
på kjøkkenet.
på badet.
på loftet.

preposisjoner

As you might have noticed before, prepositions in Norwegian are often used in idiomatic ways so it is important to learn them in the context of phrases rather than just translating word for word.

For example, when the prepositions **i** *(in)* and **på** *(on)* are used with rooms, they both can be translated as *in*. Note that **i** is often used with ei- and en-nouns and **på** with et-nouns. ∎

Påsteds- og tilstedsadverb [ADVERBS OF LOCATION AND MOTION]

Adverbs of location and adverbs of motion are similar, but they have slightly different forms and are used in different situations. As their names suggest, adverbs of location are used to describe people and objects that are already in a place and are not moving, while adverbs of motion are used to describe people or things that are moving toward or away from a place. Adverbs of location have the longer form, and adverbs of motion have the shorter form. Study the chart below.

Adverbs of Location: Used when in a place	Adverbs of Motion: Used when moving toward or away from a place
Jeg er **inne**. *I am inside.*	Jeg går **inn**. *I am going in.*
Jeg er **ute**. *I am outside.*	Jeg går **ut**. *I am going out.*
Jeg er **oppe**. *I am upstairs.*	Jeg går **opp**. *I am going up.*
Jeg er **nede**. *I am downstairs.*	Jeg går **ned**. *I am going down.*
Vi er **framme**. *We are there or at the destination.*	Jeg kommer **fram**. *I arrive there or at the destination.*
Bilen er **borte**. *The car is gone.*	Han reiser **bort**. *He goes away.*
Jeg er **hjemme**. *I am at home.*	Jeg skal dra **hjem**. *I am going to go home.*
Han er **her**. *He is here.*	Hun kommer **hit**. *She is coming here.*
Bilen er **der**. *The car is there.*	Han går **dit**. *He is going there.*

In addition to the verbs in the chart, there are other verbs that are commonly used with adverbs of location and adverbs of motion.

VERBS USED WITH
ADVERBS OF LOCATION

er *(am, is, are)* **blir** *(become, stay)*
sitter *(sit)* **står** *(stand)*
bor *(live)* **overnatter** *(stay overnight)*

VERBS USED WITH
ADVERBS OF MOTION

går *(go, walk)* **drar** *(go, leave)*
reiser *(travel)* **kjører** *(drive)*
sykler *(bicycle)* **løper** *(run)*
klatrer *(climb)* **kommer** *(come)*

Another way to remember the difference between adverbs of location and motion is that if you are moving around, you don't want to carry an extra **-e** with you! ■

ADVERBS OF LOCATION

Anne sitter **inne** og jobber. Pål sitter **ute** i hagen.

Emma er **oppe** i treet. Matias er **nede** i kjellerstua.

ADVERBS OF MOTION

Anders går **inn** i huset. Markus går **ut** av huset.

Camilla klatrer **opp** i treet. Silje går **ned** trappa.

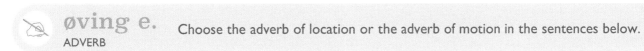

øving e.
ADVERB
Choose the adverb of location or the adverb of motion in the sentences below.

1. Jeg jobber _____ på tirsdager *(hjemme / hjem)*, og det liker jeg veldig godt.
   Om vinteren sitter jeg _____ og jobber *(inne / inn)*, men om sommeren
   sitter jeg ofte _____ *(ute / ut)*. Familien min er _____ om dagen *(borte / bort)*,
   og de pleier å komme _____ ved femtida *(hjemme / hjem)*.

2. Søstera mi bor på Lillehammer. Jeg reiser ofte _____ i feriene *(der / dit)*,
   men i år kommer hun _____ for å besøke meg *(her / hit)*. Jeg gleder meg til det
   fordi vi skal gå _____ på byen hver kveld *(ute / ut)*.

3. Broren min er _____ i andre etasje *(oppe / opp)*, og han sier at jeg ikke kan komme _____ *(oppe / opp)*.
   Jeg lurer på hva han gjør _____ *(der oppe / dit opp)*. Jeg håper han snart kommer
   _____ *(nede / ned)*.

4. Hammeren til Tor var _____ *(borte / bort)*. Trym kom _____ *(inne / inn)* i huset til Tor og
   stjal den. Så reiste Trym _____ til Jotunheimen *(hjemme / hjem)*. Tor og Loke kledde seg ut som
   jenter og dro _____ for å hente hammeren *(der / dit)*. Da de kom _____ i huset til Trym
   (inne / inn), var det en stor bryllupsfest _____ *(der / dit)*.

5. Nå er vi endelig _____ *(framme / fram)* i Norge. Vi reiste først med fly fra Toronto til Island og
   så fra Island til Bergen. Derfra tok vi toget til Oslo, og til slutt reiste vi med båt og buss til Nesodden. Da vi
   kom _____ *(framme / fram)*, var vi veldig slitne.

Ordstilling: Leddsetninger [WORD ORDER: DEPENDENT CLAUSES]

In this section, you will learn about the correct word order in sentences that contain both an independent clause and a dependent clause. It is important that you can recognize dependent clauses, and the easiest way is to learn the subordinating conjunctions that start these clauses. See the chart below. Note that there is normal subject-verb word order in both the independent and the dependent clause as long as the subordinating conjunction is in the middle of the sentence.

Independent clause *Normal subject-verb word order*	Dependent clause *Starts with a subordinating conjunction / Normal subject-verb word order*	
<u>Jeg skal</u> kjøpe et nytt hus *I am going to buy a new house*	**hvis** *if*	<u>jeg får</u> en bedre jobb. *I get a better job.*
<u>Jeg bor</u> i byen *I live in the city*	**fordi** *because*	<u>det er</u> mye å gjøre her. *there is a lot to do here.*
<u>Vi skal</u> stelle i hagen *We are going to work in the yard*	**siden** *since*	<u>det er</u> fint vær i dag. *there is nice weather today.*
<u>Vi bor</u> på landet *We live in the country*	**selv om** *even though*	<u>vi trives</u> best i byen. *we like living in the city best.*
<u>Vi sitter</u> vanligvis i stua *We usually sit in the living room*	**når** *when*	<u>vi drikker</u> kaffe. *we drink coffee.*
<u>Jeg bodde</u> i et tettsted *I lived in a small town*	**da** *when*	<u>jeg var</u> liten. *I was little.*
<u>Vi bodde</u> i en liten leilighet *We lived in a small apartment*	**før** *before*	<u>vi giftet</u> oss. *we got married.*
<u>Vi skal</u> dra hjem *We are going to go home*	**etter at** *after*	<u>vi har</u> besøkt vennene våre. *we have visited our friends.*

 **øving f.**
LEDDSETNINGER

Show that you can recognize dependent clauses. Circle the subordinating conjunction and underline the whole dependent clause.

1. Jeg vil bo i en leilighet hvis jeg flytter til byen.

2. Jeg liker å bo på landet fordi det er så stille og rolig der.

3. Jeg bor på hybel siden leiligheter er så dyre.

4. Foreldrene mine skal kjøpe et hus i Spania når de blir pensjonister.

5. Jeg har kabel-TV selv om det koster mye.

6. Jeg kjøpte mitt første hus da jeg var 35 år gammel.

7. Jeg skal se på en film i kjellerstua før jeg legger meg i kveld.

8. Vi skal kjøpe ny TV etter at vi har flyttet inn i det nye huset.

Invertert ordstilling etter leddsetning

As you see in the chart below, the dependent clause can occur at the beginning of the sentence as well as at the end. However, if the dependent clause comes first in the sentence, then inversion of the subject and the verb occurs in the independent clause that follows. Note that you need to put a comma after the dependent clause when it starts the sentence.

Jeg skal sole meg i dag **hvis det blir varmt**.   Vi liker å sitte foran peisen **når det er kaldt ute**.
Hvis det blir varmt, <u>skal jeg</u> sole meg.   **Når det er kaldt ute,** <u>liker vi</u> å sitte foran peisen.

Dependent clause *Starts with a subordinating conjunction / Normal subject-verb word order*		**Independent clause** *Inversion of subject-verb after dependent clause*
Hvis *If*	<u>jeg får</u> en bedre jobb, *I get a better job,*	<u>skal jeg</u> kjøpe et nytt hus. *I am going to buy a new house.*
Fordi *Because*	<u>det er</u> mye å gjøre her, *there is a lot to do here,*	<u>bor jeg</u> i byen. *I live in the city.*
Siden *Since*	<u>det er</u> fint vær i dag, *there is nice weather today,*	<u>skal vi</u> stelle i hagen. *we are going to work in the yard.*
Selv om *Even though*	<u>vi trives</u> best i byen, *we like living in the city best,*	<u>bor vi</u> på landet. *we live in the country.*
Når *When*	<u>vi drikker</u> kaffe, *we drink coffee,*	<u>sitter vi</u> vanligvis i stua. *we usually sit in the living room.*
Da *When*	<u>jeg var</u> liten, *I was little,*	<u>bodde jeg</u> i et tettsted. *I lived in a small town.*
Før *Before*	<u>vi giftet</u> oss, *we got married,*	<u>bodde vi</u> i en liten leilighet. *we lived in a small apartment.*
Etter at *After*	<u>vi har</u> besøkt vennene våre, *we have visited our friends,*	<u>skal vi</u> dra hjem. *we are going to go home.*

øving g.
LEDDSETNINGER

Rewrite the sentences from Exercise F with the dependent clause at the beginning of the sentence. Circle the subordinating conjunction, underline the dependent clause, and make any appropriate changes to the word order.

1. _____

2. _____

3. _____

4. _____

5. _____

6. _____

7. _____

8. _____

øving h.
BESKRIVELSE

Work with another student and describe the house below as if you live there. Include information about a) the type of housing, b) yard and garage, c) rooms, d) activities, and e) your favorite room.

ex.) **Utenfor huset**

Vi bor i en enebolig som ligger...
I hagen er det...
Bak huset...
På terrassen...
Fordi vi bor like ved havet,...

I huset

I hovedetasjen...
I loftsetasjen...
I stua / i spisestua / i loftstua...
På kjøkkenet / på badet / på soverommet...
Når det er kaldt ute,...

øving i.
LYTTING

Listen to the statements about this house and write **Riktig** or **Galt** in the spaces below.

1. _____
2. _____
3. _____

4. _____
5. _____
6. _____

7. _____
8. _____
9. _____

Hovedetasje

Loftetasje

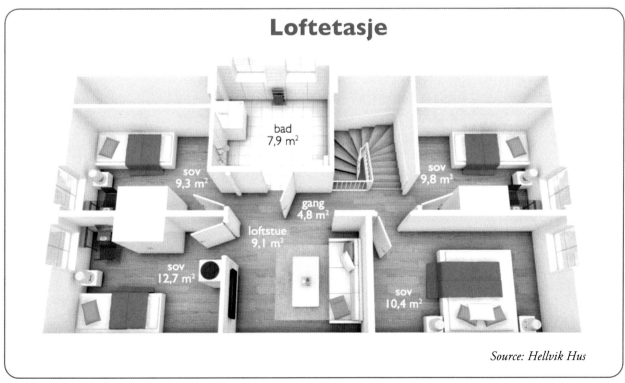

Source: Hellvik Hus

🔍 i fokus: på hyttetur

1. I Norge er hytteliv en viktig del av kulturen. De fleste har egen hytte eller kjenner noen i familien eller vennekretsen som eier hytte. Hvis ikke, finnes det også mange hytter som man kan leie.

2. De fleste norske hytter ligger enten på fjellet eller ved sjøen. Fjellhyttene har ofte en stil som er inspirert av gammel norsk byggeskikk med tømmer, stein og torv, mens sjøhyttene minner mer om sørlandshus og sjøbuer med lysere farger og store vinduer.

3. Det er mange hytter som ligger så langt inne i skogen eller fra veien at man ikke kan kjøre hele veien med bil. Man må gå på ski, gå eller padle for å komme til hytta.

4. Norske hytter pleier å ha tregulv og panel på veggene, og de er ofte møblert med enkle furumøbler. Det pleier også å være peis og noen ganger badstue. Tidligere var det uvanlig å ha radio eller TV på hytta, men nå er det mange som har både radio og TV.

5. Lenge var det vanlig å ha nokså små hytter, og mange hadde ikke elektrisitet eller innlagt vann. Derfor var det vanlig å ha utedo. I det siste har dette forandret seg, og i dag ser man noen større hytter og mange har både elektrisitet og innlagt vann.

6. Det er populært å dra på hyttetur året rundt, både i helgene og i feriene, f. eks. høstferien, vinterferien, påskeferien og sommerferien. Friluftsliv er viktig når man er på hytta. Om sommeren kan man bade, dra på båttur, fiske, gå på tur og plukke bær.

7. Om vinteren er det vanlig å gå på ski og stå på slalåm eller snowboard. Om kvelden eller når det er dårlig vær, er det koselig å sitte inne og nyte en god middag, lese, spille spill eller bare prate sammen.

8. I feriene reiser også mange nordmenn til varmere land i Syden (Spania, Italia, Tyrkia, Hellas osv.) istedenfor å dra på hytta.

øving j.
HYTTELIV

Read the texts on the previous page and answer the questions below.

RIKTIG GALT

RIKTIG	GALT	
☐	☐	1. Det er mange hytter i Norge.
☐	☐	2. Hvis du ikke eier ei hytte selv, kan du ikke dra på hyttetur.
☐	☐	3. I Norge ligger de fleste hytter på fjellet.
☐	☐	4. Norske hytter har en veldig moderne stil.
☐	☐	5. Norske hytter pleier å være små eller middels store.
☐	☐	6. Det var veldig vanlig med utedo på hytta tidligere.
☐	☐	7. Norske hytter har ofte vegg-til-vegg teppe og skinnsofaer.
☐	☐	8. Folk drar bare på hyttetur om sommeren.
☐	☐	9. Når folk er på hytta, liker de å være utendørs.
☐	☐	10. Når man er inne på hytta, ser man på TV hele tida.

> **i** There are approximately 450 000 cabins and summer houses in Norway, one for every 10 inhabitants. In addition, many Norwegians own cabins on the west coast of Sweden or apartments in countries with warmer climates, such as Spain and Brazil. ■

øving k.
HYTTELIV

Listen to Anne's description of her family's cabin and complete the exercise below.

1. Hvem eier hytta som Anne brukte?
a) tanta og onkelen hennes   b) mora og faren hennes
c) bestemora og bestefaren hennes

2. Hvor ligger hytta?
a) i Setesdal   b) i Hemsedal   c) i Gudbrandsdalen

3. Hvor lang tid tar det å kjøre til hytta?
a) 1-2 timer   b) 3-4 timer   c) 6-7 timer   d) 8-9 timer

4. Hvor ligger hytta?
a) på fjellet   b) ved sjøen

5. Hvilke aktiviteter kan man drive med?
a) fiske   b) gå på ski   c) stå på slalåm
d) dra på båttur   e) ake   f) gå på tur

> **i** When Norwegians describe the size of their apartments or houses, they state how many total rooms there are, including the living room and the bedrooms.
>
> ettroms = studio
> to-roms = 1 bedroom
> tre-roms = 2 bedroom
>
> Homes are measured by square meters rather than square feet.
>
> 1000 sq. ft = 93 kvadratmeter (m2)
> 1500 sq. ft = 139 kvadratmeter (m2)
> 2000 sq. ft = 186 kvadratmeter (m2)
>
> Housing in Norway is very expensive, especially in the capital city where the average price per residential property is about 6.1 million Norwegian kroner ($610,000). ■

6. Hvorfor var familien til Anne sammen så mye på hytta? _____

7. Hvilke måltider spiste de sammen? _____

8. Hva gjorde de om dagen? _____

9. Hva gjorde de om kvelden? _____

10. Så de ofte på TV? _____

uttale: "Gøy på landet"

This is the first verse of a children's song about the "joy" of living in the country in Norway.

 øving l.
SANG
Pre-reading and pre-listening:
Study the photos and make some predictions about the meaning of this song.

 øving m.
SANG
Reading and listening:
Listen to the song and underline the syllables that are stressed.

Kan tro vi to har fått det gøy og hyggelig på landet,

For vi har leid et hus som er en time ifra vannet.

Og her er gris og høner, tenk, og mange store kuer,

Og her er sikkert hundre tusen millioner fluer!

Refreng

Gøy på landet,   Gøy på landet,
Gøy på landet,   Gøy på landet,
Sånt no' ha'kke vi i by'n!   Sånt no' ha'kke vi i by'n!

 øving n.
SANG
Post-reading and post-listening: One line of the refrain in the text is written as it is pronounced. Compare the shortened version in the song with the full version below and underline the letters that are not pronounced.

Sånt noe har ikke vi i byen!   Sånt no' ha'kke vi i by'n!

REPETISJON: ORD OG UTTRYKK

20. Bolig og rom | ## 20. Housing and Rooms

Hvordan bor du?
Jeg bor _____.
(i et hus, i en enebolig, i en tomannsbolig,
i et rekkehus, i en leilighet, på hybel)

What type of housing do you live in?
I live _____.
(in a house, in a single-family home, in a duplex,
in a row house, in an apartment, in a single-room flat)

Hvor ligger huset ditt?
Huset mitt ligger _____.
(i en by, i en forstad, i eller på et tettsted,
i ei bygd, på landet)

Where is your house located?
My house is located _____.
(in a city, in a suburb, in a small town,
in a country settlement, in the country)

Hvor mange etasjer er det i huset ditt?
Det er _____ etasjer.

How many floors are there in your house?
There are _____ floors in my house.

Har du veranda, terrasse, balkong eller vinterhage?
Ja, jeg har _____. |
Nei, det har jeg ikke.

Do you have a porch, a deck, a balcony or a three-season porch?
Yes, I have _____. |
No, I don't.

Har du stor garasje?
Ja, jeg har en _____.
(dobbelgarasje, trippelgarasje) |
Nei, jeg har en enkelgarasje.

Do you have a large garage?
Yes, I have _____.
(a double garage, a triple garage) |
No, I have a one-car garage.

Har du fin hage?
Ja, jeg har fin hage med _____.
(trær, busker, blomsterbed, blomster) |
Nei, det har jeg ikke.

Do you have a nice yard?
Yes, I have a nice yard with _____.
(trees, bushes, flowerbeds, flowers) |
No, I don't.

Hva liker du ved huset ditt? |
Hva liker du ikke ved huset ditt?
Huset mitt er _____.
(stort, lite, nytt, gammelt, koselig)
Huset mitt ligger _____.
(fint til, sentralt, midt i byen,
på landet, ved en innsjø, i et fint nabolag)
Det er kort vei til _____.
(skolen, jobben, sentrum, turområder)
Det er lang vei til _____.
(skolen, jobben, sentrum, turområder)

What do you like about your house? |
What don't you like about your house?
My house is _____.
(large, small, new, old, cozy)
My house is located _____
(in a nice area, centrally, in the middle of town,
in the country, by a lake, in a nice neighborhood)
It is a short distance to _____.
(school, work, downtown, hiking areas)
It is a long distance to _____.
(school, work, downtown, hiking areas)

Hva gjør du på kjøkkenet?
Jeg _____ på kjøkkenet.
(lager mat, spiser, drikker kaffe)

What do you do in the kitchen?
I _____ in the kitchen.
(cook, eat, drink coffee)

Hva gjør du i stua?
Jeg _____ i stua.
(ser på TV, prater med familien min,
hører på musikk, drikker kaffe)

What do you do in the living room?
I _____ in the living room.
(watch TV, talk with my family,
listen to music, drink coffee)

Kap. 21: Møbler og pyntegjenstander

I stua, TV-stua eller kjellerstua

en sofa

en lenestol

en stol

ei/en bokhylle

et salongbord / et stuebord

en TV-benk

ei/en lampe

et piano

et teppe

en peis

ei/en klokke

en plakat

et bilde / et maleri

ei/en plante

en vase med blomster

en TV

en datamaskin / en PC

en høyttaler

gardiner

persienner

På soverommet

ei/en seng

en kommode

et skrivebord

ei/en dyne

et klesskap

et nattbord

I huset

en vegg — et tak — et vindu — et golv / et gulv — ei/en dør

øving a.
MØBLER

Work with another student and discuss the furniture you have in various rooms.

På hybelen min har jeg _____

På skrivebordet har jeg _____

På veggen henger det _____

På golvet ligger det _____

I stua har jeg _____

I bokhylla står det _____

På soverommet har jeg _____

På nattbordet står det _____

På arbeidsrommet har jeg _____

øving b.
LEILIGHETEN TIL KARI

In this text, Kari Berg is describing the apartment she shares with her daughter, Monika. Read the text and complete the drawings below.

Leiligheten til Kari og Monika

Monika og jeg bor i en blokkleilighet i Oslo. Blokka har fire etasjer, og vi bor i tredje etasje. Leiligheten vår er liten, men koselig. Vi har stue, kjøkken med spiseplass, to soverom og bad. Monika og jeg sitter for det meste i stua. Jeg leser, strikker eller ser på TV, og hun leker eller tegner. I stua er det en blå sofa, stuebord og to lenestoler. Under sofagruppa ligger det et blått teppe. Det er også en veggseksjon der med mange bøker, familiebilder, TV og stereoanlegg. På veggen henger det ei klokke og flere bilder og plakater. Soverommene våre er ganske små. Der er det bare plass til senger, skrivebord og klesskap.

Blokka

Leiligheten

Stue	Kjøkken med spiseplass
Soverom	Soverom
	Bad

 **øving c.**
LEILIGHETER

Listen to the descriptions of the living room and the bedroom pictured below. In each description there are three things that don't correspond to the photos of the room. List these three things for each picture.

_____

_____

_____

 øving d.
KJØKKEN

Do you understand these words? Draw a line from the words to the objects in the kitchen. The object that is missing from the room is **en mikro(bølgeovn)** (a microwave oven).

et skap   **en vask**   **et lys**   **en fryser**   **en komfyr**   **en stol**   **et vindu**

en stekeovn   **en oppvaskmaskin**   **et kjøleskap**   **et spisebord**   **en vase**   **en blomst**

KJØKKENET TIL LIV

Jeg tror yndlingsrommet mitt er kjøkkenet. Her har vi et stort bord som det er plass til ti personer rundt. Alt her er blått. Dukene er blå, tapeten er blå og gardinene er blå. Vi har lange måltider her og sitter ofte og snakker, enten med familien eller med venner.

øving e.
BAD

Do you understand these words? Draw a line from the words to the objects in the bathroom.

en dusj   **et speil**   **et skap**   **en vask**   **en vaskemaskin**

et håndkle   **et toalett**   **et badekar**   **en tørketrommel**

 øving f.
ROM

Describe the rooms in the photos below as if they were in your house. Start your description by saying *"Dette er kjøkkenet vårt / Dette er badet vårt,"* and then describe what you see in the rooms. Tell also what you like and don't like about each of the rooms.

Preposisjoner [PREPOSITIONS]

As you learned in Chapter 9 of *Sett i gang I*, prepositions are often combined with nouns or pronouns to describe the location of something or the time an event will occur. They are also used in a large number of idomatic expressions. In this chapter, you will be describing the location of things in a home, so the prepositional phrases will often be combined with the following verbs: **står**, **ligger**, **henger**. See the examples below.

står *(stands)*:   Det **står** en sofa langs veggen.   Sofaen **står** langs veggen.

ligger *(lies)*:   Det **ligger** ei bok på bordet.   Boka **ligger** på bordet.

henger *(hangs)*:   Det **henger** ei klokke på veggen.   Klokka **henger** på veggen.

 øving g.
PREPOSISJONER

Look at the examples below. Find the items in the pictures that are described in the example sentences. Write in the meaning of the prepositions and prepositional phrases. Note that the meanings of **på** and **i** vary in different contexts.

på
(_____)
Blomstene står
på bordet.

i
(_____)
Lenestolen står
i hjørnet.

ved
(_____)
Stolene står
ved bordet.

ved siden av
(_____)
Boka ligger
ved siden av avisa.

foran
(_____)
Bordet står
foran vinduet.

over
(_____)
Lampa henger
over bordet.

bak
(_____)
Vinduet er
bak bordet.

under
(_____)
Teppet ligger
under bordet.

til venstre for
(_____)
Kjøleskapet står
til venstre for
TV-benken.

til høyre for
(_____)
Lenestolen står
til høyre for TV-benken.

mellom
(_____)
TV-benken står
mellom kjøleskapet
og stolen.

langs
(_____)
TV-benken står
langs veggen.

øving h.
PREPOSISJONER

Complete the sentences about the picture below.

1. _____ stua står det ei fin sofagruppe.

2. _____ stuebordet står det to sofaer.

3. _____ sofaen står det en stol.

4. _____ stuebordet står det en vase med blomster.

5. _____ stuebordet ligger det et teppe.

6. _____ sofaen ligger det noen puter.

7._____ sofaen står det ei lampe.

8. _____ veggen _____ sofaen henger det et pent bilde.

9. I vinduskarmen står det mange fine _____.

øving i.
PREPOSISJONER

Look back at the pictures in the first half of this section and describe the location of furniture and decorations with another student.

øving j.
FASTE UTTRYKK

The sentences below contain many common idiomatic phrases in Norwegian. Complete the sentences with content related to hometowns and housing.

1. Jeg er lei av _____.

2. Jeg lengter etter _____.

3. Jeg ser etter _____.

4. Jeg er redd for _____.

5. Jeg er glad for _____.

6. Jeg er ofte sammen med _____.

7. Jeg er fornøyd med _____.

8. Jeg er interessert i _____.

9. Jeg er glad i _____.

10. Vi snakker om _____.

11. Jeg tenker på _____.

12. Jeg gleder meg til _____.

13. Jeg har lyst til _____.

14. Jeg er flink til_____.

Adjektiv: Bestemt [ADJECTIVES: DEFINITE]

Definite adjectives are used to describe characteristics of an object or a person or to distinguish one object or person from another. On the left side of the chart below, you will see the indefinite adjectives, which you have learned earlier. On the right are the definite adjectives.

Indefinite Adjectives		Definite Adjectives	
en **fin** sofa	*a fine sofa*	den **fine** sofaen	*the fine sofa*
ei **fin** seng	*a fine bed*	den **fine** senga	*the fine bed*
et **fint** bilde	*a fine picture*	det **fine** bildet	*the fine picture*
fine stoler	*fine chairs*	de **fine** stolene	*the fine chairs*

øving k.
ADJEKTIV: UBESTEMT

Complete the review of the indefinite adjectives before going on to the definite form.

1. I stua har jeg en _____ sofa *(svart)*, to _____ stoler *(grønn)* og et _____ teppe *(brun)*.

2. På soverommet har jeg et _____ nattbord *(pen)*, en _____ kommode *(stor)*,

   ei _____ seng *(ny)* og to _____ dyner *(gammel)*.

3. På skrivebordet har jeg en _____ datamaskin *(dyr)*, mange _____ bilder *(fin)* og et

   _____ kart *(liten)* over verden.

4. I veggseksjonen står det en _____ TV *(liten)*, et _____ stereoanlegg *(ny)* og mange

   _____ bøker *(norsk)*.

5. Huset mitt er _____ og _____ *(stor, fin)*. I første etasje er det stue, kjøkken, bad og

   entré. Stua er _____ *(lys)*, og kjøkkenet er _____ *(koselig)*. Det er et _____

   sted å bo *(god)*.

6. På kjøkkenet har vi et _____ kjøleskap *(stor)* og en _____ stekeovn *(fin)*.

   Oppvaskmaskinen vår er _____ *(ny)*, og den står ved siden av vasken. Over

   kjøkkenbenken er det mange _____ skap med plass til middagsserviset vårt og

   annet kjøkkenutstyr *(stor)*.

7. Badet vårt er ganske _____ *(liten)*. Der har vi toalett, vask, badekar og dusj. Badekaret er

   veldig _____ *(gammel)*, men vasken er _____ *(ny)*.

Bestemt form av adjektivet

1. Put the correct definite article in front of the adjective.

den nye sofaen   **den** nye senga   **det** nye bildet   **de** nye stolene

2. Put the definite -e ending on the adjective.

den ny**e** sofaen   den ny**e** senga   det ny**e** bildet   de ny**e** stolene

3. Put the definite article on the end of the noun

den nye sofa**en**   den nye seng**a**   det nye bild**et**   de nye stol**ene**

This construction is called the double definite construction because there is a definite article in front of the adjective and on the end of the noun.

øving l.
ADJEKTIV: BESTEMT
Fill in the indefinite adjective in the first sentence and the definite adjective in the second.

ex.) På hytta mi har jeg en <u>rød</u> sofa og en <u>blå</u> sofa. Jeg liker **den røde sofaen** best.

1. I stua har jeg en _____ stol *(grønn)* og en _____ stol *(brun)*.

Jeg liker _____ _____ _____ best *(grønn)*.

2. På soverommet har jeg et _____ bilde *(liten)* og et _____ bilde *(stor)*.

Jeg liker _____ _____ _____ best *(stor)*.

3. På arbeidsrommet har jeg ei _____ bokhylle *(ny)* og ei _____ bokhylle *(gammel)*.

Jeg liker _____ _____ _____ best *(gammel)*.

4. På hybelen min har jeg noen _____ plakater *(norsk)* og _____ plakater *(amerikansk)*.

Jeg liker _____ _____ _____ best *(norsk)*.

øving m.
ADJEKTIV: BESTEMT
Describe what you like best about your family home or your current residence. Use the adjective in the definite form.

ex.) Jeg liker det store vinduet best.

1. Jeg liker _____ _____ _____ best.

2. Jeg liker _____ _____ _____ best.

3. Jeg liker _____ _____ _____ best.

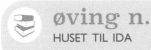

øving n.
HUSET TIL IDA

Read the dialog about Ida's home and write **Riktig** or **Galt** in front of the statements below. If the statements are false, make them correct by crossing out some words or adding others.

1. _____ Familien til Ida bor i en enebolig i sentrum.

2. _____ Huset deres har to etasjer og et loft.

3. _____ Det er god plass i huset deres.

4. _____ Det er tre soverom og tre bad i huset deres.

5. _____ Faren til Ida liker å snekre i fritida.

6. _____ Ida liker arbeidsrommet best fordi det er et pent rom med en komfortabel sofa.

7. _____ Ida er glad i rommet til broren sin.

8. _____ Familien til Ida er glad i kunst, blomster og musikk.

9. _____ Ida liker å sitte i stua og se ut av vindene.

10. _____ I hagen har de mange blomster, busker og trær.

HUSET TIL IDA

Mari. Hei! Hvor bor du?

Ida. Hei! Jeg bor i utkanten av Sandefjorden. Det tar cirka 10 minutter å kjøre inn til byen.

Mari. Hva slags hus bor du i?

Ida. Jeg bor i et rekkehus med to etasjer og kjeller. Vi har naboer vegg-i-vegg på to sider.

Mari. Er det et stort hus?

Ida. Nei, det er ikke så veldig stort, men etter at vi innredet kjelleren, fikk vi mye bedre plass. I første etasje har vi en yttergang, et lite toalett, stue og kjøkken. I andre etasje har vi tre soverom, bad og et lite kott. I kjelleren har vi et kombinert arbeidsrom og bibliotek, et bad, et vaskerom, pappas lille snekkerbod og to matboder.

Mari. Hvilket rom liker du best?

Ida. Jeg liker arbeidsrommet i kjelleren best. Det er fordi vi har så mange bøker der og jeg er glad i maleriet som henger over sofaen der inne. Jeg synes også at sofaen er god å sitte i, og jeg liker at jeg kan sitte i fred og se på TV der.

Mari. Hvilket rom liker du minst?

Ida. Jeg tror jeg liker rommet til broren min minst. Jeg ville ha hatt en annen farge på veggene og andre gardiner.

Mari. Hvordan ser det ut i stua deres?

Ida. Vi har noen bokhyller, men mest bilder og malerier med sjø- og fjellmotiver på veggene. Ellers har vi en sofagruppe med stuebord og et spisebord med seks stoler. Den ene veggen, den som ikke vender mot naboene, består kun av vinduer. Derfra har vi god utsikt, og på den siden av huset har vi også en liten hage. Vi har masse planter i stua, og alltid friske blomsterbuketter på bordene. Dessuten har vi et piano i stua. Fargen på pianoet er mørk mahogni.

Mari. Har dere mange blomster og trær i hagen?

Ida. Vi har mange blomster, men bare ett tre, et plommetre. Ellers har vi et par solbærbusker og en hekk langs gjerdet som vender mot en tursti.

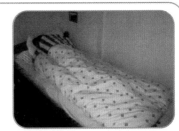

øving o.
HJEMMET MITT

Work with another student and have a conversation about your homes as you show pictures of your dorm room or your family home to one another. Use the questions in the dialog about Ida's house as a point of departure, but feel free to ask other questions as well.

øving p.
LYTTING

Listen to the recording and write down four things about each photo. At least one of the things should have the adjective in the definite form (ex. den **store** sofaen).

en enebolig

_____

_____

en balkong

_____

_____

en garasje

_____

_____

ei/en stue

_____

_____

ei/en spisestue

_____

_____

et kjøkken

_____

_____

et hjemmekontor

_____

_____

et soverom

_____

_____

et bad

_____

_____

i fokus: et koselig hjem

øving q.
ET KOSELIG HJEM

In Norway, most people like their homes to be cozy. Read the short texts about the different ways of making it cozy at home and write a short title for each.

1. _____

I Norge er det viktig å ha det koselig hjemme. De fleste bruker penger på å kjøpe fine møbler og pyntegjenstander til huset, og de bruker tid på å holde huset rent og ryddig. Mange holder også på med å pusse opp et rom eller flere i huset, og da er det vanlig at man gjør mye av arbeidet selv.

4. _____

Om våren og sommeren er det mange som liker å stelle i hagen. Det er typisk å ha blomsterbed i hagen, og selv de som bor i leilighet eller andre mindre boliger pleier å ha blomsterkasser utenfor vinduer eller blomsterpotter ved døra.

2. _____

I stua eller kjellerstua har man ofte ei sofagruppe som består av en eller to sofaer og stoler stilt rundt et stuebord. Det er et fint sted å sitte og prate med familie eller venner, og folk pleier også å drikke kaffe her. Stuebordene er vanligvis høyere i Norge enn i USA og Canada, så det gjør det lettere å sitte og spise ved stuebordet.

5. _____

Siden vinteren er lang og kald i Norge, er det typisk å ha peis i stua, kjellerstua eller peisestua. Det er populært å sitte foran peisen og kose seg om vinteren, og det kaller man «peiskos». Det finnes både tradisjonelle og moderne vedpeiser i Norge, men det er ikke så mange som har gasspeis.

3. _____

På badet har man ofte elektriske varmekabler i golvet, noe som holder golvet både varmt og tørt. Det er få ting så deilig som å gå på et varmt golv i bare føtter når det er kaldt.

6. _____

Med vinteren kommer mørketida. I Nord-Norge kommer ikke sola opp på to måneder, og i Sør-Norge er det lyst i bare 5-6 timer om dagen. For å gjøre det koseligere i mørket er det vanlig å tenne lys i husene.

7. _____

Det er mange nordmenn som mener at det er sunt å få frisk luft mens man sover. Det betyr at mange sover med vinduene åpne året rundt eller mesteparten av året. Da er det viktig å ha ei god dyne. Det finnes både tynne sommerdyner og tykke vinterdyner. Det er ikke vanlig å sove med et teppe over seg.

 øving r.
BOLIG

Discuss the questions about homes with another student.

1. Er det viktig for deg å ha et koselig hus eller en koselig leilighet?

2. Bruker du mange penger på å kjøpe nye møbler eller pyntegjenstander?

3. Pleier du å holde huset ditt rent og ryddig?

4. Synes du det er morsomt å pusse opp i huset? Liker du å gjøre arbeidet selv?

5. Liker du å stelle i hagen? Hvilke blomster og busker har du i hagen din?

6. Har du ei sofagruppe i stua? Pleier du å drikke kaffe der?

7. Har du en peis? Liker du å sitte og kose deg foran peisen om vinteren? Hva slags peis har du?

8. Har du varmekabler på badet? Kjenner du noen som har varmekabler på badet?

9. Pleier du å tenne levende lys i huset om vinteren?

10. Sover du med vinduene åpne om vinteren? Om sommeren?

11. Bruker du dyne?

 øving s.
BOLIG

Read through the sentences below and then listen to Linn and Tone describe their homes. Put a check in the box to match the statements to the correct person.

	TONE	LINN
1. This person lives in a duplex.	☐	☐
2. The bedrooms in the home are upstairs.	☐	☐
3. This home has a large living room.	☐	☐
4. There is a small yard with an apple tree.	☐	☐
5. There is a fireplace in the kitchen.	☐	☐
6. This home has a large dining room table.	☐	☐
7. There is a small living room.	☐	☐
8. This home has three bedrooms.	☐	☐
9. There is a lot of light in the living room.	☐	☐

MEST UTFORDRENDE ORD OG SETNINGER

Sounds	Words	Stress and Tones	Examples
i	li**gg**er, bil**de**	**Stress: 1st syllable**	**bil**de, **plan**te
y	d**y**ne, h**y**tte	**Stress: 2nd syllable**	pi**a**no, pla**kat**
e	s**e**ng, h**e**nger	**Stress: 3rd syllable**	tele**fon**, toa**lett**
ø	kj**ø**kken, m**ø**bler	**Stress: Sentences**	Jeg bor i en by på Vestlandet.
a	h**a**ge, v**a**se		Det henger to bilder på veggen.
æ	**er** [ær], tr**æ**r		I første etasje er det tre soverom.
å	sm**å**, bl**å**		På loftet er det gamle ting.
o	s**o**fa, st**o**l	**Stress: Questions**	Trives du i byen?
u	**u**nder, h**u**s		Skal du kjøpe en ny sofa?
ei, au, øy, ai	p**ei**s, **lei**lighet, h**øy**re		Hvor mange soverom har du?
Silent consonants	gla**d**, koseli**g**		Hvilket rom liker du best?
j	**hj**ørne, **hj**emme	**Tone 1**	sofa, venstre
kj	**kj**øleskap, **ki**rke	**Tone 2**	dyne, klokke
skj	du**sj**, datama**sk**in	**Syllable reduction**	Det gjør ikke noe.
r	**r**adio, g**r**ønn		Jeg skal ikke flytte.
l	**l**ampe, videospi**ll**er		Jeg liker den ikke.
ng	se**ng**, ma**ng**e		

REPETISJON: ORD OG UTTRYKK

21. Møbler og pyntegjenstander	21. Furniture and Decorations
Hvilke møbler er det i stua? I stua er det _____. (en sofa, et salongbord / et stuebord, en lenestol, en stol, ei bokhylle, en TV-benk)	**What furniture is there in the living room?** *In the living room, there is _____.* *(a sofa, a coffee table, an easy chair, a chair, a bookshelf, a TV stand)*
Hva er det ellers i stua? I stua er det _____. (en peis, et piano, ei lampe, en TV, en høyttaler, en datamaskin eller en PC, gardiner, persienner)	**What else is there in the living room?** *In the living room, there is _____.* *(a fireplace, a piano, a lamp, a TV, a speaker, a computer or a PC, curtains, blinds)*
Hva henger på veggene i stua? På veggene i stua henger det _____. (ei klokke, ei lampe, et bilde, en plakat, et maleri)	**What is on the walls in the living room?** *On the walls in the living room, there is _____.* *(a clock, a lamp, a picture, a poster, a painting)*
Ligger det et teppe på golvet? Ja, det gjør det. | Nei, det gjør det ikke.	**Is there a rug on the floor?** *Yes, there is.* | *No, there isn't.*
Hvilke møbler er det på soverommet? På soverommet er det _____. (ei seng, et nattbord, en kommode, et klesskap, et skrivebord, en stol)	**What furniture is there in the bedroom?** *In the bedroom, there is _____.* *(a bed, a night stand, a dresser, a wardrobe, a desk, a chair)*
Hva er det på senga? På senga er det _____. (ei dyne, ei pute, et teppe)	**What is there on the bed?** *On the bed, there is _____.* *(a down comforter, a pillow, a blanket)*
Hvilke møbler er det på arbeidsrommet? På arbeidsrommet er det _____. (et skrivebord, en stol, ei bokhylle)	**What furniture is there in the study / office?** *In the study / office there is _____.* *(a desk, a chair, and a book case)*
Hva er det på skrivebordet? På skrivebordet er det _____. (en datamaskin eller en PC, en telefon, ei lampe)	**What is there on the desk?** *On the desk, there is _____.* *(a computer, a telephone, a lamp)*
Hva er det på badet? På badet er det _____. (et toalett, en vask, et badekar, en dusj, et skap, et håndkle, en tannbørste, tannkrem)	**What is there in the bathroom?** *In the bathroom, there is _____.* *(a toilet, a sink, a bathtub, a shower, a cupboard, a towel, a toothbrush, toothpaste)*
Hva er det på vaskerommet? På vaskerommet er det _____. (en vaskemaskin, en tørketrommel)	**What is there in the laundry room?** *In the laundry room, there is _____.* *(a washer, a dryer)*
Hva er det på kjøkkenet? På kjøkkenet er det _____. (et spisebord, en stol, et kjøleskap, en fryser, en mikrobølgeovn, en stekeovn, en komfyr, en vask, en oppvaskmaskin, en kjøkkenbenk, et skap)	**What is there in the kitchen?** *In the kitchen, there is _____.* *(a dining room table, a chair, a refrigerator, a freezer, a microwave, an oven, a stove, a sink, a dishwasher, a kitchen counter, a cupboard)*

arbeid & økonomi

work & economy

In this section, you will do the following:

- learn about work life in Norway, including occupations, working conditions, positive and negative features, and personal finance

- understand and participate in conversations and interviews about occupations and work life

- participate in short interviews about the economy in Norway

- read informative texts about work life in Norway and about positive and negative features of different types of jobs

- listen to short descriptions of jobs

- write descriptions of jobs, including work activities and positive and negative features of jobs

- reflect on what role work plays in our lives and the balance between work and leisure

	22. Occupations	23. Working Conditions	24. Personal Finance
Content	Common jobs, job-related activities, work hours, maternity and paternity leave	Salary, fringe benefits, work shifts, work environment, status	Standard of living, jobs, salary, expenses, debt, savings, consumer goods
Grammar	Verbs: Present Perfect (Weak), Prepositions: Time Expressions	Verbs: Present Perfect (Strong), Adverbs: Transition Words	Word Order: Short Answers, Word Order: Adverbials and Dependent Clauses
Pronunciation	Tones 1 and 2	Tones in words and sentences	50 most challenging words and sentences Song: "Det står ein friar"
Functions	Identifying jobs, asking for information about jobs	Describing positive and negative features of jobs	Asking for information about standard of living
Tasks	Describing jobs, work activities, and vacations	Describing jobs, interviewing others about jobs	Describing standard of living
Culture	Balance between work and leisure, holidays and vacations, maternity and paternity leave	Typical salaries and fringe benefits, shift work, economy, national budget, imports and exports	Consumerism, status symbols, personal finance

Kap. 22: Yrker

i et hus eller en bygning

en arkitekt	en elektriker
en landskapsarkitekt	en snekker
en interiørdesigner	en rørlegger

Intervju: Hva gjør foreldrene dine?

Journalist. Hva gjør faren din?

Markus. Han er snekker og eier en møbelfabrikk.

Journalist. Hvor lenge har han jobbet der?

Markus. Han begynte for over 20 år siden. Etter hvert tok han over fabrikken.

Journalist. Er det en stor fabrikk?

Markus. Nei, den er liten. Det er bare seks personer som jobber der.

Journalist. Hvilket yrke har mora di?

Markus. Hun er lærer på en ungdomsskole.

Journalist. Hvor lenge har hun hatt denne jobben?

Markus. Hun har jobbet som lærer i over 10 år.

på et sykehus, en klinikk, eller et tannlegekontor

en lege	en tannlege
en sykepleier	en tannpleier
en hjelpepleier	en psykolog
en fysioterapeut	en psykiater

på en skole eller et universitet

en lærer	en forsker	en rektor
en professor	en bibliotekar	

på landet eller til sjøs

en bonde	en veterinær	en fisker
en gårdbruker	en dyrepleier	

i en avis eller et blad

en journalist	en grafisk designer
en redaktør	en webdesigner
en fotograf	

på en restaurant

en kelner / en servitør   en kokk
en restaurantsjef   en baker

i byen

en politibetjent   et postbud   en bussjåfør
en brannkonstabel   et avisbud   en drosjesjåfør
en fabrikkarbeider en prest   en frisør

i kultursektoren

en musiker   en forfatter
en sanger   en dikter
en kunstner   en skuespiller
en maler   en (ballett)danser

på flyplassen

en flyger
en flyvert
en flygeleder

hjemme

en hjemmearbeidende

på et kontor

en advokat   en ingeniør
en regnskapsfører   en økonom
en konsulent   en sosionom
en kontorsjef   en administrativ assistent
en daglig leder   en (eiendoms)megler

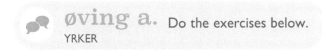

i en butikk

en ekspeditør   en butikksjef
en selger   en salgssjef

øving a. Do the exercises below.
YRKER

1. Go through the jobs in each category. Can you figure out what they mean?

2. Read the interview about Markus' parents and give a short description of each parent's job.

3. Discuss the jobs you and your family have.
   ex.) Hva gjør du?
   Hva gjør faren din eller mora di?
   Hva gjør broren din eller søstera di?
   Hva gjør onkelen din eller tanta di?

4. Discuss the jobs of famous people.
   ex.) Hva gjør Jim Carrey?
   Hva gjør Bruce Springsteen?
   Hva gjør Mia Hamm?

øving b.
ARBEIDSOPPGAVER

Fill out the crossword puzzle with occupations that correspond to the tasks in the clues.

You will notice that almost all occupations are **en**-nouns. In the lists on p. 92-93, the only **et**-nouns are **postbud** and **avisbud**. ■

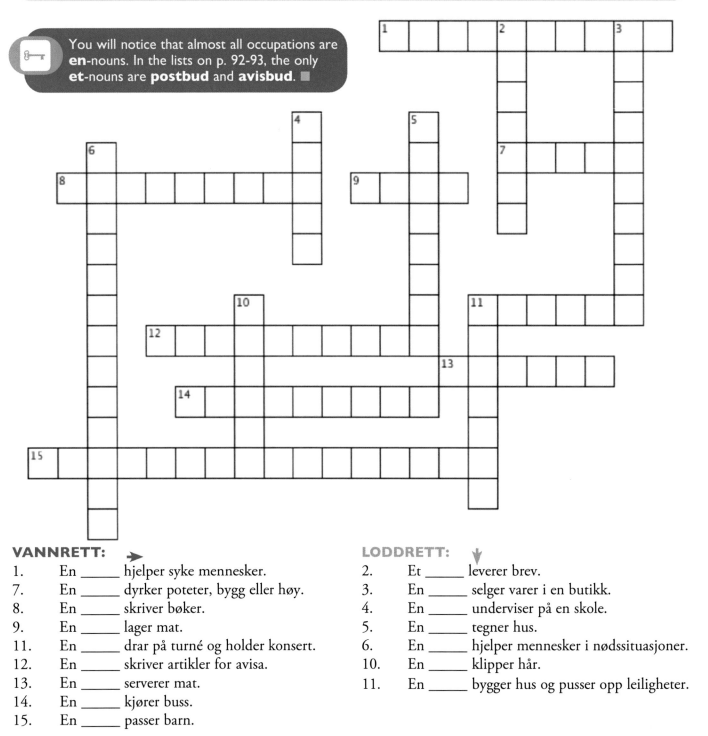

VANNRETT: ➤

1.   En _____ hjelper syke mennesker.
7.   En _____ dyrker poteter, bygg eller høy.
8.   En _____ skriver bøker.
9.   En _____ lager mat.
11.   En _____ drar på turné og holder konsert.
12.   En _____ skriver artikler for avisa.
13.   En _____ serverer mat.
14.   En _____ kjører buss.
15.   En _____ passer barn.

LODDRETT: ▼

2.   Et _____ leverer brev.
3.   En _____ selger varer i en butikk.
4.   En _____ underviser på en skole.
5.   En _____ tegner hus.
6.   En _____ hjelper mennesker i nødssituasjoner.
10.   En _____ klipper hår.
11.   En _____ bygger hus og pusser opp leiligheter.

i **politi i Norge**

The average length of police training in the United States is 21 weeks. In Norway, policing is approached as an academic discipline in a 3-year bachelor program. The first year focuses on the role of police in society, the second on field work with training officers, and the third on investigations and a thesis paper. ■

Source: https://www.cbsnews.com/news/police-training-weeks-united-states/

øving c.
YRKER

The texts below are short dialogs and descriptions of jobs. Circle the occupations or the workplaces and underline the tasks the people do.

Anette. Hva driver du med?
Jan. Jeg er musiker.
Anette. Hvor jobber du?
Jan. Jeg jobber i et orkester.
Anette. Hvilket instrument spiller du?
Jan. Jeg spiller cello.
Anette. Hvor lenge har du spilt cello?
Jan. I over 15 år.

Jeg har ikke hatt så mange jobber i Norge. Sommeren etter mitt første år på videregående jobbet jeg på en restaurant. Jeg vasket golv, og jeg tok oppvasken. Jeg tjente bare 56 kroner i timen.

Sommeren før jeg reiste til Russland, jobbet jeg på en campingplass. Det var en bedre jobb. Jeg jobbet i resepsjonen og i butikken, og jeg tjente 90 kroner i timen.

Faren min er lærer og underviser i engelsk og norsk på en videregående skole. Vanligvis jobber han fra klokka halv ni til klokka fem mandag til fredag. Han har ikke timer hele dagen, men han må forberede seg til timer han skal undervise dagen etter.

To ganger i uka jobber han med kveldsundervisning for voksne elever. Ellers jobber han med dataprogrammer for elevene sine.

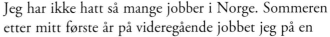

Petter. Hvilket yrke har du?
Ingrid. Jeg er butikksjef.
Petter. Hva slags butikk jobber du i?
Ingrid. I en klesbutikk.
Petter. Hva gjør du på jobben?
Ingrid. Jeg bestiller varer, setter opp budsjett, fører regnskap og hjelper kunder i butikken.

Nina. Hva gjør du?
Ellinor. Jeg er snekker.
Nina: Hva gjør du på jobben?
Ellinor. Jeg bygger hus og pusser opp leiligheter.
Nina. Har du eget firma?
Ellinor. Ja, og jeg har tre ansatte.
Nina: Trives du i jobben?
Ellinor. Ja, jeg trives veldig godt!

Onkelen min er bonde og eier en gård i Vestfold. Gården hans er stor med ca. 1600 mål mark. I Norge har vi ikke så store gårder som man har i USA, men det går mer og mer mot at en gård kjøper opp flere små og blir litt større.

Onkelen min dyrker som regel bygg og hvete. Han pleide å ha kuer, men det ble mindre lønnsomt etter hvert, så han sluttet med det. Gården til onkelen min ser ut som en typisk norsk gård. Bolighuset er hvitt, og fjøset er rødt.

Verb: Perfektum, svake verb

In this section, you will be learning about the present perfect tense of weak verbs. As you see in the chart below, the present perfect tense consists of the helping verb **har** + the past participle. The past participle is the same as past tense for weak verbs in class one, but note that the participle is slightly different from past tense for weak verbs in the other three classes because the e-ending has been removed.

ex.) 1: **har jobbet** *(has worked)* 2: **har spist** *(has eaten)* 3: **har prøvd** *(has tried)* 4. **har bodd** *(has lived)*

Infinitive	Present tense	Past tense	Present perfect
Class 1: Stem ends in two consonants	**-r ending**	**-et ending**	**har + -et ending**
jobb-e	Jeg **jobber** her.	Jeg **jobbet** her.	Jeg **har jobbet** her.
tegn-e	Jeg **tegner** hus.	Jeg **tegnet** hus.	Jeg **har tegnet** hus.
dyrk-e	Jeg **dyrker** poteter.	Jeg **dyrket** poteter.	Jeg **har dyrket** poteter.
arbeid-e*	Jeg **arbeider** mye.	Jeg **arbeidet** mye.	Jeg **har arbeidet** mye.
Class 2: Stem ends in one consonant or ll, mm, nn, nd, ng	**-r ending**	**-te ending**	**har + -t ending**
lik-e	Jeg **liker** jobben.	Jeg **likte** jobben.	Jeg **har likt** jobben.
kjør-e	Jeg **kjører** taxi.	Jeg **kjørte** taxi.	Jeg **har kjørt** taxi.
spill-e	Jeg **spiller** konsert.	Jeg **spilte** konsert.	Jeg **har spilt** konsert.
svømm-e	Jeg **svømmer** i dag.	Jeg **svømte** i dag.	Jeg **har svømt** i dag.
kjenn-e	Jeg **kjenner** ham.	Jeg **kjente** ham.	Jeg **har kjent** ham.
Class 3: Stem ends in -ei, -øy, -v or –g	**-r ending**	**-de ending**	**har + -d ending**
plei-e	Jeg **pleier** å jobbe.	Jeg **pleide** å jobbe.	Jeg **har pleid** å jobbe.
prøv-e	Jeg **prøver** å slutte.	Jeg **prøvde** å slutte.	Jeg **har prøvd** å slutte.
Class 4: Stem ends in a stressed vowel	**-r ending**	**-dde ending**	**har + -dd ending**
bo	Jeg **bor** i Oslo.	Jeg **bodde** i Oslo.	Jeg **har bodd** i Oslo.
ha	Jeg **har** en jobb.	Jeg **hadde** en jobb.	Jeg **har hatt*** en jobb.

Bruk av perfektum [USE OF PRESENT PERFECT]

The present perfect is used to describe an action that took place at an unspecified time in the past. The fact that one has done the activity is being emphasized rather than when the activity took place.

ex.) Jeg har studert ved Luther College og Universitetet i Oslo.

øving d.
PERFEKTUM   Fill in the present perfect of the weak verbs.

1. Jeg _____ som lærer *(jobbe)*.

2. Jeg _____ i Tromsø *(bo)*.

3. Jeg _____ buss *(kjøre)*.

4. Jeg _____ å få ny jobb *(prøve)*.

5. Jeg _____ mange forskjellige jobber *(ha)*.

6. Jeg _____ biler *(reparere)*.

7. Jeg _____ konserter *(spille)*.

8. Jeg _____ i norsk *(undervise)*.

9. Jeg _____ med sjefen *(snakke)*.

10. Jeg _____ i en bank *(arbeide)*.

The present perfect can be used to describe an action that started in the past and is still continuing at the current time. This usage occurs often when asking people how long they have done something.

ex.) Jeg har arbeidet i oljesektoren i 15 år.

øving e.
PERFEKTUM   Fill in the present perfect of the weak verbs.

1. Hvor lenge _____ du _____ norsk *(studere)*?   I seks måneder.

2. Hvor lenge _____ du _____ der *(jobbe)*?   I fem år.

3. Hvor lenge _____ du _____ barn *(passe)*?   I åtte uker.

4. Hvor lenge _____ du _____ å finne en jobb *(prøve)*?   I fjorten dager.

5. Hvor lenge _____ du _____ i USA / Canada *(bo)*?   I ti måneder.

Present perfect can also be used to describe an action that started in the past and has just been completed.

ex.) Jeg har nettopp hatt et jobbintervju. Jeg håper jeg får jobben

øving f.
PERFEKTUM   Fill in the present perfect of the weak verbs.

1. Jeg _____ nettopp _____ frokost *(spise)*.

2. Jeg _____ nettopp _____ et møte *(ha)*.

3. Jeg _____ nettopp _____ i jobben *(slutte)*.

4. Jeg _____ nettopp _____ artikkelen *(lese)*.

5. Jeg _____ nettopp _____ piano *(spille)*.

6. Jeg _____ nettopp _____ med sjefen *(snakke)*.

Preposisjoner: Tidsuttrykk

[PREPOSITIONS: TIME EXPRESSIONS]

In this section, you will learn about common time expressions in Norwegian. Before you start, review these common words about units of time, seasons, months, and days of the week.

Tidsperioder	et år, en måned, ei uke, en dag, en time, et minutt, et sekund
Årstider	en sommer, en høst, en vinter, en vår
Måneder	januar, februar, mars, april, mai, juni, juli, august, september, oktober, november, desember
Ukedager	mandag, tirsdag, onsdag, torsdag, fredag, lørdag, søndag

As you will see in the examples below, most of the time expressions are composed of a preposition, a number and a noun. Note, however, that the prepositions are used in idiomatic ways and thus must be learned by heart.

Functions	Time expressions	Examples
for how long	i tre ...	Jeg jobbet i Norge **i tre år.** *I worked in Norway for three years.*
how long ago	for tre ... siden	Jeg begynte å lære norsk **for tre uker siden.** *I started learning Norwegian three weeks ago.*
in how long	om tre ...	Jeg skal dra hjem **om tre dager.** *I am going to go home in three days.*
on a day	på ...	Jeg må jobbe **på lørdag.** *I have to work on Saturday.*
in a month / year	i ...	Jeg har bursdag **i april.** *I have a birthday in April.*

 **øving g.**
I FIRE UKER

The first time expression in the chart describes how long something lasts and is often used in response to the question word **hvor lenge** *(how long)*. It can be used with future time, present tense, past tense, or present perfect. Complete the exercises.

1. Hvor lenge skal du være i Norge? Jeg skal være i Norge _____ *(for three years).*

2. Hvor lenge pleier du å spille tennis? Jeg pleier å spille tennis _____ *(for 2 hours).*

3. Hvor lenge jobbet du i dag? Jeg jobbet _____ *(for 10 hours).*

4. Hvor lenge har du vært student? Jeg har vært student _____ *(for 5 months).*

øving h.
FOR FIRE UKER SIDEN

The second time expression in the chart describes how long ago something happened and is used in response to questions that start with **når** (when). This time expression can only be used with past tense.

1. Når lærte du å svømme?   Jeg lærte å svømme _____ *(15 years ago).*

2. Når var du i Norge?   Jeg var i Norge _____ *(6 months ago).*

3. Når gikk du opp til eksamen?   Jeg gikk opp til eksamen _____ *(3 weeks ago).*

4. Når kjøpte du huset ditt?   Jeg kjøpte huset mitt _____ *(10 days ago).*

øving i.
OM FIRE UKER

The third time expression in the chart is also used in response to questions starting with **når** (when), but it describes when events will occur in the future. Thus, it is only used with future time or with present tense when it expresses future time.

1. Når skal du reise til Norge?   Jeg skal reise til Norge _____ *(in 3 months).*

2. Når skal du besøke faren din?   Jeg skal besøke ham _____ *(in 2 weeks).*

3. Når flytter du?   Jeg flytter _____ *(in 5 days).*

4. Når skal du gå av med pensjon?   Jeg skal gå av med pensjon _____ *(in 4 years).*

øving j.
PÅ FREDAG / I APRIL

The last two time expressions in the chart have been introduced in earlier chapters, so they should be familiar to you.

1. Jeg har norsktime _____ *(on Tuesday and Thursday).*

2. Jeg jobber _____ *(on Sunday).*

3. Mora mi ble født _____ *(in 1928).*

4. Jeg har bursdag _____ *(in January).*

øving k.
LIVET MITT

Answer the questions about when events occurred or are going to occur in your own life. Use the correct time expressions.

1. Hvor lenge har du studert norsk? Hvor lenge har du bodd i _____?
   Hvor lenge har du jobbet på _____? Hvor lenge har du vært student?

2. Hvor lenge skal du studere norsk? Hvor lenge skal du bo i _____?
   Når begynte du å studere norsk?

3. Når ble du ferdig med skolen? Når tok du lappen?

4. Når skal du reise til Norge? Når skal du ha ferie? Når må du dra på jobb?
   Når skal du spise middag i kveld? Når skal du legge deg? Når har du en
       norskprøve?

5. Når har du norsktime? Når jobber du? Når har du fotballtrening? Når har du korøvelse? Når ble du født?

øving l.
YRKER

Listen to the three descriptions of jobs and fill in the information.

Navn: _____

Yrke: _____

Arbeidsplass: _____

Arbeidsoppgaver: _____

Timer i uka: _____

Dager: _____

Navn: _____

Yrke: _____

Arbeidsplass: _____

Arbeidsoppgaver: _____

Timer i uka: _____

Dager: _____

Navn: _____

Yrke: _____

Arbeidsplass: _____

Arbeidsoppgaver: _____

Timer i uka: _____

Dager: _____

 øving m.
YRKER

Interview two classmates about their jobs.

Spørsmål	Student 1	Student 2
Hvilke jobber har du hatt?		
Har du en jobb nå? Hvor jobber du?		
Hva gjør (eller gjorde) du på jobben?		
Hvor lenge har du jobbet der?		
Hvor mange timer jobber du i uka?		
Hvor mye tjener du i timen / i måneden?		

øving n.
ARBEIDSLIVET

Although Norwegian women are almost as likely as men to work outside the home and have almost the same length of education, there are clear differences in their participation in the workplace in Norway. Read the article and do the exercises below.

Pre-reading: **ei/en likestilling:** *equality* • **ei/en utdanning:** *education* • **en forskjell:** *a difference*

MENN OG KVINNER I ARBEIDSLIVET

Norge blir i internasjonal sammenheng regnet for å være på likestillingstoppen. Kvinner utgjør 47 prosent av arbeidsstyrken i Norge, og flere kvinner tar høyere utdanning enn menn. Samtidig viser statistikken systematiske forskjeller mellom kvinner og menn. Derfor har vi fortsatt et kjønnsdelt utdanningssystem og arbeidsmarked, noe som gjør at kvinner tjener bare 88 prosent av det menn tjener.

Når det gjelder arbeidstid, jobber kvinner mindre enn menn. 37 prosent av kvinner arbeider deltid, og bare 17 prosent menn. Kvinner arbeider i snitt 31,2 timer i uka, mens menn arbeider 34,4 timer. Det gir menn omtrent tre timer lengre arbeidsuke.

Det er også store forskjeller mellom hvilken næring kvinner og menn arbeider i. Kvinner dominerer innen offentlig sektor og omsorg. Åtte av ti som arbeider med helse- og sosiale tjenester, er kvinner. Også i undervisning er kvinneandelen høy, og i varehandel, hotell og restaurant er det flere kvinner.

Derimot er menn i klart flertall i tekniske yrker, jordbruk og fiske, industri, oljeutvinning og bygg- og anleggsbransjen. Disse typiske mannsyrkene har høyere lønn enn typiske kvinneyrker. Men de siste årene har dette mønsteret begynt å endre seg fordi flere kvinner velger å gå inn i tradisjonelt mannsdominerte høystatusyrker.

På universitetene og høgskolene i dag er seks av ti studenter kvinner, men valg av fagfelt er fortsatt nokså tradisjonelt. Hele sju av ti studenter ved lærerutdanningen er kvinner, og åtte av ti studenter ved helse-, sosial- og idrettsfag er kvinner. Men også innenfor utdanning er det endringer. I dag er bare seks av ti studenter ved naturvitenskapelige fag, håndverksfag og tekniske fag menn. Flere tidligere mannsdominerte fagområder har også fått en jevnere kjønnsfordeling, slik som økonomiske og administrative fag. I tillegg har tidligere mannsdominerte fag blitt kvinnedominert, slik som jus og medisin.

Source: Barne- og likestillingsdepartementet, Lederne.no og SSB

Reading: Complete the chart by listing the differences between women and men in the workplace.

	Kvinner	Menn
Andel av arbeidsstyrken og lønn *% of work force and salary*		
Deltidsarbeid og timer i uka *Part-time work and hours per week*		
Næringer *Industries & job types*		
Utdanning og valg av fagfelt *Education and choice of subjects*		

Post-reading: Look at the list of occupations on p. 92-3. According to the article, what occupations and educational programs would be typical for men and women in Norway? How is it changing today? How do these trends compare to those in your country?

i fokus: balanse mellom arbeid og fritid

For many Norwegians, finding a balance between work and personal life is an essential part of life.

øving o.
ARBEIDSTID

Pre-listening: Make a prediction for the annual hours worked in the US and Norway based on the highest and lowest numbers provided.
Listening: Listen to the audio clip and fill in the average working hours per year for each country.
Post-listening: Are these results surprising? Why or why not? What do these numbers imply?

Mexico:	2214
Sør Korea:	_____
USA:	_____
Australia:	_____
Canada:	_____
Japan:	_____
Spania:	_____
Sverige:	_____
Nederland:	_____
Norge:	_____
Storbritannia:	_____
Tyskland:	1332

Source: OECD

 øving p.
ARBEIDSTID

Read about Norwegian work hours. Determine the meanings of the words in bold print and answer the questions.

Arbeidstid i Norge

- En som jobber 37,5 timer i uka, jobber **heltid**.
- En som jobber mindre enn 37,5 timer i uka, jobber **deltid**.
- En som jobber mer enn 37,5 timer i uka, jobber **overtid**.
- Mange jobber **skift**, f.eks. **kveldsskift** eller **nattskift**.
- Alle arbeidstakere i Norge, de som jobber heltid eller deltid, har rett til ferie i 25 virkedager.

Spørsmål:

1. Hvor mange timer pleier man å jobbe per dag i Norge? I hjemlandet ditt?
2. Hvor mange timer pleier man å jobbe per uke i Norge? I hjemlandet ditt?
3. Hvor mye ferie får man i Norge? I hjemlandet ditt?

Source: Statistics from SSB

 øving q.
FORELDREPERMISJON

Read the text about maternity and paternity leave on the next page and do the reading exercises below.

Pre-reading: Is it common for people to have a maternity or paternity leave in your country?

Reading: Fill in the number of weeks provided for parental leave in Norway.

Permisjon:		100 prosent lønn	80 prosent lønn
Fødselspermisjonen	*Parental leave*	_____ uker	_____ uker
Før termin	*Before birth*	_____ uker til mora	_____ uker til mora
Mødrekvoten	*Maternal quota*	_____ uker	_____ uker
Fedrekvoten	*Paternal quota*	_____ uker	_____ uker
Fellesperioden	*Common period*	_____ uker	_____ uker

Post-reading: What do you think about Norway's policy for parental leave?

Foreldrepermisjon

- I Norge varer **foreldrepermisjon** i opptil 49 uker med 100 prosent lønn (eller 59 uker med 80 prosent lønn). Foreldrene må ha vært i arbeid i seks av de siste ti månedene for å få **foreldrepenger**.

- Mora har rett til 15 uker (eller 19 uker med 80 prosent lønn), og denne perioden heter **mødrekvoten**. I tillegg har mora rett til å ta fri de 3 ukene før termin.

- Faren har også rett til 15 uker (eller 19 uker med 80 prosent lønn), og denne perioden heter **fedrekvoten** eller **pappapermisjonen**. I 2022 tok 62 prosent av norske menn ut full pappaperm.

- Mora og faren kan dele på resten av ukene, og disse ukene heter **fellesperioden**. **Fellesperioden** er de ukene som er igjen når man trekker fra de 3 ukene før termin, mødrekvoten og fedrekvoten. For de fleste blir **fellesperioden** på 16 uker (eller 18 uker med 80 prosent lønn).

- Begge foreldrene kan også benytte seg av **fleksibelt uttak** av foreldrepengene. De kan for eksempel kombinere deltidsarbeid med uttak av foreldrepenger.

Source: Statistics from SSB

 **øving r.**
PERMISJON

In the text below, Lise and Olav answer questions about the birth of their first child and their parental leave. Read the interview and compare their experiences with the facts in the text above.

NAVN: LISE OG OLAV   **ALDER**: 37 OG 45 ÅR   **YRKER**: SYKEPLEIER OG LÆRER   **SIVILSTAND**: GIFT

Hva heter barnet deres?
Barnet heter Håkon og er fire måneder gammel.

Når ble han født?
Han ble født 19.4.2023.

Hvor lenge har du hatt fødselspermisjon?
Hvor lenge varer den?
Jeg har hatt permisjon siden 28. mars 2023, og den varer til 28. november 2023.

Hvor mye permisjon tar du totalt?
Hvor mye av pappapermisjonen tar Olav?

 Jeg tok 3 uker før termin, og nå tar jeg 15 uker etter termin (mødrekvoten) pluss alle fellesukene (16 uker). Olav tar 15 uker (pappakvoten).

Hva har du gjort i løpet av permisjonen?
Jeg har skader etter fødsel og har derfor ikke fått gjort så mye mer enn legetimer, husarbeid og bebistell. Men i det siste har jeg har hatt mindre smerter. Derfor har jeg vært mer sosial og fått besøkt svigerforeldre og andre. Dessuten prøver jeg å gå trilletur hver dag.

Hva er det beste ved å ha fødselspermisjon?
Jeg har fått tid og ro til å bli kjent med Håkon.

Hva synes mannen din om å ha pappapermisjon?
Olav gleder seg til pappaperm. Det blir til vinteren, og han gleder seg mest til skiturer med pulk sammen med andre fedre.

Hva er dine planer framover? Jeg skal ikke legge for mye planer, men vil heller nyte nuet og den nye rollen. Til sommeren skal vi dra på ferie, men også gjøre noen husprosjekter og litt oppussing.

uttale: tonem i norsk

Most languages in the world are either based on stress (such as English) or on tones (such as Chinese). Norwegian, however, is one of the few languages that relies on both stress and tones. Other languages that fall in this category are Swedish (not Danish), Latvian, Lithuanian, and Bosnian. In addition to differentiating words with stressed and unstressed syllables, these languages use a system of tones to distinguish between words and phrases. In this section we will focus on tones at the word level, and in Ch. 23 we will examine tones at the sentence level. The tones vary in Norwegian dialects, so we are focusing on the speech patterns in eastern Norway in the presentation below.

tone 1: starts low, goes high

kaia
(dock)

tone 2: starts high, goes low, and rises again

Kaia
(a girl's name)

In Norwegian, there are approximately 2,500 word pairs where the only difference is the tone!

øving s.
TONEM

Listen to the following word pairs and listen to the difference when the word is pronounced with tone 1 and tone 2.

tanken *the tank*	tanke^n	**tanken** *the thought*	ta n k e^n
gjenta *repeat*	gjent^a	**jenta** *the girl*	j e n t^a
bønder *farmers*	bønd^{er}	**bønner** *beans*	b ø n n e^r
seter *mountain summer farm*	se t e^r	**seter** *seats*	s e t e^r
lager *warehouse*	la g e^r	**lager** *makes*	l a g e^r
sider *cider*	si d e^r	**sider** *pages*	s i d e^r
Willy *man's name*	Wil l^y	**villig** *willing*	v i l l i^g

As we learned in Chapter 16, the stress of a word is frequently on the first syllable, but not always. One important thing to remember is that the tone occurs only in the stressed syllable. Listen to these examples of when the stress falls on the second and third syllables.

TONE 1		TONE 2	
Skandi**na**via	Skandi na vi^a	sjoko**la**de	sjokol a d^e
Eu**ro**pa	Eu ro p^a	prin**ses**se	prin s e s s^e

REPETISJON: ORD OG UTTRYKK

Kap. 22: Yrker	Ch. 22: Occupations
Hva gjør du? | Hvilket yrke har du? | Hva jobber du med?	*What do you do? | What job do you have? | What do you work with?*
Jeg er _____. | Jeg jobber som _____.	*I am a _____. | I work as a _____.*
(arkitekt, interiørdesigner, landskapsarkitekt, elektriker, rørlegger, snekker, lege, sykepleier, hjelpepleier, fysioterapeut, psykolog, psykiater, tannlege, tannpleier, bonde / gårdbruker, fisker, veterinær, dyrepleier, lærer, forsker, professor, bibliotekar, rektor, journalist, fotograf, grafisk designer, webdesigner, redaktør, kelner / servitør, restaurantsjef, kokk, baker, politibetjent, brannkonstabel, postbud, avisbud, frisør, eiendomsmegler, bussjåfør, drosjesjåfør, prest, fabrikkarbeider, musiker, sanger, kunstner, maler, forfatter, dikter, skuespiller, (ballett)danser, flyger / pilot, flyvert, flygeleder, hjemmearbeidende, ekspeditør, butikksjef, selger, salgssjef, advokat, ingeniør, regnskapsfører, konsulent, sosionom, økonom, kontorsjef, administrativ assistent, daglig leder)	*(architect, interior designer, landscape designer, electrician, plumber, carpenter, doctor, nurse, nurse's assistant, physical therapist, psychologist, psychiatrist, dentist, dental hygienist, farmer, fisherman, veterinarian, veterinarian's assistant, teacher, researcher, professor, librarian, principal, journalist, photographer, graphic designer, web designer, editor, waiter / server, restaurant manager, cook, baker, police officer, firefighter, mail carrier, news carrier, hair stylist, real estate agent, bus driver, taxi driver, pastor, factory worker, musician, singer, artist, painter, author, poet, actor, (ballet) dancer, pilot, flight attendant, air traffic controller, stay-at-home parent, store clerk, store manager, salesperson, sales manager, lawyer, engineer, accountant, consultant, social worker, economist, office manager, administrative assistant, manager)*
Hvor jobber du?	*Where do you work?*
Jeg jobber _____.	*I work _____.*
(i et firma som heter _____, i en butikk, i kommunen, i staten, på en skole, på en restaurant, på et kontor, på et sykehus, ved et universitet)	*(in a company that is named _____, in a store, for the city, for the government, at a school, at a restaurant, at an office, at a hospital, at a university)*
Eier du ditt eget firma?	*Do you own your own company?*
Ja, det gjør jeg. | Nei, det gjør jeg ikke.	*Yes, I do. | No, I don't.*
Hva gjør du på jobben?	*What do you do at work?*
Jeg _____.	*I _____.*
(passer barn, skriver rapporter, skriver artikler, skriver bøker, reparerer noe, hjelper syke mennesker, selger varer, underviser, lager mat, serverer mat, tegner hus, hjelper mennesker i nødssituasjoner, holder konsert, leverer brev, kjører buss, dyrker korn, frukt og grønnsaker)	*(take care of kids, write reports, write articles, write books, repair something, help sick people, sell items, teach, cook, serve food, design houses, help people in emergencies, give concerts, deliver letters, drive a bus, grow grain, fruit, and vegetables)*
Hvor mange timer jobber du i uka?	*How many hours a week do you work?*
Jeg jobber _____ timer i uka.	*I work _____ hours a week.*
Hvor lenge har du jobbet der?	*How long have you worked there?*
Jeg har jobbet der i _____.	*I have worked there for _____.*

Kap. 23: Arbeidsforhold

LØNN OG FRYNSEGODER

Jeg er veldig fornøyd med lønna.	Jeg er misfornøyd med lønna.
Jobben er godt betalt.	Jobben er dårlig betalt.
Jeg tjener godt.	Jeg tjener dårlig.
Jeg får mange frynsegoder.	Jeg får få eller ingen frynsegoder.

KARRIEREMULIGHETER

Man kan gjøre karriere i denne jobben.	Man kan ikke gjøre karriere i denne jobben.

STATUS OG PRESTISJE

Jobben har høy status.	Jobben har lav status.
Jeg har mye ansvar i denne jobben.	Jeg har lite ansvar i denne jobben.
Jeg har mye frihet i denne jobben.	Jeg har ikke noe frihet i denne jobben.

TRYGGHET

Jeg har fast jobb.	Jeg jobber som frilanser.	Jeg har en midlertidig stilling.	Jeg har ikke fast jobb.

ARBEIDSTID

Jeg har vanlig arbeidstid.	Jeg jobber _____. (kveldsskift, nattskift, overtid)
Jeg har korte dager på jobben.	Det kan bli lange dager.
Jeg har mye ferie.	Jeg har lite ferie.

SOSIALT MILJØ

Det er et godt miljø.	Det er ikke et godt miljø.
Jeg har hyggelige kolleger.	Jeg har ikke hyggelige kolleger.
Jeg treffer mange interessante mennesker.	Jeg treffer ikke så mange mennesker.
Jeg kommer i kontakt med forskjellige mennesker.	Jeg ser de samme menneskene hver dag.
Jeg liker å arbeide med mennesker.	Jeg liker ikke å arbeide med mennesker.

MENINGSFYLT ARBEID

Vi hjelper mennesker.	Vi hjelper ikke andre mennesker.
Arbeidet mitt betyr mye.	Arbeidet mitt betyr lite.
Det er en meningsfylt jobb.	Det er ikke en meningsfylt jobb.

KREATIVITET

Det er en kreativ jobb.	Det er ikke en kreativ jobb.
Jeg har mye frihet i denne jobben.	Jeg har lite frihet i denne jobben.

VARIASJON

Jobben er variert.	Jobben er den samme hver dag.
Dagene er aldri like.	Dagene er alltid like.
Det er spennende å jobbe her.	Det er kjedelig å jobbe her.

INTERESSE

Jobben er engasjerende / interessant.	Jobben er den samme hver dag.
Det er spennende / morsomt å jobbe her.	Det er kjedelig å jobbe her.

PERSONLIG UTVIKLING

Jobben er utfordrende.	Jobben er kjedelig og lett.
Det er alltid nye utfordringer.	Det er ingen utfordringer.
Jeg lærer noe nytt hver dag.	Jeg lærer aldri noe nytt.
Jobben er stressende.	Jobben er avslappet.

ANNET

Jeg jobber i sentrum.	Jeg jobber i en forstad / utenfor byen.
Jeg reiser mye i jobben.	Jeg reiser lite i jobben.
Det er kort vei til jobben.	Det er lang vei til jobben.
Jeg har hjemmekontor.	Jeg pendler.

øving a.
ARBEIDSFORHOLD

Answer the questions below.

1. Hva betyr disse utsagnene *(these statements)?*
2. Lag ei liste over positive og negative sider ved jobben din eller ved jobben til noen i familien din.

Hva er det beste ved jobben?

 **øving b.**
FORDELER
Read the short descriptions of the positive features of various jobs and match the texts with the correct job titles.

journalist • grafisk designer • hjelpepleier • DJ • regnskapsfører

Monika (57 år): _____

Det er en meningsfull jobb. Jeg kan være sikker på at arbeidet mitt betyr noe for mange mennesker. Her på sykehuset er det også et godt sosialt miljø.

Brita (32 år): _____

Jeg elsker jobben min! Den er utfordrende, variert, spennende, engasjerende og godt betalt. Dessuten får jeg skrive mye og møte masse interessante mennesker. Jeg jobber i turnus, så det blir lite rutiner, og det passer meg bra. Ikke to dager er like.

Liv (27 år): _____

Det er alltid nye utfordringer, og jeg lærer mye. Arbeidsmiljøet er godt, noe som er spesielt viktig fordi vi til tider jobber mye. Dessuten trives jeg i et profesjonelt miljø, og jeg kommer i kontakt med mange mennesker.

Erik (19 år): _____

Jeg har stor interesse for musikk, og det er gøy å jobbe med hobbyen min.

Elin (26 år): _____

Jeg er en kreativ person og trives godt i et variert og stimulerende miljø. Jobben er utfordrende, og jeg lærer nye ting hver dag. Jeg får også veldig god kontakt med kundene.

i Innblikk — skatt

Norway has a high level of taxation to promote equality for all citizens and to finance public services such as healthcare, hospitals, education, and transportation. Norway has a value-added tax (VAT), which is 25% on most items, 15% on food and drink, and 12% on transportation and hotels. For personal income, the base rate for the first 200,000 crowns is 22%. All additional income is taxed progressively with the base rate plus an extra step tax, starting at 1.7% and increasing to 17.5% for the highest earners. Most Norwegians also contribute 7.9% of their income for national insurance payments. In addition, Norway applies extra surcharges to specific items, such as cars, alcohol, and tobacco. ■ *Source: Skatteetaten.no*

øving c.
LØNN
Work with another student to complete the information gap activity. Take turns asking one another how much people earn in the jobs listed. The student listening should record the answer and convert the amount to USD or another currency.

Student A. Hva tjener _____? **Student B.** _____ tjener _____ kroner.

Student A. Hvor mange dollar er det? **Student B.** Det er _____ dollar.

STUDENT A

Ansatte i offentlig sektor (Employees in the public sector)	Ansatte i privat sektor (Employees in the private sector)	Ansatte i privat sektor (Employees in the private sector)
en lege: _____	en flyger: _____	en advokat: _____
en sykepleier: 612 240	en snekker: 497 160	en frisør: 433 920
en politibetjent: _____	en journalist: _____	en kokk: _____
en lærer: 588 240	en industriarbeider: 524 500	en direktør: 1 826 400

Hva er det verste ved jobben?

 **øving d.**
ULEMPER

Read the short descriptions of the negative features of various jobs and match the texts with the correct job titles.

art director • daglig leder i et reisebyrå • body-piercer • multimedia-designer • bartender

Kristian (31 år): _____

Uhøflige og respektløse gjester. Å kaste ut folk som har fått for mye alkohol, er heller ikke gøy. Dessuten skal ikke mye nattarbeid, høy musikk, stress og passiv røyking være så bra for helsa. Det sies at gjennomsnittlig levealder i jobben min er 59 år.

Merete (36 år): _____

Det verste med jobben er at jeg skal være til disposisjon hele sommersesongen for både turister, kunder og guider. Det er en slitsom jobb både psykisk (alltid blid og entusiastisk) og fysisk (mye ståing og gåing). Dessuten har jeg aldri sommerferie.

Bjørn (26 år): _____

Vi jobber med tidsfrister hele tiden, og kunden er som regel ikke klar over hvor mye arbeid det innebærer å lage et nettsted. Når deadline nærmer seg, kan det bli veldig stressende og mye overtid. Det aller verste er hvis datamaskinen min krasjer midt oppe i det hele.

Hanne (21 år): _____

Det verste er folk med dårlig hygiene. Vi får jo intim kontakt med alle typer kroppsdeler, og det er ikke noe særlig med kunder som lukter vondt!

Gaute (30 år): _____

Det er en krevende jobb med mye stress, korte tidsfrister og lange arbeidsdager. Det å jobbe med kommunikasjon er spennende både på godt og vondt, siden det ikke finnes noen fasit for det vi gjør. Det er også irriterende når man har en god idé som kunden ikke vil kjøpe!

øving e.
FRYNSEGODER

Listen to the recording and fill in the missing words and percentages in the list of fringe benefits. Compare and contrast these benefits with those in your country.

Frynsenes ti på topp

1. _____ %: _____ og telefonabonnement
2. _____ %: helseforsikring
3. _____ %: _____ _____
4. _____ %: subsidiert _____
5. _____ %: andre forsikringer
6. _____ %: _____ og _____
7. _____ %: parkeringsplass
8. _____ %: _____ støtte
9. _____ %: tilgang på fritidsbolig
10. _____ %: eget avisabonnement

Source: nye.econa.no

STUDENT B

Ansatte i offentlig sektor *(Employees in the public sector)*		**Ansatte i privat sektor** *(Employees in the private sector)*		**Ansatte i privat sektor** *(Employees in the private sector)*	
en lege:	946 680	en flyger:	1 159 320	en advokat:	931 320
en sykepleier:	_____	en snekker:	_____	en frisør:	_____
en politibetjent:	671 160	en journalist:	696 600	en kokk:	455 880
en lærer:	_____	en industriarbeider:	_____	en direktør:	_____

Verb: *Perfektum, sterke verb*

In Chapter 22, you learned the present perfect tense of weak verbs. The past tense and present perfect forms of weak verbs follow a well-defined pattern, so you needed to learn the appropriate endings for the verbs. In contrast, the past tense and present perfect of strong verbs are irregular, and thus must be learned individually. Below is a review of the uses of present perfect in Norwegian.

Uses of Present Perfect	Examples
Actions that took place at an unspecified time in the past.	Jeg **har sett** den nye filmen.
Actions that started in the past and are still continuing.	Jeg **har vært** i Norge i ti år.
Actions that started in the past and have just been completed.	Jeg **har** nettopp **kommet** hjem.

Infinitive	Present tense	Past tense	Present perfect
-e or stressed vowel ending	**-r ending**	**Vowel change**	**har + vowel change**
bli *(become)*	Jeg **blir** her.	Jeg **ble** her.	Jeg **har blitt** her.
dra *(go, leave)*	Jeg **drar** hjem.	Jeg **dro** hjem.	Jeg **har dratt** hjem.
drive *(do)*	Jeg **driver** med idrett.	Jeg **drev** med idrett.	Jeg **har drevet** med idrett.
drikke *(drink)*	Jeg **drikker** kaffe.	Jeg **drakk** kaffe.	Jeg **har drukket** kaffe.
forstå *(understand)*	Jeg **forstår** læreren.	Jeg **forsto** læreren.	Jeg **har forstått** læreren.
få *(get)*	Jeg **får** et brev.	Jeg **fikk** et brev.	Jeg **har fått** et brev.
gi *(give)*	Jeg **gir** ham penger.	Jeg **ga** ham penger.	Jeg **har gitt** ham penger.
gjøre *(do)*	Jeg **gjør** leksene.	Jeg **gjorde** leksene.	Jeg **har gjort** leksene.
gå *(go)*	Jeg **går** på kino.	Jeg **gikk** på kino.	Jeg **har gått** på kino.
komme *(come)*	Jeg **kommer** hjem.	Jeg **kom** hjem.	Jeg **har kommet** hjem.
se *(see)*	Jeg **ser** på TV.	Jeg **så** på TV.	Jeg **har sett** på TV.
si *(say)*	Jeg **sier** det.	Jeg **sa** det.	Jeg **har sagt** det.
skrive *(write)*	Jeg **skriver** et brev.	Jeg **skrev** et brev.	Jeg **har skrevet** et brev.
sove *(sleep)*	Jeg **sover** lenge.	Jeg **sov** lenge.	Jeg **har sovet** lenge.
spørre *(ask)*	Jeg **spør** mora mi.	Jeg **spurte** mora mi.	Jeg **har spurt** mora mi.
stå *(stand)*	Jeg **står** på ski.	Jeg **sto** på ski.	Jeg **har stått** på ski.
synge *(sing)*	Jeg **synger** i kor.	Jeg **sang** i kor.	Jeg **har sunget** i kor.
ta *(take)*	Jeg **tar** en tur.	Jeg **tok** en tur.	Jeg **har tatt** en tur.
treffe *(meet)*	Jeg **treffer** venner.	Jeg **traff** venner.	Jeg **har truffet** venner.
vite *(know)*	Jeg **vet** det.	Jeg **visste** det.	Jeg **har visst** det.
være *(be)*	Jeg **er** student.	Jeg **var** student.	Jeg **har vært** student.

 **øving f.**
PERFEKTUM

Perfektum: Actions that took place at an unspecified time in the past.
Describe how often you have done the activities below. Use the present perfect tense.

ex.) Hvor ofte har du reist til Norge?

Jeg har reist til Norge _____.
(mange ganger, flere ganger, én gang)
Jeg har ikke reist til Norge. | Jeg har aldri reist til Norge.

1. Hvor ofte ___ du _____ i Mexico *(være)?* _____

2. Hvor ofte ___ du _____ på teater *(gå)?* _____

3. Hvor ofte ___ du _____ for seint på jobb *(komme)?* _____

4. Hvor ofte ___ du _____ filmen «Elling» *(se)?* _____

5. Hvor ofte ___ du _____ akevitt *(drikke)?* _____

 **øving g.**
PERFEKTUM

Perfektum: Actions that started in the past and are still continuing.
Describe how long you have been doing these activities. Use present perfect tense.

1. Hvor lenge _____ du _____ med friidrett *(drive)?* I to år.

2. Hvor lenge _____ du _____ på norskkurs *(gå)?* I tre måneder.

3. Hvor lenge _____ du _____ hjelpelærer *(være)?* I seks uker.

4. Hvor lenge _____ du _____ der *(stå)?* I to-tre minutter.

 **øving h.**
PERFEKTUM

Perfektum: Actions that started in the past and have just been completed.
Describe the actions you have just completed using the present perfect tense.

1. Jeg _____ godt *(sove)*.

2. Jeg _____ teksten *(forstå)*.

3. Faren min _____ på jobben *(dra)*.

4. Jeg _____ en e-post fra sjefen i dag *(få)*.

5. Jeg _____ nettopp _____ leksene *(gjøre)*.

6. Jeg _____ nettopp _____ et brev *(skrive)*.

7. Jeg _____ nettopp _____ det *(si)*.

8. Jeg _____ nettopp _____ presten *(treffe)*.

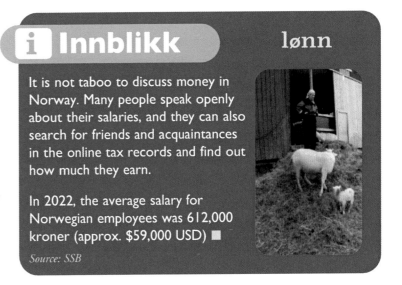

i Innblikk **lønn**

It is not taboo to discuss money in Norway. Many people speak openly about their salaries, and they can also search for friends and acquaintances in the online tax records and find out how much they earn.

In 2022, the average salary for Norwegian employees was 612,000 kroner (approx. $59,000 USD) ▪

Source: SSB

Adverb: Overgangsord [ADVERBS: TRANSITION WORDS]

In Norwegian, there are many transitional words and phrases that can be used to connect ideas and events, providing your writing with coherence. These transitions are usually adverbs or adverbial phrases. In previous chapters, you have learned to use transition words related to time, such as **nå** *(now)* and **så** *(then)* or with place, such as **her** *(here),* but here you will focus on transition words that are related to logic, contrast, addition, etc.

These transition words can be placed either after the verb or at the beginning of the sentence, depending on what you want to emphasize. Some of them sound better when placed at the beginning of the sentence, but you will see examples of both in the chart below. Note that the transition words are adverbs, thus causing inversion of the subject and the verb if they occur at the the beginning of the sentence.

Adverb	Eksempler
derfor *therefore*	Jobben til søstera mi er ikke godt betalt. Hun bor **derfor** på hybel. Jobben til søstera mi er ikke godt betalt. **Derfor** bor hun på hybel.
likevel *nevertheless*	Faren min trives i jobben sin. Han har **likevel** tenkt å slutte. Faren min trives i jobben sin. **Likevel** har han tenkt å slutte.
ellers *otherwise*	Jeg jobber mye overtid. Jeg liker **ellers** jobben godt. Jeg jobber mye overtid. **Ellers** liker jeg jobben godt.
dessuten *in addition*	Jobben min er veldig spennende. Jeg har **dessuten** hyggelige kolleger. Jobben min er veldig spennende. **Dessuten** har jeg hyggelige kolleger.
egentlig *actually*	Tom er ekspeditør i en butikk. Han gjør **egentlig** mye mer på jobben. Tom er ekspeditør i en butikk. **Egentlig** gjør han mye mer på jobben.
heldigvis *fortunately*	Faren min ble syk og kunne ikke jobbe. Han hadde **heldigvis** forsikring. Faren min ble syk og kunne ikke jobbe. **Heldigvis** hadde han forsikring.
dessverre *unfortunately*	Jeg vil bli lege. Jeg har **dessverre** ikke råd til å studere medisin. Jeg vil bli lege. **Dessverre** har jeg ikke råd til å studere medisin.
vanligvis *usually*	I dag har jeg fri fra jobben. Jeg jobber **vanligvis** fra åtte til fire. I dag har jeg fri fra jobben. **Vanligvis** jobber jeg fra åtte til fire.
endelig *finally*	De jobbet og jobbet. De ble **endelig** ferdige ved 12-tida. De jobbet og jobbet. **Endelig** ble de ferdige ved 12-tida.

øving i.
OVERGANGSORD

Rewrite the second sentence in each pair of sentences. Place the adverbial first in the sentence and remember to change the word order of the subject and the verb.

1. Jeg jobber mye overtid. Jeg har **derfor** ikke så mye tid å tilbringe sammen med familien min.

_____

2. Jobben min er veldig stressende. Jeg liker **likevel** jobben godt.

_____

3. Jeg har mye å gjøre på jobben på fredager. Det er **ellers** nokså avslappet.

_____

4. Jobben min er dårlig betalt. Den er **dessuten** kjedelig og uengasjerende.

_____

5. Jobben min er krevende med mye stress. Det er **ellers** en interessant og flott jobb.

_____

6. Jobben min er vanskelig og slitsom. Jeg har **heldigvis** mange hyggelige kolleger.

_____

7. I dag jobbet jeg som kokk. Jeg er **vanligvis** servitør eller hovmester.

_____

8. Jeg jobbet som lærer i over 20 år. Jeg ble **endelig** rektor i 2006.

_____

øving j.
OVERGANGSORD

Complete the sentences so that they make sense. Use correct word order.

1. Jeg har jobbet på en oppgave i fire dager. **Endelig** _____.

2. Det var kjedelig på jobben i dag. **Vanligvis** _____.

3. Jeg har lyst til å bli lærer. **Dessverre** _____.

4. Faren min tror at jeg vil bli snekker. **Egentlig** _____.

5. Søstera mi er veldig kreativ. **Dessuten** _____.

6. Jeg er ikke flink til å jobbe med mennesker. **Heldigvis** _____.

7. Jeg er flink til å skrive. **Derfor** _____.

8. Jeg tjener mange penger. **Likevel** _____.

9. Jeg hater å jobbe overtid, men **ellers** _____.

øving k.
INTERVJU

Work with a partner and interview one another about jobs.

Hva er viktigst for deg når det gjelder yrke?	veldig viktig	litt viktig	ikke så viktig	ikke viktig i det hele tatt
Lønn og frynsegoder Vil du ha bra lønn? Hvor mye vil du tjene i året? Vil du ha mange frynsegoder? Hvilke frynsegoder vil du ha? (mobiltelefon, helseforsikring, Internett hjemme, subsidiert lunsj, kurs eller utdanning osv.)				
Karrieremuligheter Vil du gjøre karriere? Har du planer om å stifte familie? Hvordan vil du balansere jobb og familie?				
Status og prestisje Vil du ha en jobb som gir deg status?				
Trygghet Vil du ha fast jobb, eller foretrekker du å skifte jobb av og til?				
Arbeidstid Vil du ha vanlig arbeidstid, eller er det greit med skiftarbeid? Hvor mange timer vil du jobbe per dag eller i uka? Hvor mange ukers ferie vil du ha?				
Sosialt miljø Vil du jobbe på et sted med et godt sosialt miljø? Vil du være sammen med kollegene dine i fritida? Liker du å treffe nye eller forskjellige mennesker? Liker du å arbeide med mennesker?				
Meningsfylt arbeid Liker du å hjelpe andre mennesker? Er det viktig at arbeidet ditt betyr mye?				
Kreativitet, variasjon og interesse Vil du ha en kreativ jobb som gir deg mye frihet? Vil du ha en jobb som er variert, eller liker du rutine? Vil du ha en interessant jobb som engasjerer deg?				
Personlig utvikling Liker du å lære nye ting hele tida? Vil du ha en utfordrende jobb med mye ansvar?				
Annet Har du lyst til å reise mye i jobben din? Kan du tenke deg å flytte for å få en ny jobb? Er det greit hvis det er lang vei til jobben?				

barista

Ellen (19 år): BARISTA PÅ EN KAFFEBAR I OSLO.

Hva går jobben din ut på?

Barista er et relativt nytt yrke i Norge som har dukket opp etter hvert som kaffebarer er blitt mer og mer populære. En barista er en spesialist på å lage kaffe og kaffedrikker. I tillegg til å lage kaffe, er jobben min å yte god service til gjestene. Vi må også rydde og holde utstyret i orden.

Hva er det beste med jobben?

Jeg er veldig fornøyd med jobben min! Det er gøy å lage kaffe, og jeg liker godt å treffe mennesker. Dessuten blir jeg bare mer og mer glad i kaffe. Man blir etter hvert kresen selv, og det er både positivt og negativt. Vennene mine tør for eksempel ikke å servere meg kaffe lenger.

Hva er det verste med jobben?

Av og til kan det være veldig hektisk, og det er slitsomt. Folk vil ikke alltid vente, men det å lage espressobaserte kaffedrikker tar selvfølgelig mye lengre tid enn å helle opp i noe fra en kanne. Da kan det av og til bli kjempestressende. Dessuten er yrket dårlig betalt, og kundene vet ikke alltid at de skal tipse en barista, akkurat som en kelner eller en drosjesjåfør.

øving l.
BARISTA

Answer the questions about the text above.

1. Har kaffebarer blitt mindre populære? _____

2. Hva gjør en barista? _____

3. Hva liker Ellen ved jobben? _____

4. Hva liker hun ikke? _____

øving m.
YRKER

Describe the people and their jobs using complete sentences. Use the key words provided.

Kristin, 25 år	Marius, 34 år	Hanne, 47 år	Håkon, 58 år
samboer, ingen barn en leilighet, Trondheim	skilt, to barn et hus, Bergen	gift, tre barn en tomannsbolig, Oslo	ugift, ingen barn et rekkehus, Lillehammer
journalist, liker jobben vanlig arbeidstid, 8-16 et godt sosialt miljø lærer mye, liker å skrive bra lønn	lærer på en barneskole liker jobben meningsfylt jobb hjelper barna variert	arkitekt, liker jobben godt betalt, mye ansvar utfordrende, variert kreativt arbeid	gårdbruker, liker jobben jobber ute, mye frihet fleksibel arbeidstid variert
hektisk, reiser mye	dårlig betalt, lange dager, stressende	jobber med tidsfrister lang vei til jobben	lite ferie, tjener lite, slitsom jobb

🔍 i fokus: den norske økonomien

NORGE VAR ET BONDESAMFUNN

før 1875:

Før 1875 var Norge et bondesamfunn med ca. 880 000 innbyggere. Da bodde omtrent 85 % av menneskene på gårder. På den tida var det mange små gårder der folk holdt husdyr og dyrket høy og korn, grønnsaker og frukt. Folk drev også med fiske og fangst, sjøfart og skogbruk.

NORGE BLE ET INDUSTRISAMFUNN

1875–1960:

Etter 1850 kom det mange forandringer som omskapte det gamle bondesamfunnet. Befolkningen vokste raskt, og mange utvandret til Amerika eller flyttet til andre steder i Norge, spesielt til tettsteder eller byer. Jordbruket ble modernisert, og nye industrier vokste fram, f. eks. tekstilindustrien, metall- og jernindustrien, hermetikkindustrien og tremasseindustrien.

NORGE BLE ET MODERNE TJENESTE- OG INFORMASJONSSAMFUNN

etter 1970:

Etter 1970 har Norge utviklet seg til et moderne tjeneste- og informasjonssamfunn. Nå jobber folk oftere i butikker, på kontor og på sykehus og sjeldnere på gården, på fiskebåt og i fabrikkhallen. Norge har også blitt et av verdens rikeste land, spesielt på grunn av olje- og gassproduksjonen. I Europa er det bare Luxembourg og Irland som har høyere BNP (bruttonasjonalprodukt) enn Norge.

i dag: primærnæringer

Primærnæringer utvinner og fremstiller råvarer.

2 % av BNP   2 % av alle sysselsatte

Fiske   Jordbruk
Fiskeoppdrett   Skogbruk

I dag jobber det få mennesker innenfor jordbruk i Norge, og gårdene er nokså små. Men det er fortsatt et viktig politisk mål at Norge skal beholde bosettingen i distriktene og at Norge skal kunne produsere så mye mat som mulig til egen befolkning. Derfor er det statlig subsidiering av jordbruket i Norge. Det er også færre fiskere enn tidligere, ca. 11 000 i 2022 sammenlignet med 100 000 i 1950, men oppdrettsnæringen har vokst mye de siste årene, og verdien er mye mer enn de tradisjonelle fiskeriene.

i dag: sekundærnæringer

Sekundærnæringer produserer varer.

36 % av BNP   20 % av alle sysselsatte

Bergverksdrift   Industri
Bygge- og anleggsvirksomhet   Olje- og gassutvinning
Elektrisitets- og gassforsyning Vannforsyning og avløp

Det er færre arbeidsplasser og mindre variasjon i norsk industri i dag. Norge tjener mest penger på oljeindustrien og eksporterer olje og gass til mange land. Norge er verdens 10. største oljeeksportør (etter Saudi-Arabia, USA, Russland og flere andre land) og verdens 3. største gasseksportør (etter Russland og Qatar). Dessuten eksporterer Norge fisk, fiskeprodukter og metaller, særlig aluminium.

Source: ssb.no

i dag: servicenæringer

Servicenæringer selger varer og leverer tjenester.

62 % av BNP   78 % av alle sysselsatte

Offentlig forvaltning   Hotell og restaurant
(Sosiale tjenester, helsevesen, Informasjon og kommunikasjon
  undervisning og administrasjon) Post og distribusjon
Bank og forsikring   Sjøfart
Boligtjenester   Transport
Forretningsmessig tjenesteyting Varehandel

I dag jobber 78 prosent av alle sysselsatte i Norge innenfor servicenæringer. I offentlig sektor har det vært spesielt stor vekst innenfor helse, sosial omsorg og utdanning de siste årene. I privat sektor har det vært mest vekst innenfor forretninger, finans og forsikring, informasjon og kommunikasjon.

uttale: tonem i ord og setninger

In Chapter 22, you learned that there are two different tones in Norwegian pronunciation. In this section, you will learn some of the main rules that will help you know whether a word has tone 1 or tone 2. Right now, it may be difficult for you to pronounce tone 1 and tone 2 correctly. However, with some practice, you should be able to hear the difference between tone 1 and tone 2.

Tonem i ord

TONEM 1 ⟋		TONEM 2 ⋁	
Used most commonly in words that have one syllable, but also occurs in some words that have two syllables or more.		Used in most words that have two or more syllables.	
• Used in a few two-syllable words that end in an unstressed **-e**, especially in foreign words	ser-ve kaf-fe	• Used in most words that end in unstressed **-e**, for example the infinitive form of verbs and nouns	gjø-re job-be
• Used in a few words that end in **-er**, such as present tense of strong verbs that were one syllable in Old Norse	kom-mer skri-ver	• Used in most words that end in **-er**, such as present tense verbs and nouns	spil-ler læ-rer
• Used in some words that end in **-en**, such as the definite form of one-syllable words	prest-en sjef-en	• Used in most words that end in **-en**, such as nouns, adjectives, and numbers	fem-ten syt-ten
		• Used in most words that end in **-ig**, such as adjectives	hyg-gelig kje-delig
		• Used in compound words (noun + noun)	jord-bruk tann-lege

Tonem i setninger

It is important to remember that the tones only occur in Norwegian when the word has stress. In other words, when you are reading individual words aloud, they will all have stress and thus the tones as well. However, if you are reading a text aloud, only a few words in each sentence will have stress and tones.

 øving n.
TONEM

Listen to the sentences below. Mark the words that are stressed and try to determine whether the tone is 1 or 2.

1. Hva heter du?   Jeg heter Nina.
2. Hvor kommer du fra? Jeg kommer fra Norge.
3. Hva driver du med?   Jeg jobber som lærer.
4. Trives du i jobben? Ja, jeg trives veldig godt.

REPETISJON: ORD OG UTTRYKK

Kap. 23. Arbeidsforhold	Ch. 23. Working Conditions
Er du fornøyd med lønna di? Ja, _____. (jeg er veldig fornøyd med lønna mi, jobben min er godt betalt, jeg tjener godt) Nei, _____ (jeg er misfornøyd med lønna mi, jobben min er dårlig betalt, jeg tjener dårlig)	*Are you satisfied with your salary?* *Yes, _____.* *(I am very satisfied with my salary,* *my job is well paid, I earn a lot)* *No, _____.* *(I am dissatisfied with my salary,* *my job is poorly paid, I earn little)*
Hvor mye tjener du? Jeg tjener _____ kroner i timen / i året.	*How much do you earn?* *I earn _____ crowns an hour / a year.*
Kan du gjøre karriere i denne jobben? Ja, det kan jeg. | Nei, det kan jeg ikke.	*Can you have a career in this job?* *Yes, I can. | No, I can't.*
Har jobben din _____? (høy status, mye ansvar, mye frihet) Ja, det har den. | Nei, det har den ikke.	*Does your job have _____?* *(high status, much responsibility, much freedom)* *Yes, it does. | No, it doesn't.*
Har du fast jobb? Ja, det har jeg. | Nei, det har jeg ikke.	*Do you have a steady job?* *Yes, I do. | No, I don't.*
Jobber du heltid? Ja, jeg jobber heltid. | Nei, jeg jobber deltid.	*Do you work full-time?* *Yes, I work full-time. | No, I work part-time.*
Er det et godt sosialt miljø på jobben din? Ja, _____. (det er et godt sosialt miljø, jeg har mange hyggelige kolleger, jeg treffer mange interessante mennesker) Nei, _____. (det er ikke et godt sosialt miljø, jeg har ikke hyggelige kolleger, jeg har lite kontakt med andre mennesker)	*Is there a good social environment at work?* *Yes, _____.* *(there is a good social environment, I have many nice* *colleagues, I meet many interesting people)* *No, _____.* *(there isn't a good social environment, I don't have nice* *colleagues, I have little contact with other people)*
Har du en meningsfylt jobb? Ja, _____. (jeg har en meningsfylt jobb, arbeidet mitt betyr mye, jeg hjelper mennesker) Nei, _____. (det er ikke en meningsfylt jobb, arbeidet mitt betyr lite)	*Do you have a meaningful job?* *Yes, _____.* *(I have a meaningful job,* *my work means a lot, I help people)* *No, _____.* *(it is not a meaningful job,* *my work doesn't mean much)*
Hva liker du best ved jobben din? Jobben min er veldig _____. (kreativ, variert, interessant, engasjerende, spennende, utfordrende)	*What do you like the most about your job?* *My job is very _____.* *(creative, varied, interesting, engaging,* *exciting, challenging)*
Hva liker du minst ved jobben din? Jobben min er _____. (kjedelig, lett, uengasjerende)	*What do you like the least about your job?* *My job is very _____.* *(boring, easy, unengaging)*

Kap. 24: Personlig økonomi

 **øving a.**
PERSONLIG ØKONOMI

Discuss your personal finances with another student. Use the examples and the words below.

Er du fornøyd med økonomien din?

Ja, det er jeg.

Jeg har _____.
(bra lønn, en god jobb, ingen gjeld, få utgifter,
få utgifter, lave boutgifter, lave matutgifter, lav skatt)

Nei, det er jeg ikke.

Jeg har _____.
(dårlig lønn, en dårlig jobb, ingen jobb, stort studielån,
mange utgifter, høye boutgifter, høye bilutgifter, høy skatt)

Salary and taxes	Use of money	Adjectives
ei/en lønn *pay / wages*	tjene penger *earn money*	god / dårlig *good / bad*
en inntekt *an income*	bruke penger *use / spend money*	fornøyd / misfornøyd *satisfied / dissatisfied*
en utgift *an expense*	sløse med penger *waste money*	stor / liten *big / little*
en skatt *a tax*	spare penger *save money*	høy / lav *high / low*

 **øving b.**
FORBRUKSVARER

Discuss how you spend your money, what consumer goods you would like to purchase, and whether you are able to save money.

a) Hva bruker du mest penger på?   Jeg bruker mest penger på   _____.

b) Hva bruker du minst penger på?   Jeg bruker minst penger på   _____.

c) Hva ønsker du deg? Hva har du lyst på?   Jeg ønsker meg _____. / Jeg har lyst på _____.

d) Hva har du ikke råd til å kjøpe?   Jeg har ikke råd til å kjøpe _____.

e) Sløser du med penger eller sparer du penger?   Jeg _____.

Utgifter og forbruksvarer

Tjenester
(ei/en) utdanning
helseutgifter
(ei/en) underholdning
restaurantbesøk
reiser / ferier

Boliger
en enebolig
en tomannsbolig
et rekkehus
en leilighet
en hybel

Transport
en bil / en elbil
en motorsykkel
en moped
en snøscooter
en båt

Møbler
en sofa
en lenestol
et salongbord / stuebord
ei/en bokhylle
ei/en seng

Månedlige utgifter
et mobilabonnement
(en) kabel-TV
(en) strøm
(ei/en) bilforsikring
(ei/en) husleie

Elektronisk utstyr
en mobil
et digitalkamera
en datamaskin / en PC
et nettbrett
et lesebrett

Sportsutstyr
slalåmski
langrennsski
et snøbrett / et snowboard
en sykkel
en tennisracket

Mote
klær
(ei/en) sminke
smykker
sko
briller / solbriller

øving c.
PERSONLIG ØKONOMI
Fill out the chart as you listen to the descriptions of personal finance.

Navn	Jobb / Lønn	Utgifter / Gjeld	Forbruksvarer
1. Erik			
2. Andrea			
3. Sebastian			
4. Ida			

øving d.
PENGEBRUK

Interview students in your class about personal finances.

1. Er du fornøyd med økonomien din? _____

2. Hvilke utgifter har du? _____

3. Sparer du mye penger, eller sløser du med penger? _____

4. Hva bruker du mest penger på? _____

_____

5. Hva bruker du minst penger på? _____

_____

6. Hva har du ikke råd til å kjøpe? _____

_____

7. Hvordan kommer du fra sted til sted? Går du, sykler du eller kjører du bil? _____

_____

8. Bruker du mye penger på å reise? _____

9. Hva ønsker du deg? | Hva har du lyst på?

_____

10. Vil du helst ha sportsutstyr eller elektronisk utstyr?

_____

11. Hvis du hadde mer penger, hva ville du brukt dem på?

_____

i   Harrytur

Harrytur is the name for a quick shopping trip over the border, often to Sweden, to purchase products such as alcohol, tobacco, cheese, and meat. These products are much more inexpensive in Sweden than in Norway, so there can be long lines during holidays, such as Easter week. Norwegians use the name **Harry** as slang to imply something that is tasteless or trashy. Officially, there are limits to what one can take back over the border, but these laws are rarely enforced. ■

øving e.
ØKONOMIEN

In the texts below, four Norwegians describe how satisfied they are with their personal finances. Do the exercises below as you read the texts.

Pre-reading: Based on your knowledge of the Norwegian economy, do you predict that the four people are satisfied or dissatisfied with their personal finances?

Reading: As you read, circle the positive statements and underline the negative statements about personal finances.

Post-reading: Find several examples of sentences that begin with adverbials and have inversion. Find several sentences with coordinating conjunctions (og, men, eller). Find one example of a sentence that begins with a dependent clause.

Er du fornøyd med økonomien din?

KNUT HAUGE 26 år, gift, ei datter på tre år

For øyeblikket – nei. Men vi er optimistiske for framtida. Kona mi er lærer og har bra lønn, men jeg er student. Vi må være forsiktige fordi vi har mange utgifter og studielån begge to. Vi har lyst på en ny datamaskin og et nettbrett, men vi har ikke råd til det nå.

KARI BERG 32 år, skilt, ei datter på 5 år

Nei, det kan jeg ikke si. Jeg har en god jobb som programmerer, men penger er alltid et problem. Dattera mi trenger klær og utstyr. Vi har også høye bo- og matutgifter, og jeg har studielån. Pengene går ut like fort som de kommer inn.

KJERSTI GRØNVOLD 34 år, ugift

Ja, jeg har det bra. Men selv om jeg er alene og har middels god inntekt, klarer jeg ikke å spare noen penger. Jeg er frilansfotograf og trenger egen bil. Det er dyrt å ha bil, og leiligheten koster også mye. Jeg ønsker meg nye møbler, men jeg vet ikke om jeg får råd i år. Skattene er forferdelig høye i Norge.

i **best i verden**

Norway consistently earns one of the top rankings in the United Nation's Human Development Index (HDI). Developed in 1990, the HDI measures countries in three basic areas: life expectancy, education, and income. ■

BJØRN PETTERSEN 52 år, gift, to voksne barn

Ja, det er vi. Norge er et godt land å bo i. Materielle goder betyr ikke så mye for oss. Vi har vårt eget hus, en gammel bil og nesten ingen gjeld. Hvis vi hadde mer penger, ville vi kanskje reist mer. Men vi har hytte på fjellet, og vi liker rolige fjellferier best.

Ordstilling: *Kortsvar* [WORD ORDER: SHORT ANSWERS]

In Chapter 9 of Sett i gang 1, you learned to give short answers to yes/no questions that started with most verbs and with "er" and "har." See examples below.

Kortsvar med «gjør» [SHORT ANSWERS WITH "DO"]

Yes/No Questions	Long Answers	Short Answers
Sparer du penger?	Ja, jeg **sparer** penger. Nei, jeg **sparer** ikke penger.	Ja, det **gjør** jeg. Nei, det **gjør** jeg **ikke**.
Tjener du bra?	Ja, jeg **tjener** bra. Nei, jeg **tjener** ikke bra.	Ja, det **gjør** jeg. Nei, det **gjør** jeg **ikke**.

 **øving f.** KORTSVAR — Answer the questions below using short answers.

1. Jobber du _____? (på restaurant, på en skole, på et kontor, i en butikk)

2. Sparer du penger?

3. Sløser du med penger?

4. Bruker du mest penger på _____? (hus, klær, sportsutstyr, elektronisk utstyr, helseutgifter, utdanning)

5. Ønsker du deg _____? (hus, hytte, bil, motorsykkel, båt)

Kortsvar med «er» og «har» [SHORT ANSWERS WITH "IS" AND "HAVE"]

Sentences starting with most verbs will have the short answer "Ja, det gjør jeg. / Nei, det gjør jeg ikke." However, sentences that start with **er** and **har** have a slightly different short answer. See chart below.

Yes/No Questions	Long Answers	Short Answers
Er du lærer?	Ja, jeg **er** lærer. Nei, jeg **er ikke** lærer.	Ja, det **er** jeg. Nei, det **er** jeg **ikke**.
Har du bil?	Ja, jeg **har** bil. Nei, jeg **har ikke** bil.	Ja, det **har** jeg. Nei, det **har** jeg **ikke**.

øving g. KORTSVAR — Answer the questions below using short answers.

1. Er du _____? (student, lærer, advokat, snekker, journalist, prest, flyger)

2. Er du fornøyd med økonomien din?

3. Har du _____? (mange penger, hytte, bil, båt, motorsykkel, mange klær)

Kortsvar med modalverb [SHORT ANSWERS WITH MODALS]

Questions beginning with modal verbs also have different short answers. See chart below.

Yes/No Questions	Long Answers	Short Answers
Skal du jobbe nå?	Ja, jeg **skal** jobbe nå. Nei, jeg **skal ikke** jobbe nå.	Ja, det **skal** jeg. Nei, det **skal** jeg **ikke**.
Vil du ha ferie?	Ja, jeg **vil** ha ferie. Nei, jeg **vil ikke** ha ferie.	Ja, det **vil** jeg. Nei, det **vil** jeg **ikke**.
Kan du ta opp lån?	Ja, jeg **kan** ta opp lån. Nei, jeg **kan ikke** ta opp lån.	Ja, det **kan** jeg. Nei, det **kan** jeg **ikke**.
Må du spare mer?	Ja, jeg **må** spare mer. Nei, jeg **må ikke** spare mer.	Ja, det **må** jeg. Nei, det **må** jeg **ikke**.
Bør du betale?	Ja, jeg **bør** betale. Nei, jeg **bør ikke** betale.	Ja, det **bør** jeg. Nei, det **bør** jeg **ikke**.

øving h.
KORTSVAR
Answer the questions below using short answers.

1. Skal du _____? (kjøpe bil snart, få ny jobb, ta opp lån)
2. Vil du _____? (kjøpe nye klær, spare penger, tjene bedre)
3. Kan du _____? (kjøpe ny datamaskin, dra på ferie i vinter)
4. Må du _____? (ta opp lån, jobbe mer)
5. Bør du _____? (spare mer penger, betale regningene dine)

øving i.
KORTSVAR
In the cocktail exercise below, ask one question of each person in your class using the cues provided. The student who answers should use the appropriate short answer. If the student answers yes and uses the correct form, you can put an "x" through the box.

Finn noen som... ex.) sparer penger: Sparer du penger? Ja, det gjør jeg. | Nei, det gjør jeg ikke.

skal jobbe i kveld	sparer penger	har hytte ved en innsjø	er misfornøyd med økonomien sin
er fornøyd med økonomien sin	vil kjøpe seg bil	vil ha en mobil	ønsker seg datamaskin
har vært i Europa	er student	bruker lite penger på klær	vil ha nye møbler
bruker mest penger på bolig	skal reise til Mexico på ferie	har råd til å kjøpe båt	har lyst på golfkøller
har stort studielån	sløser med penger	har en god jobb	bruker mange penger på sportsutstyr

Ordstilling: Inversjon [WORD ORDER: INVERSION]

Inversjon etter tidsadverbial

Normal word order: (Adverbial at the end of the sentence)	Inverted word order: (Adverbial at the beginning of the sentence)
Jeg pleier å gå i butikker **i helgene.**	**I helgene** <u>pleier jeg</u> å gå i butikker.
Jeg sparer pengene **nå.**	**Nå** <u>sparer jeg</u> pengene.

Inversjon etter stedsadverbial

Normal word order: (Adverbial at the end of the sentence)	Inverted word order: (Adverbial at the beginning of the sentence)
Det er dyrt å ha bil **i Norge.**	**I Norge** <u>er det</u> dyrt å ha bil.
Jeg pleier å handle klær **her.**	**Her** <u>pleier jeg</u> å handle klær.

Inversjon etter andre adverbial

Normal word order: (Adverbial in the middle or at end of sentence)	Inverted word order: (Adverbial at the beginning of the sentence)
Jeg har **dessuten** høye bilutgifter.	**Dessuten** <u>har jeg</u> høye bilutgifter.
Jeg bruker **vanligvis** mye penger på bensin.	**Vanligvis** <u>bruker jeg</u> mye penger på bensin.

øving j.
INVERSJON ETTER ADVERBIAL
Complete the sentences below. Use correct word order.

1. I helgene _____

2. Om sommeren _____

3. I Norge _____

4. Ved universitetet _____

5. Jeg vil kjøpe en motorsykkel. Dessuten _____

6. Vanligvis _____

7. Jeg har mange utgifter. Derfor _____

8. Foreldrene mine tjener bra og har ingen gjeld. Likevel _____

Inversjon etter leddsetning

Normal word order: (Dependent clause at the end of the sentence)	Inverted word order: (Dependent clause at the beginning of the sentence)
Jeg skal kjøpe en bil **hvis jeg kan spare nok**.	**Hvis jeg kan spare nok**, <u>skal jeg</u> kjøpe en bil.
Jeg har lav skatt **fordi jeg tjener lite**.	**Fordi jeg tjener lite**, <u>har jeg</u> lav skatt.
Vi skal kjøpe en båt **siden vi har ekstra penger**.	**Siden vi har ekstra penger**, <u>skal vi</u> kjøpe en båt.
Jeg har lite penger **selv om jeg jobber mye**.	**Selv om jeg jobber mye**, <u>har jeg</u> lite penger.
Jeg skal betale regningene **når jeg får lønna**.	**Når jeg får lønna**, <u>skal jeg</u> betale regningene.
Jeg hadde ingen gjeld **da jeg var yngre**.	**Da jeg var yngre**, <u>hadde jeg</u> ingen gjeld.
Jeg må få jobb **før jeg kan kjøpe hus**.	**Før jeg kan kjøpe hus**, <u>må jeg</u> få jobb.
Jeg skal gå på kino **etter at jeg har gjort leksene**.	**Etter at jeg har gjort leksene**, <u>skal jeg</u> gå på kino.

øving k.
LEDDSETNINGER

Read the sentences about Katrine. Circle the conjunction and underline the dependent clauses. Explain the word order in the sentences.

1. Hvis Katrine kan spare nok penger, skal hun reise til Norge til sommeren.
2. Katrine studerer spansk fordi hun er glad i språk.
3. Selv om Katrine må lese mye, liker hun å være student.
4. Katrine jobber ved siden av studiene fordi det koster mye å studere.
5. Når Katrine er ferdig på universitetet, vil hun bli spansklærer.
6. Hvis Katrine vant i Lotto, ville hun kjøpt seg ny bil.
7. Katrine liker å spille tennis eller gå tur når det er fint vær.
8. Katrine liker å bo i Iowa selv om det er svært kaldt om vinteren.

øving l.
ORDSTILLING

Complete the following sentences about yourself. Then repeat the sentences placing the dependent clause first.

1. Jeg studerer _____ fordi _____.
2. Jeg skal _____ hvis jeg kan spare nok penger.
3. Jeg skal _____ når jeg er ferdig på universitetet.
4. Jeg liker å bo _____ selv om _____.
5. Jeg liker å _____ når det er fint vær.
6. Jeg ville kjøpt meg _____ hvis jeg vant i Lotto.

Økonomien til Inger og Olav

Janne. Er dere fornøyd med økonomien deres?

Inger. Ja, vi er godt fornøyd. Huset er betalt, og vi har ingen gjeld lenger.

Olav. I tillegg har jo barna flyttet hjemmefra nå og klarer seg uten vår hjelp. Da de var små, var det mange utgifter knyttet til klær og utstyr til dem, og det kunne bli ganske stramt noen ganger.

Janne. Hva bruker dere helst tida og pengene deres på?

Olav. Vi kan reise mer, spise mye god mat og har mulighet til å drive med hobbyene våre. Selv er jeg veldig glad i å fiske og drar ofte på fisketur med gamle venner eller med svigersønnene mine. Inger går for tida på språkkurs.

Inger. Ja, jeg har alltid hatt lyst til å lære fransk. Olav og jeg skal på ferie i Frankrike til våren, og da er det fint å kunne språket. Vi planlegger å være borte i en måned, leie bil og kjøre rundt i Bordeaux der det er mange koselige småbyer, gode vindistrikter og masse god mat. Det gleder vi oss veldig til!

Janne. Er dere optimistiske når det gjelder framtida?

Inger. Vel, vi er jo gamle nå og har en sikker økonomi, så vi er optimistiske for oss selv. Folk flest har det veldig godt i Norge nå, sammenlignet med tidligere. Vi husker jo krigen og de vanskelige trettiårene, men med oljen nå de siste 30 årene har Norge virkelig blitt et velstående land, ett av de rikeste i verden.

Olav. Samtidig ser vi at andre eldre mennesker har det vanskelig i dag, spesielt hvis de bor alene, har lav pensjon og lite familie. Da kan det lett bli et ensomt liv.

Janne. Hva med de som er unge i dag?

Inger. Det blir kanskje ikke så lett for dem som for oss. Nå er arbeidsmarkedet mer usikkert, og vi ser at barna våre har vanskeligere med å få jobb enn vi hadde. Bolig er blitt svært dyrt, spesielt om man vil bo i Oslo eller andre sentrale områder.

Olav. Dessuten er kjøpepresset for de unge veldig høyt. Vi ser på barnebarna våre at materielle ting som klær, sportsutstyr og elektronisk utstyr er veldig viktig for ungdom nå. Det kan være vanskelig å imøtekomme alle behovene de har. Og samtidig er det jo viktig at barn ikke skal få alt de peker på. Da blir de bare bortskjemte og usympatiske. Det er viktig å vite verdien av penger, og at man må jobbe for å få dem.

Janne. Ville dere akseptert en lavere levestandard dersom det kunne hjelpe andre som er dårligere stilt?

Olav. Absolutt. Jeg håper vi kan finne en bedre måte å fordele godene på — ikke bare her i Norge, men verden over.

øving m.
ØKONOMIEN

Read the interview on the previous page with Olav and Inger Larsen about their standard of living. Do the exercises below.

Reading

1. Stikkord: As you read the text, write short Norwegian phrases or sentences in the margin that sum up each of Olav and Inger's responses.

2. Nye ord: Write lists of the following words:

5 words you can understand because they are cognates: _____

5 words you can understand because of the context: _____

5 words you can't understand, but think are important: _____

Post-reading

3. Økonomien til Inger og Olav: Work with a partner and create a spoken description of Olav and Inger's standard of living based on the infomation found in the text.

Include the following:

a) name   b) age   c) hometown   d) school / work

e) leisure activities   f) family and friends   g) standard of living   h) salary / income

i) debt / expenses   j) use of money   k) consumer goods

4. Økonomien din: Pretend that it is 2050. Describe your current standard of living in two ways, one as if life has gone well for you and another as if it has not gone very well. Include the same topics as above (a-k).

5. Statussymboler. In the text, Olav and Inger mentioned the pressure people feel to buy things all the time. Make a list of common status symbols for each of the groups below. Then, describe what you would like to buy.

Barn: _____

Tenåringer: _____

Studenter: _____

Single voksne: _____

Gifte par uten barn: _____

Gifte par med barn: _____

Pensjonister: _____

i fokus: norske priser

øving n.
NORSKE PRISER

Pre-listening: Examine the list of varer (items) and look up prices where you live on www.numbeo.com and write it in the second column.

Listening: Listen to the recording for the prices in Norwegian crowns.

Post-listening: After you have recorded the prices for each of the items in Norwegian crowns, convert the amount to your currency.

Varer	Pre-listening: Priser der jeg bor	Listening: Norske priser (i NOK)	Post-listening: Norske priser (i min valuta)
Melk (1 gallon, ca. 4 liter)			
McMeal (at McDonalds)			
Coke / Pepsi (12 ounces)			
En bil (Toyota Corolla)			
Bensin (1 gallon, ca. 4 liter)			
Olabukser (Levis 501)			
En kinobillett			

øving o.
DE LYKKELIGSTE LANDENE

Do the reading exercises below.

Pre-reading: Study the key words and then read the text on the next page.
lykkelig (*happy*) • **en verden** (*world*) • **en lykkedag** (*happiness day*) • **BNP** (*GDP*)
å rangere (*to rank*) • **å måle** (*to measure*) • **forventet levealder** (*life expectancy*)
FN (*UN*) • **ei/en støtte** (*support*) • **et valg** (*a choice*) • **ei/en raushet** (*generosity*)

Reading: As you read the test, complete the list of happiest countries on the next page and then answer the questions below.
1. Hvilket land er lykkeligst? Hvilken plass kommer Norge på? USA? Canada?
2. Når lanserer FN lykkerapporten? Hvor mange land er med i denne rangeringen?
3. Hvilke faktorer blir målt i Lykkerapporten?
4. Hvor mange land fra Norden er med i topp ti?

Post-reading: Hva synes du om de seks faktorene som blir målt i Lykkerapporten? Er alle faktorene like viktige? Er det noen du ville droppe og noen du ville legge til?

NORGE VERDENS SJUENDE LYKKELIGSTE LAND

Finland er verdens lykkeligste land å bo i for sjette år på rad. Norge har ligget stabilt blant de topp ti landene, men plasserer seg lavest blant de nordiske landene i 2023. Canada og USA havner på 13. og 15. plass.

Oslo, Norge

Lykkerapporten

FN markerer verdens lykkedag den 20. mars hvert år ved å lansere «The World Happiness Report». Rapporten rangerer lykke og livskvalitet i 137 land basert på data fra Gallup World Poll. Den måler seks ulike faktorer:

1) BNP per person, 2) forventet levealder, 3) sosial støtte fra familie og venner, 4) frihet til å ta sine egne valg, 5) raushet, dvs. at folk hjelper andre ved å bidra med penger eller gjøre frivillig arbeid og 6) oppfatning av korrupsjon.

De lykkeligste landene i verden

Alle de fem nordiske landene er blant de ti lykkeligste landene med Finland på førsteplass, fulgt av Danmark og Island på andre- og tredjeplass. Sverige og Norge rykker litt oppover på listen og plasserer seg på henholdsvis sjette og sjuende plass. Tre andre europeiske land er med i topp ti med Nederland (5), Sveits (8), og Luxembourg (9). I år har Israel klatret fem plasser til fjerde plass, og til slutt kommer New Zealand på tiende plass.

De minst lykkelige landene i verden

Nederst på lista er Kongo (133), Zimbabwe (134), Sierra Leone (135), Lebanon (136) og Afghanistan (137).

De lykkeligste landene

1. _____
2. _____
3. _____
4. _____
5. _____
6. _____
7. _____
8. _____
9. _____
10. _____
11. Østerrike
12. Australia
13. _____
14. Irland
15. _____
16. Tyskland
17. Belgia
18. Tsjekkia
19. _____
20. Litauen
21. _____
22. Slovenia
23. Costa Rica
24. _____
25. Singapore
92. Ukraina

Helsinki, Finland

London, Storbritannia

De ulykkeligste landene

133. Kongo
134. _____
135. Sierra Leone
136. _____
137. _____

Source: World Happiness Report

MEST UTFORDRENDE ORD OG SETNINGER

Listen to the sounds, the words, and the sentences and practice saying them aloud, either as a class or with another student.

Sounds	Words	Stress and Tones	Examples
i	dikter, trives	**Stress: 1st syllable**	**der**for, **eg**entlig
y	sykepleier, yrke	**Stress: 2nd syllable**	fri**sør**, sjå**før**, mil**jø**
e	prest, snekker	**Stress: 3rd syllable**	foto**graf**, redak**tør**, permi**sjon**
ø	økonomi, frisør	**Stress: Sentences**	Jeg jobber som lærer.
a	baker, vanligvis		Jobben min er veldig spennende.
æ	lærer, klær		Jeg tjener 100 kroner i timen.
å	gård, råd		Jeg bruker mest penger på klær.
o	bonde, tempo	**Stress: Questions**	Hvilket yrke har du?
u	skuespiller, bruker		Trives du i jobben?
ei, au, øy, ai	arbeid, eier, fornøyd		Hvor lenge har du jobbet der?
Silent consonants	spennende, forskjellig		Hva ønsker du deg?
j	jobber, gjør, begynte	**Tone 1**	**job**ben, **skriv**er
kj	kjører, kjedelig	**Tone 2**	**yr**ke, **rør**legger
skj	sjåfør, journalist, ellers	**Syllable reduction**	Jeg **kan ikke** jobbe i dag.
r	rørlegger, frihet		Jeg **har ikke** råd til det.
l	restaurant, lenge		Jeg **liker den ikke.**

 øving p.
SANG

Listen to the recording of the song and then try singing it as a class.

DET STÅR EIN FRIAR UTI GARDEN

:|: = the Norwegian sign for "repeat"

Refreng:
  :|: Det står ein friar uti garden, mor lilla. Hau hau! :|:
  :|: Kor mange pengar haver han, du mi dotter Dalia? :|:

[Refreng]

1. :|: To hundre riksdalar, seier han at han har. :|:
  :|: Sei han nei, vis han vei, du mi dotter Dalia. :|:

[Refreng]

2. :|: Tre hundre riksdalar, seier han at han har. :|:
  :|: Sei han nei, vis han vei, du mi dotter Dalia. :|:

3. :|: Fire hundre riksdalar, seier han at han har. :|:
  :|: Sei han nei, vis han vei, du mi dotter Dalia. :|:

[Refreng]

4. :|: Fem hundre riksdalar, seier han at han har. :|:
  :|: Lat opp døra, slepp han inn, du mi dotter Dalia. :|:

REPETISJON: ORD OG UTTRYKK

24. Personlig økonomi | 24. Personal Finances

Er du fornøyd med økonomien din?
Ja, jeg har _____.
(bra lønn, en god jobb, ingen gjeld,
få utgifter, lave boutgifter,
lave matutgifter, lav skatt)

Nei, jeg har _____.
(dårlig lønn, en dårlig jobb,
ingen jobb, stort studielån,
mange utgifter, høye boutgifter,
høye bilutgifter, høy skatt)

Are you satisfied with your personal finance?
Yes, I have _____.
(a good salary, a good job, no debt,
few expenses, low housing expenses,
low food expenses, low taxes)

No, I have _____.
(a bad salary, a bad job,
no job, a large student loan,
many expenses, high housing expenses,
high car expenses, high taxes)

Hva bruker du mest penger på?
Jeg bruker mest penger på _____.
(utdanning, helseutgifter, boligen min, møbler,
husleie, bilen min, båten min, reiser, ferier, mat,
klær, sminke, elektronisk utstyr, sportsutstyr,
underholdning, strømmetjenester,
mobilen min, mobilabonnement)

What do you spend the most money on?
I spend the most money on _____.
(education, health care, my home, furniture,
rent, my car, my boat, trips, vacations, food, clothing,
make-up, electronic equipment, sports equipment,
entertainment, streaming services,
my cell phone, cell phone plan)

Hva bruker du minst penger på?
Jeg bruker minst penger på _____.

What do you spend the least money on?
I spend the least money on _____.

Hva ønsker du deg? | Hva har du lyst på?
Jeg ønsker meg | Jeg har lyst på _____.
(en bil, en elbil, en motorsykkel, en moped,
en sykkel, en båt, en snøscooter, et hus, ei hytte,
en sofa, ei seng, klær, sko, solbriller,
sminke, smykker, en smart-TV, en datamaskin,
et nettbrett, et lesebrett, et digitalkamera,
langrennsski, et snowboard, en tennisracket)

What do you wish for? | What do you want?
I wish for | I want _____.
(a car, an electric car, a motorcycle, a moped,
a bicycle, a boat, a snowmobile, a house, a cabin,
a sofa, a bed, clothing, shoes, sunglasses,
make-up, jewelry, a smart TV, a computer,
a tablet, a digital reader, a digital camera,
cross-country skis, a snowboard, a tennis racket)

Sparer du penger?
Ja, det gjør jeg.
Jeg setter penger i banken hver måned. |
Nei, det gjør jeg ikke.
Jeg bruker alle pengene mine hver måned.

Do you save money?
Yes, I do.
I put money in the bank every month. |
No, I don't.
I use all my money every month.

Sløser du med penger?
Ja, det gjør jeg. | Nei, det gjør jeg ikke.

Do you waste money?
Yes, I do. | No, I don't.

Hva har du ikke råd til å kjøpe?
Jeg har ikke råd til å kjøpe _____.
(et hus, en leilighet, en bil, en datamaskin)

What can't you afford to buy?
I can't afford to buy _____.
(a house, an apartment, a car, a computer)

helse

og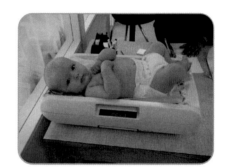

velferd

health & wellness

In this section, you will...

- learn about health in Norway including the body, body image, illness, injury, doctor visits, and health habits

- read short texts about body image in Norway and discuss body image in your country

- participate in short conversations about illness and injury

- read informative texts about health care in Norway

- listen to short descriptions of body image and health habits

- write descriptions of illnesses, injuries, and your health habits

- reflect on what role health plays in our lives and the relationship between health and lifestyle

	25. The Body	26. Illness and Injury	27. Health Habits
Topics	Head, face, parts of the body	Illnesses, injuries, symptoms, remedies, sympathy	Diet, exercise, stress, smoking, drinking, sleep
Grammar	Nouns: Irregular Forms, Verbs: Synes, tro, tenke; Sitte, sette: and Ligge, legge	Verbs: Overview of Tenses and Past Tense of Modals, Word Order: Direct and Indirect Speech	Word Order: Dependent Clauses and Placement of Sentence Adverbs, Adverbs: Manner, Time, Degree, and Comparison
Pronunciation	Song: "Hode, skulder, kne og tå"	Syllable reduction	50 most challenging words and sentences
Functions	Describing appearance	Describing symptoms, giving advice, complaining	Asking for information about health habits, discussing changes in health habits
Tasks	Discussing the focus on the body	Having conversations about illness and injury	Describing health habits
Culture	Norwegian fairy tales, Vigeland sculpture park, Gustav Vigeland	Typical illnesses and injury, expression of pain, welfare state, health care	Typical diet, types of exercise, smoking and drinking

Kap. 25: Kroppen

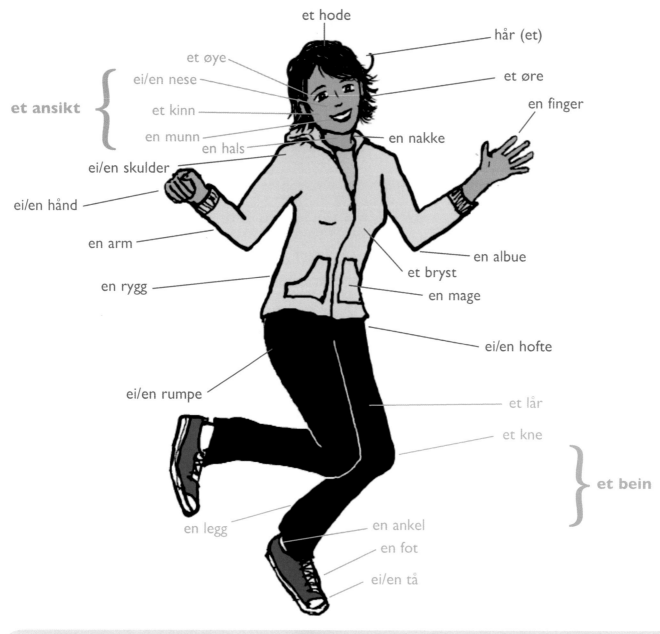

et hode

hår (et)

et øye

et øre

ei/en nese

en finger

et ansikt {

et kinn

en munn

en hals

en nakke

ei/en skulder

ei/en hånd

en arm

en albue

et bryst

en rygg

en mage

ei/en hofte

ei/en rumpe

et lår

et kne

} et bein

en legg

en ankel

en fot

ei/en tå

øving a.
HODE OG ANSIKT

Identify the parts of the head (**et hode**) and the face (**et ansikt**) in the photos below. If you can't remember a word, ask your partner (ex. Hvordan sier man "nose"?).

 **øving b.**
KROPPEN

Review the words for people (man, woman, boy, girl) and for the parts of the body by describing the photos below.

en mann *(a man)*   **ei/en kvinne** *(a woman)*   **en gutt** *(a boy)*   **ei/en jente** *(a girl)*

Yoga i Norge

Key words:

å øke *(to increase)* • **en kropp** *(a body)* • **et sinn** *(a mind)* • **en bevegelse** *(a movement)* • **å puste** *(to breathe)*
ei/en stilling *(a pose)* • **å være tilstede** *(to be present)* • **i øyeblikket** *(in the moment)* • **oppmerksom** *(attentive)*

De siste årene har interessen for yoga økt betydelig i Norge. Det arrangeres yogatimer på treningssentre, på arbeidsplasser, på skoler og på nett. Yoga er en eldgammel praksis som fokuserer på å skape balanse mellom kropp og sinn. Moderne yogapraksis kombinerer fysisk bevegelse, pusteteknikker og meditasjon, som alle kan forbedre livskvaliteten. Forskning har vist at yoga kan bidra til å øke hjerte- og lungehelsen og utvikle fleksibilitet, mobilitet, balanse og styrke. I tillegg kan yoga redusere stress, depresjon, angst og kronisk smerte.

 **øving c.**
YOGA

Read the descriptions of the poses, circle words related to the body, and draw a line from each description to the matching photo. Then listen to the recording as you do the sequence. The recording will include the text below and a description of additional movements for each pose.

En enkel yogasekvens

Denne enkle sekvensen inviterer deg til å være tilstede i øyeblikket mens du beveger deg. Fokuser på å gjøre det som er komfortabelt for kroppen din og bli oppmerksom på pusten. Gi slipp på negative tanker og følelser, og aksepter kroppen din som den er mens du praktiserer.

Fjellstilling. Stå med litt avstand mellom føttene og la armene henge helt avslappet langs siden. Press ned gjennom føttene, stram lårene og forleng ryggen. Senk deretter skuldrene og strekk hodet opp mot taket. Stå høyt og sterkt som et fjell mens du puster sakte og dypt.

Stående sidebøy. Stå i fjellstilling. Løft armene over hodet og press håndflatene sammen. Balanser vekten på begge føttene og len overkroppen til høyre. Hold stillingen mens du puster inn og ut fem ganger. Gjenta på venstre side.

Kriger 2. Stå i fjellstilling. Ta et skritt til siden og stå med føttene i litt mer enn hoftebreddes avstand. Roter høyre bein utover 90 grader og strekk armene til siden slik at de er parallelle med gulvet. Bøy høyre kne og se over de høyre fingertuppene. Pust inn og ut fem ganger og gjenta på venstre side.

Treet. Stå i fjellstilling. Skift vekten til høyre fot, bøy venstre kne og roter beinet ut mot siden. Løft venstre fot opp mot innsiden av høyre bein, enten mot leggen eller låret. Press hendene sammen foran brystet og finn et punkt foran deg å fokusere øynene på. Pust inn og ut fem ganger før du bytter side.

Sittende dødmannsstilling. Sett deg på en stol eller på matta slik at ryggen og beina er støttet. Lukk øynene, la kroppen bli tung og stille, og pust inn og ut på en avslappet måte. Konsentrer deg om å lytte til pusten din. Dersom tankene begynner å vandre, fokuser igjen på pusten din.

øving d.
FASTE UTTRYKK

Below is a list of 22 metaphorical expressions that contain the words for various parts of the body, which are written in bold. Match as many of the expressions with their translations as you can. Listen to the audio clip to check your answers.

Kroppsdeler
i faste uttrykk

j) holde **hodet** kaldt

k) miste **hodet**

l) gjøre store **øyne**

m) ha **nese** for

a) gi noen en kald **skulder**

b) sy puter under **armene** på noen

c) ha spisse **albuer**

d) ha **hendene** fulle

e) krysse **fingrene** for noe

f) gå bak **ryggen** på noen

g) sitte på **rumpa**

h) tvinge noen i **kne**

i) stå på egne **bein**

o) ikke se lenger enn **nesa** rekker

p) ha bein i **nesa**

q) snakke i **munnen** på hverandre

r) holde **munn**

s) ha noe på **hjertet**

t) ikke ha **hjerte** til

u) ha is i **magen**

v) ha **beina** på jorda

n) tråkke noen på **tærne**

1. _____ be tough and determined
2. _____ be realistic
3. _____ have a lot to do
4. _____ lose the ability to think clearly
5. _____ be independent
6. _____ think clearly
7. _____ force someone to give up
8. _____ offend or hurt someone
9. _____ do something without telling another person
10. _____ talk at once or interrupt one another often
11. _____ be unable to think ahead

12. _____ be shocked or surprised
13. _____ do nothing
14. _____ be quiet
15. _____ be calm and cool
16. _____ ignore or reject someone
17. _____ hope that something will go well
18. _____ have something on one's mind
19. _____ be aggressive
20. _____ spoil someone by being too helpful
21. _____ not have the heart to do something
22. _____ have good instincts for something

Substantiv: *Uregelmessige former*

In Chapter 16, you learned about the irregular plural forms of the nouns for family members. In this section, you will be learning the irregular plural forms for the parts of the body. The irregular plural forms are highlighted in the chart below.

Indefinite singular	Definite singular	Indefinite plural	Definite plural
en arm	armen	armer	armene
ei/en nese	nesa / nesen	neser	nesene
et hode	hodet	hoder	hodene
et øre	øret	ører	ørene
et lår	låret	**lår**	lårene
et hår	håret	**hår**	hårene
ei/en skulder	skuldra / skulderen	**skuldrer**	**skuldrene**
en finger	fingeren	**fingrer**	**fingrene**
en ankel	ankelen	**ankler**	**anklene**
en fot	foten	**føtter**	**føttene**
ei/en hånd	hånda / hånden	**hender**	**hendene**
ei/en tå	tåa / tåen	**tær**	**tærne**
et kne	kneet	**knær**	**knærne**
ei/en tann	tanna / tannen	**tenner**	**tennene**
et øye	øyet	**øyne**	**øynene**
et bein	beinet	**bein**	**beina**

 **øving e.**
SINNATAGGEN

Below is a picture of **Sinnataggen**, a well-known statue from the Vigeland Sculpture Park. Describe the photo using the indefinite form of the noun in singular and plural.

ex.) Gutten har et hode, to øyne, ei nese…

_____

_____

_____

_____

_____

øving f.
KROPPEN

Fill in the **indefinite** or **definite** singular and plural forms of the noun. Note that many of the plural forms are irregular.

1. Søstera mi er middels høy og slank med blå _____ *(eyes)* og lyst _____ *(hair)*. I det siste har hun ofte fått vondt i _____ *(the head)* når hun leser. Derfor skal hun til øyelegen for å få sjekket _____ *(the eyes)*.

2. Broren min er 15 år gammel. Han er høy og tynn med lange _____ *(legs)* og store _____ *(feet)*. For noen uker siden brakk han den ene _____ *(the foot)* da han spilte fotball.

3. Kjæresten min driver med styrketrening, og derfor har han brede _____ *(shoulders)* og sterke _____ *(arms)*. Når han trener for mye, får han vondt i _____ *(the shoulders)*.

4. Mora mi har influensa. Hun har hatt vondt i _____ *(the head)* og i _____ *(the throat)*, og nå begynner hun å få vondt i _____ også *(the ears)*.

5. Kusina mi er veldig flink til å spille piano. Hun har store _____ *(hands)* og lange _____ *(fingers)*. For ei uke siden forstuet hun peke_____ *(the finger)* da hun spilte volleyball. Det gjør det vanskelig for henne å spille piano nå.

6. Marius er glad i å spille basketball. Dessverre får han ofte vondt i _____ *(the knees)*. Han skadet det venstre _____ *(the knee)* i 2020, og det andre i 2023.

7. Espen mistet taket i ei stor eske, og den falt på _____ *(the foot)*. Han brakk store_____ *(the toe)*, men han har veldig vondt i alle _____ *(the toes)*.

8. Anne skadet _____ *(the back)* og _____ *(the neck)* i ei bilulykke for tre uker siden. Derfor må hun få behandling hos fysioterapeuten hver uke.

🔑 Språktips possessives and parts of the body

When a person is talking about the body in English, it is common to use a possessive with the specific part of the body.

ex.) *My head hurts.*   *I have to brush my teeth.*

In Norwegian, however, it is most common to omit the possessive and just use the noun in the definite form.

ex.) Jeg har vondt i hodet.   **Jeg må pusse tennene.** ■

Synes, tro eller tenke [VERBS: TO THINK]

In Norwegian, there are three different verbs that can be translated as *to think*. While it can be difficult to understand the smaller nuances related to using these verbs, they usually have quite clear differences in meaning. See the chart and the examples below.

Verb	Definition	Example
å tenke (tenker, tenkte, har tenkt)	*to think* (to think about someone or something)	Hva **tenker** du på? *(What are you thinking about?)* Jeg **tenker** på familien min. *(I am thinking about my family.)*
å synes (synes/syns, syntes, har syntes)	*to think* (to have an opinion about something that one has experienced)	Hva **synes** du om filmen? *(What do you think about the film?)* Jeg **synes** den er veldig god. Jeg har sett den tre ganger. *(I think it is very good. I have seen it three times.)*
å tro (tror, trodde, har trodd)	*to think* (to believe something but without having personal experience or prior knowledge of it) (to believe in a higher power)	Hvor **tror** du han jobber? *(Where do you think he works?)* Jeg vet ikke, men jeg **tror** han jobber i en bank. *(I don't know, but I think he works in a bank.)* **Tror** du på Gud? Ja, det gjør jeg. *(Do you believe in God? Yes, I do.)*

øving g.
SYNES, TRO, TENKE

Fill in **synes, tro, tenke** in the sentences below.

1. Hva _____ du om norsk mat? Jeg har aldri spist norsk mat, men jeg _____ den er god.

2. Jeg sitter og _____ på hva jeg skal gjøre i helgen. Har du lyst til å gå på Herbern restaurant? Ja, gjerne. Jeg har vært der mange ganger, og jeg _____ maten er god.

3. Hva _____ du om den nye gutten i klassen vår? Jeg _____ han er kjekk! Jeg falt for de store blå øynene hans.

4. Jeg går ikke i kirken så ofte, men jeg _____ på Gud og prøver å leve et godt liv.

5. Er du lei deg? Ja, jeg går og _____ på kjæresten min. Han er i Norge og skal være der hele året. Det er lenge, _____ jeg.

6. Skal du til Norge i juli? Ja, jeg _____ det, men jeg må se om jeg har nok penger.

Placement of synes and tror

Both **synes** and **tror** can be placed at the beginning of the sentence or at the end as a tag.

ex.) Jeg synes det er dumt.
Det er dumt, synes jeg.

Jeg tror jeg blir ferdig i dag.
Jeg blir ferdig i dag, tror jeg. ∎

Transitive og utransitive [TRANSITIVE AND INTRANSITIVE]

In both English and Norwegian, there are pairs of verbs that are similar, except that one is transitive and the other is intransitive. The meanings are often similar, but transitive verbs are usually followed by an object while intransitive verbs are followed by an adverbial or a prepositional phrase.

In the chart below, the first verb is intransitive (followed by adverbial or prepositional phrase) and the second verb is transitive (usually followed by an object). Note that in some idioms the transitive verbs don't have an

Sitte / sette	Definition	Example	
å sitte (sitter, satt, har sittet)	*to sit*	Jeg sitter på en stol. Jeg sitter i en bil.	*I am sitting on a chair.* *I am sitting in a car.*
å sette (setter, satte, har satt)	*to set / put*	Jeg setter koppen her. Jeg setter meg. Jeg setter over kaffen. Jeg setter over potetene.	*I put the cup here.* *I sit down.* *I put on the coffee.* *I start to boil the potatoes.*

øving h.
SETTE, SITTE

Fill in the correct form of **sitte** or **sette** in the sentences below.

1. Hvor vil du _____ deg? Jeg vil _____ meg ved siden av kjæresten min.
2. Jeg _____ ofte i lenestolen min og leser ei god bok.
3. Tom, kan du _____ over potetene?
4. Sola skinte i går, så jeg _____ på en benk i parken og spiste lunsj.
5. Pappa, har du _____ over kaffen?

Ligge / legge	Definition	Example	
å ligge (ligger, lå, har ligget)	*to lie / be located*	Jeg ligger på sofaen. Oslo ligger i Norge.	*I am lying on the couch.* *Oslo is located in Norway.*
å legge (legger, la, har lagt)	*to lay / place*	Jeg legger boka på bordet. Jeg legger meg klokka ti. Jeg vil legge igjen beskjed. Jeg legger merke til alt.	*I put the book on the table.* *I go to bed at ten o'clock.* *I want to leave a message.* *I notice everything.*

øving i.
LIGGE, LEGGE

Fill in the correct form of **ligge** or **legge** in the sentences below.

1. Tromsø _____ i Nord-Norge.
2. Når pleier du å _____ deg? Ved 12-tida.
3. Har du _____ igjen beskjed? Ja, det har jeg.
4. _____ du merke til de forskjellige dialektene i Norge? Ja, det gjorde jeg.
5. Jeg _____ meg klokka elleve i går.
6. I går kveld _____ jeg på sofaen og slappet av.

Norske eventyr

Fairy tales are part of the rich, international oral tradition that includes stories and tales, poetry and songs. In Norway, fairy tales were passed on from generation to generation until they were collected and written down by Peter Christen Asbjørnsen and Jørgen Moe in the 1800s. Their book, *Norske folkeeventyr*, came out in 1841-44.

These fairy tales are set in Norwegian forests, mountains, or sea coasts and peopled by Norwegian characters such as **Askeladden** *(the ash lad)* and his brothers Per and Pål, kings and princesses, bears and billy goats, and **troll** *(trolls)* and **huldre** *(beautiful women with cow tails)*. As part of the oral tradition, fairy tales needed to be both entertaining and easy to remember, so they include much repetition with magic numbers of 3, 7, 9, and 12, dramatic dialog, and a flair of spoken language with set expressions and alliteration. They often begin with **Det var en gang…** *(Once upon a time…)* and end with **Snipp, snapp, snute, her er eventyret ute** (Snip, snap, snout, now the fairy tale is out) or **De levde lykkelige i alle sine dager** *(They lived happily ever after)*. Most fairy tales have a hero who has to overcome some type of conflict or struggle with the aid of good helpers, often leaving the reader with a moral about what is good and what is evil.

 **øving j.**
BUKKENE BRUSE
Read this well-known example of a Norwegian animal fairy tale titled "De tre bukkene Bruse" and do the exercises below.

Pre-reading: Study the key words about the characters, the setting, and the action before reading the story.

Personene (Dyrene):

- den minste bukken Bruse
- den mellomste bukken Bruse
- den store bukken Bruse
- et troll med øyne som tinntallerkener og nese så lang som et riveskaft

Settingen

- ei bru / en bro *(a bridge)*
- over en foss *(over a waterfall)*
- ei seter *(a mountain pasture)*

Handlingen:

- Bukkene skal til seters for å gjøre seg fete.
  (The billy goats are going to the mountain pasture to get fat.)
- Trollet prøver å stoppe dem. *(The troll tries to stop them.)*

Reading: Read the text on the next page and mark the statements below as **riktig** or **galt**.

1. ___ De tre bukkene Bruse er sultne.
2. ___ Trollet har små øyne og ei lita nese.
3. ___ Trollet bor under broen.
4. ___ Den store bukken Bruse går over broen først.
5. ___ Trollet spiser opp den minste bukken Bruse.
6. ___ Trollet venter på den store bukken fordi han er mye, mye større.
7. ___ Trollet stakk ut øynene på den store bukken Bruse.
8. ___ Bukkene ble fete da de kom til seters.

Post-reading: Listen to the story again and read along with the recording. Work with a small group of students to create a skit based on this fairy tale.

De tre bukkene Bruse

Forteller. Det var en gang tre bukker som skulle gå til seters og gjøre seg fete, og alle tre så hette de Bukken Bruse. På veien var det en bro over en foss, som de skulle over, og under den broen bodde et stort, fælt troll, med øyne som tinntallerkener, og nese så lang som et riveskaft.

Den minste bukken Bruse

Forteller. Først så kom den yngste Bukken Bruse og skulle over broen.
Tripp trapp, tripp trapp, sa det i broen.

Trollet. «Hvem er det som tripper på mi bru?»
Bukken. «Å, det er den minste Bukken Bruse. Jeg skal til seters og gjøre meg fet.»
Trollet. «Nå kommer jeg og tar deg.»
Bukken. «Å nei, ta ikke meg, for jeg er så liten, jeg. Bare vent litt, så kommer den mellomste Bukken Bruse, han er mye større.»
Trollet. «Ja nok.»

Den mellomste bukken Bruse

Forteller. Om en liten stund så kom den mellomste Bukken Bruse og skulle over broen.
Tripp trapp, tripp trapp, tripp trapp, sa det i broen.

Trollet. «Hvem er det som tripper på mi bru?»
Bukken. «Å, det er den mellomste Bukken Bruse, som skal til seters og gjøre seg fet.»
Trollet. «Nå kommer jeg og tar deg!»
Bukken. «Å nei, ta ikke meg. Bare vent litt, så kommer den store Bukken Bruse, han er mye, mye større.»
Trollet. «Ja nok da.»

Den store bukken Bruse

Forteller. Rett som det var, så kom den store Bukken Bruse. Tripp trapp, tripp trapp, tripp trapp, sa det i broen; den var så tung at broen både knaket og braket under den!

Trollet. «Hvem er det som tramper på mi bru?»
Bukken. «Det er den store Bukken Bruse.»
Trollet. «Nå kommer jeg og tar deg!»
Bukken. «Ja, kom du! Jeg har to spjut, med dem skal jeg stinge dine øyne ut! Jeg har to store kampestene, med dem skal jeg knuse både marg og bene!»

Forteller. Og så røk den på trollet og stakk ut øynene på ham, slo sund både marg og ben, og stanget ham utfor fossen; og så gikk den til seters. Der ble bukkene så fete, så fete at de nesten ikke orket å gå hjem igjen, og er ikke fettet gått av dem, så er de det ennå.

Og snipp snapp snute, her er det eventyret ute.

🔍 i fokus: Gustav Vigeland og Viglandsparken

Gustav Vigeland (1869-1943) er Norges mest kjente billedhugger. Han ble født i Mandal på Sørlandet i 1869. Allerede som gutt var han interessert i treskjæring og tegning, men det var billedhugger han ville bli. I 1889 ble han elev hos to billedhuggere i Kristiania (Oslo), og i 1890 debuterte han med gruppen «Hagar og Ismael». I løpet av 1890-tallet fikk han flere stipender og dro på studiereiser til København, Paris og seinere til Firenze. På den tida var det vanskelig å leve av å være kunstner, så Vigeland jobbet også som billedhugger ved restaureringsarbeidene i Nidarosdomen i Trondheim. Dessuten laget han byster av flere kjente menn og kvinner.

VIGELANDSPARKEN

Vigeland er best kjent for Vigelandsparken, en skulpturpark som han arbeidet med i over 40 år, fra begynnelsen av 1900-tallet til sin død i 1943. Parken strekker seg over 320 mål og har en samling av over 200 skulpturer i bronse, granitt og smijern. Skulpturene i parken skildrer mennesker i alle livets stadier og viser forholdet menneskene har til hverandre. Vigeland laget planen for hele parken og modellerte alle skulpturene selv, men det var andre håndverkere som stod for støping og hugging i granitt. Vigelandsparken ble ferdig i 1950, sju år etter Vigelands død.

SKULPTURENE I PARKEN

Vigelandsparken består av smijernsportene, broen med skulpturer i bronse, fontenen, monolitten omringet av 36 figurer i granitt og livshjulet.

Smijernsportene finner man rundt monolittplatået og ved hovedinngangen, og de har flotte figurer av mennesker, dyr og drager.

Broen over Frognerdammen er 100 meter lang og har 58 skulpturer i bronse. Skulpturene viser mennesker i forskjellige aldre, noen alene og andre i grupper. Den mest populære av disse skulpturene er nok **Sinnataggen**, en liten gutt som tramper med foten i raseri.

Fontenen består av et stort kar i bronse som blir båret av seks menneskefigurer. Fontenen ble montert i parken i 1947, men den var egentlig den første skulpturen som Vigeland hadde laget til parken.

Livshjulet står lengst vest i parken og er en skulptur i bronse utformet som en krans av menn, kvinner og barn som holder hverandre fast.

Monolitten er den største skulpturen i parken og består av en 17 meter høy granittblokk med 121 figurer. Det tok tre steinhuggere 14 år (1929-1943) å hugge ut alle figurene i monolitten. Rundt Monolitten står det 36 figurgrupper i granitt, som igjen viser mennesker i forskjellige aldre. Her har alle sine favoritter, og nesten alle turister har bilder av seg selv ved siden av sin favorittskulptur.

EN PARK FOR BÅDE TURISTER OG OSLO-INNBYGGERE

Vigelandsparken er en av Norges største turistattraksjoner med over en million besøkende hvert år. Om sommeren kommer det ofte store grupper med turister som får omvisning i parken, men man ser også vanlige Oslo-innbyggere som har piknik, spiller frisbee, soler seg, eller går tur med barna eller hunden i parken.

øving j.
VIGELANDSPARKEN

Listen to the Norwegian students describe their views of Vigeland Park. Do they have favorite statues and activities in the park? Write their names near the relevant sections in the above article.

uttale: "Hode, skulder, kne og tå"

Hode,   skulder,   kne   og tå,   kne   og tå

Hode,   skulder,   kne   og tå,   kne   og tå

Øyne,   ører,   kinn å klappe på

 While most Norwegians sing this version, some sing **øyne, ører, munn og nese, hår,** which is more like the English version. Or you can jokingly sing **øyne, ører, munn og nesehår.** Do you understand the difference? ■

Hode,   skulder,   kne   og tå,   kne   og tå!

 ### øving k.
HODE, SKULDER, KNE OG TÅ

This song is short, but it contains many of the Norwegian vowels and diphthongs. Circle the sounds that occur in the song.

a   e   i   o   u   y   æ   ø   å   ei   au   øy   ai

Read the song aloud slowly and pay special attention to the pronunciation of the vowels and diphthongs. Sing the song with your class, slowly at first and then more quickly.

REPETISJON: ORD OG UTTRYKK

25. Kroppen	25. The Body
Kroppsdeler: et hode, (et) hår, et øre, et ansikt, et øye, ei/en nese, et kinn, en munn, en nakke, en hals, ei/en skulder, en arm, en albue, ei/en hånd, en finger, et bryst, en mage, en rygg, ei/en hofte, ei/en rumpe, et bein, et lår, et kne, en legg, en ankel, en fot, ei/en tå	*Parts of the body:* *a head, (a) hair, an ear, a face, an eye, a nose, a cheek, a mouth, a neck, a throat, a shoulder, an arm, an elbow, a hand, a finger, a chest, a stomach, a back, a hip, a rear, a leg, a thigh, a knee, a calf, an ankle, a foot, a toe*
Organer: en hjerne, et hjerte, ei/en lunge, en blindtarm	*Organs:* *a brain, a heart, a lung, an appendix*
Hvor har du vondt? Jeg har vondt i _____. (hodet, øret, øyet, nesa, munnen, nakken, halsen, skuldra, armen, albuen, hånda, fingeren, brystet, magen, ryggen, hofta, beinet, låret, kneet, leggen, ankelen, foten, tåa)	*Where does it hurt?* *I have pain in _____.* *(the head, the ear, the eye, the nose, the mouth, the neck, the throat, the shoulder, the arm, the elbow, the hand, the finger, the chest, the stomach, the back, the hip, the leg, the thigh, the knee, the calf, the ankle, the foot, the toe)*
Hva tenker du på? Jeg tenker på _____. (kjæresten min, familien min, livet mitt, hva jeg skal gjøre i morgen)	*What are you thinking about?* *I am thinking about _____.* *(my girlfriend / boyfriend, my family, my life, what I am going to do tomorrow)*
Hva synes du om Vigelandsparken? Jeg synes den er fantastisk! Jeg tok mange bilder av parken da jeg var i Norge.	*What do you think about Vigelandsparken?* *I think it is fantastic! I took many pictures of the park when I was in Norway.*
Hvordan tror du været blir i morgen? Jeg tror det kommer til å regne.	*How do you think the weather will be tomorrow?* *I think it is going to rain.*
Er det mye fokus på kroppen og utseendet på skolen din? Ja, det er det. | Nei, det er det ikke.	*Is there a lot of focus on the body and appearance at your school?* *Yes, there is. | No, there isn't.*
Hvem er Gustav Vigeland? Gustav Vigeland er Norges best kjente billedhugger (1869-1943). Han laget planen for Vigelandsparken og modellerte alle skulpturene i parken	*Who is Gustav Vigeland?* *Gustav Vigeland is Norway's best known sculptor (1869-1943). He made the plan for Vigeland Park and made models for all the sculptures in the park.*
Hvor ligger Vigelandsparken? Vigelandsparken ligger 10 minutter vest for Oslo sentrum.	*Where is Vigeland Park located?* *Vigeland Park is located 10 minutes west of downtown Oslo.*
Er Vigelandsparken en av Norges største turistattraksjoner? Ja, det kommer over en million besøkende til Vigelandsparken hvert år.	*Is Vigeland Park one of Norway's biggest tourist attractions?* *Yes, there are over a million visitors to Vigeland Park each year.*

Kap. 26: Sykdommer og skader

 øving a.
SYKDOMMER

Match the illnesses with the correct English translations.

Sykdommer	Illness
1. _____ en forkjølelse	a. diabetes
2. _____ influensa	b. anxiety
3. _____ omgangssyke	c. migraine / headache
4. _____ ørebetennelse	d. eating disorders
5. _____ bihulebetennelse	e. allergies
6. _____ migrene / hodepine	f. depression
7. _____ vannkopper	g. influenza
8. _____ meslinger	h. Alzheimer's disease
9. _____ spiseforstyrrelser (anoreksi / bulimia)	i. heart disease
	j. measles
10. _____ angst	k. sinus infection
11. _____ depresjon	l. stomach flu
12. _____ sukkersyke	m. chicken pox
13. _____ hjertesykdom	n. Covid-19
14. _____ allergier	o. a cold
15. _____ korona	p. cancer
16. _____ kreft	q. earache
17. _____ Alzheimers sykdom	

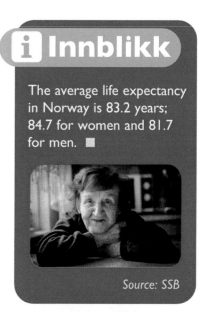

i Innblikk

The average life expectancy in Norway is 83.2 years; 84.7 for women and 81.7 for men. ■

Source: SSB

 øving b.
SYKDOMMER

Discuss the illnesses you have had with another student in the class.

1. Hvilke sykdommer har du hatt? Jeg har hatt _____.

2. Hvilke sykdommer har du ikke hatt? Jeg har ikke hatt _____.

3. Har du allergier? Ja, jeg er allergisk mot _____ (støv, hunder, katter, peanøtter, sopp, pollen).

Nei, det har jeg ikke.

øving c.
SYKDOMMER

Practice describing how you would feel if you had different illnesses and have your partner give you appropriate advice about how to take care of yourself.

Er du syk?

Ja, jeg har _____.
(korona, influensa, omgangssyke, ørebetennelse, bihuletennelse, migrene)

Hvordan føler du deg?   Ikke så bra….

Jeg har feber.

Jeg er tett i nesa.

Jeg har vondt i magen.
Jeg er kvalm.

Jeg har fått utslett.

Nesa renner.

Jeg har diaré.

Jeg har vondt i hele kroppen.

Jeg hoster.

Jeg har kastet opp.

Jeg har vondt i hodet.
Jeg har hodepine.

Jeg har vondt i halsen.

Stakkars deg! | Det var synd. Du burde…..

gå til sengs / holde senga

drikke mye vann og juice

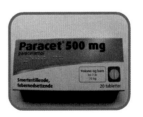

ta paracet

gå på legevakta

ta det med ro

ta hostesaft

spise suppe

gå til apoteket

øving d.
JON ER SYK

Read the dialog. Underline Jon's symptoms and circle Anne's advice.

Jon er syk

Anne. Hei, Jon! Hvordan går det?

Jon. Å, ikke så bra.

Anne. Jon, du ser syk ut. Hva er det som feiler deg?

Jon. Jeg tror jeg har influensa. Jeg føler meg elendig.

Anne. Har du feber?

Jon. Jeg tror det. Jeg er varm og kald om hverandre.

Anne. Har du spist noe i dag?

Jon. Nei, jeg orker ikke tanken på mat. Jeg er kvalm. Det gjør vondt alle steder—i hodet, i ryggen. Jeg hoster og nyser.

Anne. Stakkars deg, Jon. Du må gå til sengs med en gang. Og så må du drikke en masse. Har du hostesaft og paracet?

Jon. Jeg tror jeg har alt jeg trenger.

Anne. Ta det med ro nå, Jon, til du føler deg bedre.

Jon. Ja, det skal jeg gjøre.

Anne. God bedring!

Jon. Takk, Anne.

 øving e.
SYKDOMMER

Take turns describing symptoms and illnesses in the illustrations below and giving advice about how to get better.

i Innblikk prosit!

When someone sneezes in Norway, it is most common to ignore it. Sometimes you will hear Norwegians acknowledge a sneeze by saying **prosit**, which is also what you would say in German when you are having a toast and want to say cheers. **Prosit** comes from Latin and roughly translates to *may that be to your benefit*, which makes sense when responding to a sneeze or a toast. ■

Skader
Hva er det som feiler deg?

Jeg skadet meg.

Jeg skadet nakken.

Jeg forstuet ankelen.

Jeg fikk strekk i låret.

Jeg brakk armen.

Jeg har vondt i …

øving f.
ALVORLIG SYK

Below are four responses to the question: "Have you ever been seriously ill?" Circle the illness or injury and underline symptoms or causes.

FIRE PÅ GATA: «Har du noen gang vært alvorlig syk?»

Elin Lie: 38 år
Egentlig ikke – men jeg var innom sykehuset i fjor da jeg brakk skulderen. Jeg falt på isen utenfor huset og klarte så vidt å komme meg inn. Så besvimte jeg. Mannen min ringte etter sykebil. Jeg ble kjørt rett på legevakten.

Ole Grønvold: 23 år
Jeg har vært på sykehus én gang. Jeg hadde akutt blindtarmbetennelse. Jeg ble lagt inn på sykehuset og operert med en gang. Jeg fikk narkose og husker ingenting. Men jeg har arr etter åtte sting.

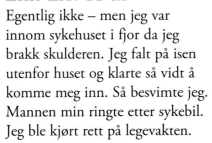

Gunnar Berg: 29 år
Nei, det har jeg ikke. En vrikket ankel teller vel ikke? Jeg forstuet den mens jeg spilte fotball med dattera mi. Jentene er tøffe nå til dags!

Grete Hansen: 15 år
Ja, jeg har hatt vannkopper. Jeg hadde feber i nesten en hel uke, og det klødde fælt. Men alle var veldig snille. Jeg fikk godteri og ukeblader – og iskrem hver dag.

øving g.
ALVORLIG SYK

Ask the people in your class the same question from the text "Fire på gata." Record their answers.

Verb: Verbtider [VERBS: TENSES]

In previous chapters, you have learned to use the main tenses in Norwegian. Here, you will review future time, present tense, past tense, and present perfect tense.

Verb	Infinitive	Present tense	Past tense	Present perfect
Strong verbs	brekke	brekker	brakk	har brukket
	falle	faller	falt	har falt
	gå	går	gikk	har gått
	få	får	fikk	har fått
	ta	tar	tok	har tatt
	komme	kommer	kom	har kommet
	drikke	drikker	drakk	har drukket
	være	er*	var	har vært
	se	ser	så	har sett
Weak, Class 1 (-et, -et)	forstue	forstuer	forstuet	har forstuet
	jogge	jogger	jogget	har jogget
	*skade	skader	skadet	har skadet
	vrikke	vrikker	vrikket	har vrikket
Weak, Class 2 (-te, -t)	kjøre	kjører	kjørte	har kjørt
	spille	spiller	spilte	har spilt
Weak, Class 3 (-de, -d)	prøve	prøver	prøvde	har prøvd
	pleie	pleier	pleide	har pleid
Weak, Class 4 (-dde, -dd)	klø	klør	klødde	har klødd
	ha	har	hadde	har hatt*

øving h.
FRAMTID
Future time is expressed with **skal** + infinitive, especially for planned events.

1. Skal du _____ til legen (gå)?   Nei, jeg skal _____ (arbeide).

2. Skal du _____ fotball (spille)?   Nei, jeg skal _____ til byen (dra).

øving i.
FRAMTID
Future time can also be expressed with present tense, especially when there is a time expression in the sentence.

1. _____ du til Oslo i morgen (reise)?   Nei, jeg _____ hjemme (bli).

2. _____ du til kampen i kveld (komme)?   Ja, det _____ jeg (gjøre).

øving j.
PRESENS

Present tense is usually used to describe events in the present or to express repeated events or general statements. Add **-r** to the infinitive except for the irregular verbs: **vite, gjøre, være, spørre, si.**

1. Jeg _____ feber, og jeg _____ ofte opp *(ha / kaste)*.
2. Søstera mi _____ at hun _____ syk *(si / være)*.
3. Hva _____ du når du _____ syk *(gjøre / være)?* Jeg _____ senga *(holde)*.
4. Jeg _____ meg ikke så bra *(føle)*.

øving k.
PRETERITUM

Past tense is usually used to describe events that took place at specific times in the past. Regular endings are added to the four classes of weak verbs, but the strong verb forms must be memorized.

1. Jeg _____ og _____ ankelen *(falle* / brekke*)*. Det _____ veldig vondt *(gjøre*)*.
2. Jeg _____ fotball i går, og da _____ jeg ankelen *(spille / vrikke)*.
3. Jeg _____ feber, og jeg _____ hele tida *(ha / hoste)*.
4. Jeg _____ utslett, og jeg _____ kvalm *(få* / være*)*.

øving l.
PERFEKTUM

Present perfect tense is used to describe events that took place at an unspecified time in the past, events that started in the past and are still continuing, and actions that have just been completed.

1. _____ du _____ armen eller beinet *(brekke*)?* 3. _____ du _____ å spise kyllingsuppe *(prøve)?*
2. _____ du _____ deg *(skade)?* 4. _____ du _____ vannkopper *(ha)?*

Modalverb [MODAL VERBS]

As you learned in Ch. 4 of *Sett i gang I*, modal verbs are used to express emotional nuances such as intention, desire, ability, knowledge, demands, advice, and more. Until now, we have mostly used the present tense form of the modal verbs. However, the past tense form of the modals is commonly used when narrating in past tense. In addition, the past tense form can be used to make a request more polite and formal, f. ex. "Kunne du si det en gang til?" Remember that the verb accompanying the modal verb must always be in the infinitive form.

Infinitive	Present tense	Past tense	Present perfect
å skulle	skal (will, shall, is going to)	skulle (would, should, was going to)	har skullet
å måtte	må (must, has to)	måtte (must, had to)	har måttet
å kunne	kan (can, is able to)	kunne (could, wasn't able to)	har kunnet
å ville	vil (want to, will)	ville (wanted to, would)	har villet
å burde	bør (ought to)	burde (ought to)	har burdet

øving m.
MODALVERB

Fill in an appropriate modal verb in past tense.

1. Kona mi sier at hun føler seg dårlig. Hun _____ gå til legen.
2. Da jeg var student, _____ jeg jobbe 50-60 timer i uka om sommeren.
3. Alle vennene mine hadde lyst til å reise til Europa, men jeg var ikke interessert. Jeg _____ ikke.
4. Jeg har en brukket fot. _____ du kjøre meg til språkbygningen i dag?
5. Jeg _____ spille fotball i går ettermiddag, men jeg vrikket ankelen om formiddagen.

Direkte og indirekte tale: *Presens*

[DIRECT AND INDIRECT SPEECH: PRESENT TENSE]

Direct speech is used when we want to present the exact words a person has said. However, often we will paraphrase what the person has said, using indirect speech. Study the examples below of how to create indirect speech from statements, yes/no questions, and questions with interrogatives. Note the conjunctions that are used (**at, om, hvordan, hva, hvem**), the changes in the pronouns, and the changes in word order that occur when questions are changed to indirect speech.

Statements 1. Use **at** *(that)* 2. Change pronouns	**Direct speech**	Pål sier: «Jeg er syk.» *Paul says, "I am sick."*
	Indirect speech	Pål sier **at** han er syk. *Paul says that he is sick.*
Yes/no questions 1. Use **om** *(whether)* 2. Change pronouns 3. Change word order	**Direct speech**	Pål spør: «Skal jeg gå til legen?» *Paul asks, "Should I go to the doctor?"*
	Indirect speech	Pål spør **om** han skal gå til legen. *Paul asks whether he should go to the doctor.*
Questions with interrogatives 1. Use question word given in the sentence 2. Change pronouns 3. Change word order	**Direct speech**	Bente spør: «Hvordan føler du deg?» *Bente asks, "How do you feel?"*
	Indirect speech	Bente spør **hvordan** jeg føler meg. *Bente asks how I feel.*
	Direct speech	Bente spør: «Hvem er legen din?» *Bente asks, "Who is your doctor?"*
	Indirect speech	Bente spør **hvem** legen min er. *Bente asks who my doctor is.*

☞ **øving n.**
INDIREKTE TALE   Do the exercises below.

Statements: Change these statements to indirect speech.

1. Erik sier: «Jeg har influensa.» _____

2. Kristin sier: «Søstera mi er sykepleier.» _____

Yes / No Questions: Change the yes/no questions to indirect speech.

1. Marie spør: «Skal du holde senga i dag?» _____

2. Martin spør: «Har du skadet deg?» _____

Questions with interrogatives: Change these questions to indirect speech.

1. Thomas spør: «Hvordan har du det?» _____

2. Linda spør: «Hvor høy er feberen din?"» _____

Direkte og indirekte tale: *Preteritum*

[DIRECT AND INDIRECT SPEECH: PAST TENSE]

When the sentence with a direct quote is in past tense (**sa, spurte**), then the indirect speech also has to be in past tense. Study the chart below. It is the same as the chart on the previous page, except the verbs are in past tense.

Statements 1. Use **at** *(that)* 2. Change pronouns 3. Change tense	**Direct speech**	Pål sa: «Jeg er syk.» *Paul said, "I am sick."*
	Indirect speech	Pål sa **at** han var syk. *Paul said that he was sick.*
Yes/no questions 1. Use **om** *(whether)* 2. Change pronouns 3. Change word order 4. Change tense	**Direct speech**	Pål spurte: «Skal jeg gå til legen?» *Paul asked, "Should I go to the doctor?"*
	Indirect speech	Pål spurte **om** han skulle gå til legen. *Paul asked whether he should go to the doctor.*
Questions w/ interrogatives 1. Use question word given in the sentence 2. Change pronouns 3. Change word order 4. Change tense	**Direct speech**	Bente spurte: «Hvordan føler du deg?» *Bente asked, "How do you feel?"*
	Indirect speech	Bente spurte **hvordan** jeg følte meg. *Bente asked how I felt.*
	Direct speech	Bente spurte: «Hvem er legen din?» *Bente asked, "Who is your doctor?"*
	Indirect speech	Bente spurte **hvem** legen min var. *Bente asked who my doctor was.*

 **øving o.** Do the exercises below.
INDIREKTE TALE

Statements: Change these statements to indirect speech.

1. Bjørn sa: «Jeg føler meg dårlig.» _____

2. Cecilia sa: «Legen min er ung.» _____

Yes/No Questions: Change the yes/no questions to indirect speech.

1. Hanne spurte: «Har du vondt i magen?» _____

2. Henrik spurte: «Tar du paracet?» _____

Questions with interrogatives: Change these questions to indirect speech.

1. Anders spurte: «Når går du til legen?» _____

2. Bjørg spurte: «Hvorfor er faren din på sykehus?» _____

3. Linn spurte: «Hvilken sykdom har du?» _____

øving p.
SYKDOMMER Listen to the dialogs about the three people and fill in the missing words.

PERNILLE HAR ALLERGIER

Lise. Hei, Pernille! _____ går det med deg? Jeg _____ du er _____ plaget av

_____. _____ dine ser røde ut.

Pernille. Huff, ja, jeg får alltid _____ øyne om våren når det er masse _____ i

lufta. Tårene bare _____!

Lise. Det finnes ikke _____ som kan _____, da? Øyedråper,

for_____?

Pernille. Jeg _____ øyedråper morgen og kveld, og det _____ litt.

_____ tar jeg noen tabletter, men akkurat nå når det er høysesong for

_____, blir _____ mine røde og såre uansett.

EMMA GÅR TIL LEGEN

Legen. Hei. Hva kan jeg _____ for deg i dag?

Emma. Jeg er _____ plaget av _____, så jeg lurte på om jeg

_____ få en legeerklæring. Ca. en gang i _____ får jeg et kraftig

migreneanfall, og da _____ jeg ikke å gå på _____. Det eneste som

_____ er å _____ seg i et mørkt rom.

Legen. Jeg _____ at du _____ plaget med migrene, så en legeerklæring skal du

selvfølgelig _____. Pass også på at du unngår _____ migrenetriggere, slik som

_____, _____ og løk.

øving q.
SYKDOMMER Listen to the dialogs about people who are sick and write **Riktig** or **Galt** beside the statements below. If the statement is false, cross out the words that are incorrect and write in the correct answer.

Dialog 1	**Dialog 2**
1. _____ Denne dialogen er mellom Tone og onkelen hennes.	1. _____ Denne dialogen er mellom Per og søstera hans.
2. _____ Mannen har diaré i dag, og dessuten kaster han opp.	2. _____ Per har lyst til å gå på skolen.
3. _____ Mannen har feber.	3. _____ Per har vondt i hele kroppen.
4. _____ Mannen tror han har bihulebetennelse.	4. _____ Per har feber og tror han har influensa.
5. _____ Det var broren til Tone som smittet mannen.	5. _____ Per er den eneste i klassen som har fått influensa.
6. _____ Mannen synes at det hjelper å drikke mye juice.	6. _____ Per vil gjerne ha et glass melk.

 **øving r.**
SYKDOMMER/SKADER

Find out what illnesses and injuries the other students in your class have had. You will need to determine whether to use the present, past, or present perfect tense of the verb depending on the time expression provided.

ex.) Present tense: Er du kvalm i dag?   Ja, det er jeg. | Nei, det er jeg ikke.
Past tense: Hadde du feber i fjor?   Ja, det hadde jeg. | Nei, det hadde jeg ikke.
Present perfect: Har du noen gang brukket beinet? Ja, det har jeg. | Nei, det har jeg ikke.

å brekke beinet	å være tett i nesa	å kaste opp	å være kvalm
noen gang	*om vinteren*	*når du er syk*	*i dag*
å få migrene	å ha omgangssyke	å være forkjølet	å ha feber
som voksen	*i år*	*ofte*	*i fjor*
å være alvorlig syk	å skade nakken	å gå til legevakta	å føle seg dårlig
da du var liten	*i går*	*midt på natten*	*nå*
å ha vannkopper	å ta det med ro	å ha influensa	å hoste mye
da du var barn	*når du er syk*	*noen gang*	*om høsten*

 **øving s.**
HOS LEGEN

Work with a partner and do the role plays listed below.
Doctor: Ask about how the patient is feeling and how long the patient has experienced these symptoms. Give advice about how to treat the illness or injury.
Patient: Answer the questions the doctor poses to you.

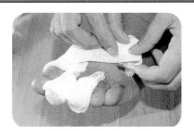

å skade tåa *i går*

hodepine *i sju timer*

influensa *i tre dager*

allergier *i en måned*

omgangssyke *i fem dager*

korona *i en dag*

🔍 i fokus: velferdsstaten

nøkkelord:

en velferdsstat:	a welfare state	et sikkerhetsnett:	a safety net
det offentlige:	the government	folketrygden:	the national insurance
(et) hovedansvar:	main responsibility	en skatt:	a tax
offentlige ytelser:	public benefits	fornøyd: s	atisfied
velferdsgoder:	public benefits	å klage:	to complain
verdier:	values	å støtte:	to support
en helsetjeneste:	health service	politiske partier:	political parties

Hva betyr det at Norge er en velferdsstat?

Det betyr at det offentlige – stat og kommune – skal ta vare på alle som bor i Norge. Familie, venner og organisasjoner hjelper til, men det offentlige har hovedansvaret.

Hva er noen viktige verdier bak den norske velferdsstaten?

Alle innbyggere i Norge skal være like mye verd og få samme behandling. Derfor er velferdsgoder i Norge universelle. De går til alle uansett om de kommer fra en familie med god økonomi eller en med mindre penger, eller om de kommer fra en familie som har bodd i Norge i generasjoner eller en som nylig har innvandret.

Når ble den norske velferdsstaten etablert?

Tanken om et sosialt sikkerhetsnett kom allerede i 1930-årene. Den viktigste reformen var folketrygden som en rett og plikt for alle fra 1966-1967.

Hva er noen eksempler på velferdsgoder som alle i Norge får?

Alle innbyggerne får ytelser knyttet til familie, utdanning, sykdom og skader, arbeid og alder. Her er noen av de viktigste eksemplene:

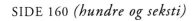

Familie:	barnetrygd, støtte til barnehage, ca. ett års fødselspermisjon
Utdanning:	gratis utdanning fra barneskole gjennom videregående skole, lån og stipend til høyere utdanning
Sykdom:	støtte til helsetjenester, sykepenger, uførepensjon
Arbeid:	dagpenger under arbeidsløshet
Alder:	alderspensjon

Hvordan er velferdsstaten finansiert?

Velferdsstaten er finansiert gjennom skatter og avgifter.

Er de fleste fornøyd med helsetjenestene i Norge?

De fleste er ganske fornøyd, men mange mener at helsetjenestene kunne ha vært bedre. Det folk klager på, er lange ventelister for å få operasjon og dårlig standard på noen av de gamle sykehusene.

Hvor mye må folk betale for helsetjenestene?

Det offentlige betaler for mesteparten av helsetjenestene i Norge. Det er gratis å ligge på sykehus i Norge, men man må betale en egenandel for å gå til legen eller en legespesialist (150-400 kroner per besøk i 2023).

Er privatisering av helsetjenestene vanlig i Norge i dag?

Ja, det finnes både private klinikker og sykehus i Norge. Ofte betaler pasienten selv for behandlingen, men noen private behandlingssteder har avtale med det offentlige.

Støtter alle de politiske partiene velferdsstaten?

Ja, det gjør de, men noen partier, for eksempel Høyre og Fremskrittspartiet, ønsker seg mer privatisering. De mener at privatisering gir mer valgfrihet for innbyggerne. Rødt, Sosialistisk Venstreparti og Arbeiderpartiet er imot privatisering. De synes det er urettferdig at noen får rask og god hjelp, mens andre med samme helseproblem må vente lenge på hjelp. Blant mellompartiene er det delte meninger. Senterpartiet og Kristelig Folkeparti og er imot privatisering mens Miljøpartiet De Grønne og Venstre synes det bør være rom for både offentlige og private helsetjenester.

De sosialistiske partiene	Mellompartiene	De borgerlige partiene
Rødt Sosialistisk Venstreparti Arbeiderpartiet	Senterpartiet Kristelig Folkeparti Miljøpartiet De Grønne Venstre	Høyre Fremskrittspartiet

Hva er noen fordeler og ulemper ved velferdsstaten?

Fordeler ved velferdsstaten	Ulemper ved velferdsstaten
• Den skaper et egalitært samfunn der alle er like viktige og har like rettigheter, plikter og muligheter.	• Det er noen trygde- og støtteordninger som er så gode at det er noen som ikke har lyst til å jobbe i det hele tatt.
• Alle har mat å spise og et sted å bo. Ingen behøver å dø av sult eller kulde.	• Det er noen som bruker sykepenger og uførepensjonen når de ikke trenger det.
• Arbeidstakerne generelt har relativt sterke rettigheter. Det er mulig å leve på minstelønn i Norge.	• Det er færre yrkesaktive per pensjonist og uføretrygdede. Det er lave fødselstall, og folk lever lenger enn før.
• Det meste av helseomsorgen er gratis eller billig, så det er ingen katastrofe om man blir gravid eller syk.	• Den lange levealderen fører til større behov for omsorg, og helsetjenester er mye bedre men koster mer.
• Kvinnene har det bedre i Norge enn i andre land selv om de tjener mindre enn menn. Gravide kvinner og familier med barn får mye økonomisk støtte fra staten.	• Arbeidslivet er for lite inkluderende for innvandrere og minoritetsspråklige, handikappede, delvis uføretrygdede og folk over 60 år.

uttale: syllable reduction

In both English and Norwegian, it is common to have syllable reduction when native speakers are talking at normal tempo. While this is a completely normal phenomenon for a native speaker, it can make it difficult for language learners to identify common words in the stream of speech that they would otherwise recognize.

øving t.
SYLLABLE REDUCTION

Read the sentences below at normal tempo in English. Underline the words that have syllable reduction and write those words as you actually say them.

1. I'm going to go to the doctor. _____

2. What are they planning to do? _____

3. Do you want to go to the clinic? _____

4. Why don't you take some medicine? _____

øving u.
VERB + IKKE

In negative sentences, it is common to have syllable reduction when the verb is followed by **ikke** (not). Listen to the recording of the sentences below and write down how it sounds when the verb and **ikke** run together.

1. Jeg **skal ikke** gå til legen. _____

2. Jeg **kan ikke** holde senga i dag. _____

3. Du **må ikke** gå på jobben når du er syk. _____

4. Jeg **vil ikke** gå til sengs. _____

5. Jeg **har ikke** peiling *(I have no clue)*. _____

6. Jeg **har ikke** tid til å være syk. _____

7. Det **gjør ikke** noe *(It doesn't matter)*. _____

8. Jeg **gjør ikke** leksene mine. _____

9. Jeg **er ikke** syk. _____

10. Det **er ikke** sant *(It is not true)*. _____

øving v.
VERB + PRONOUN

It is also common for syllable reduction to occur when the verb is followed by an object or reflexive pronoun. Listen to the recording of the sentences below and write down how it sounds when the verb and the pronoun run together.

1. Liker du legen din? Ja, jeg **liker ham** godt. _____

2. Tok du tabletten? Ja, jeg **tok den**. _____

3. Skal du ringe til barna dine? Ja, jeg **ringer dem** seinere. _____

REPETISJON: ORD OG UTTRYKK

25. Sykdommer og skader	26. Illnesses and Injuries
Hvilke sykdommer har du hatt? Jeg har hatt _____. (en forkjølelse, influensa, omgangssyke, ørebetennelse, bihulebetennelse, migrene, vannkopper, meslinger, spiseforstyrrelser, angst, depresjon, korona)	***Which illnesses have you had?*** *I have had _____.* *(a cold, influenza, stomach flu, ear infection, sinus infection, migraine, chicken pox, measles, eating disorders, anxiety, depression, Covid-19)*
Kjenner du noen som er alvorlig syk? Ja, _____ har _____. (kreft, hjertesykdom, sukkersyke, Alzheimers sykdom) Nei, det gjør jeg ikke.	***Do you know someone who is seriously ill?*** *Yes, _____ has _____.* *(cancer, heart disease, diabetes, Alzheimer's disease)* *No, I don't.*
Har du allergier? Ja, jeg er allergisk mot _____. (støv, hunder, katter, peanøtter, sopp, pollen) Nei, det har jeg ikke.	***Do you have allergies?*** *Yes, I am allergic to _____.* *(dust, dogs, cats, peanuts, mold, pollen)* *No, I don't.*
Er du syk? Ja, det er jeg. | Nei, jeg er frisk.	***Are you sick?*** *Yes, I am. | No, I'm healthy.*
Hvordan føler du deg? Jeg føler meg _____. (bra, sånn passe, ikke så bra, dårlig, elendig)	***How do you feel?*** *I feel _____.* *(good, okay, not very good, bad, terrible)*
Hvilke symptomer har du? _____. (Jeg har feber, jeg har vondt i halsen, jeg har vondt i hodet, jeg har hodepine, jeg er tett i nesa, nesa renner, jeg hoster, jeg nyser, jeg har vondt i magen, jeg er kvalm, jeg kaster opp, jeg har diaré, jeg har fått utslett, jeg har vondt i hele kroppen)	***Which symptoms do you have?*** *_____.* *(I have a fever, my throat hurts, my head hurts, I have a headache, I have a stuffy nose, my nose is running, I am coughing, I am sneezing, my stomach hurts, I am nauseated, I am throwing up, I have diarrhea, I have a rash, my whole body hurts)*
Stakkars deg! | Det var synd! **Du burde** _____. (gå til sengs, holde senga, ta det med ro, drikke mye vann og juice, spise suppe, ta paracet, ta hostesaft, gå til apoteket, gå til legen)	***Poor you! | That's too bad!*** ***You should*** _____. *(go to bed, stay in bed, take it easy, drink a lot of water and juice, eat soup, take acetaminophen, take cough medicine, go to the pharmacy, go to the doctor)*
Hva er det som feiler deg? Jeg _____. (skadet meg, skadet nakken, forstuet ankelen, forstuet kneet, fikk strekk i låret, fikk strekk i leggen, brakk armen, brakk beinet, har vondt i kneet, har vondt i skuldra)	***What is wrong with you?*** *I _____.* *(injured myself, injured my neck, sprained my ankle, sprained my knee, pulled a muscle in my thigh, pulled a muscle in my calf, broke my arm, broke my leg, have pain in my knee, have pain in my shoulder)*
God bedring!	***Get well soon!***

Kap. 27: Levevaner

helse:
Har du god helse? Er du frisk? Hvilke sykdommer har du hatt? Er du aktiv?

Jeg har god helse.

Jeg er frisk. | Jeg er sjelden syk.

Jeg er aktiv, energisk og avslappet.

Jeg har dårlig helse.

Jeg er ofte syk. Jeg har hatt...

Jeg er sløv, sliten og stresset.

levevaner:
Har du sunne eller usunne levevaner?

Jeg har sunne levevaner.

Jeg har usunne levevaner.

kosthold:
Har du et sunt kosthold? Hva spiser du? Er du fornøyd med kroppen din?

Jeg har et sunt kosthold.

Jeg spiser sunn mat. For eksempel spiser jeg....

Jeg spiser nok mat.

Jeg er fornøyd med kroppen min.

Jeg har et usunt kosthold.

Jeg spiser usunn mat. For eksempel spiser jeg...

Jeg spiser for mye. | Jeg spiser for lite.

Jeg vil slanke meg. | Jeg vil legge på meg.

mosjon:
Får du mye mosjon? Mosjonerer du ofte? Hvor ofte trener du? Er du i god form?

Jeg får mye mosjon. | Jeg mosjonerer ofte.

Jeg trener ofte. | Jeg trener tre ganger i uka.

Jeg sitter lite.

Jeg er i god form.

Jeg får lite mosjon. | Jeg mosjonerer ikke.

Jeg trener én gang i uka. | Jeg trener ikke.

Jeg sitter for mye.

Jeg er i dårlig form.

stress:
Har du mye stress i livet ditt? Er du en avslappet eller en stresset person?

Jeg har lite stress på skolen | på jobben.

Jeg er avslappet.

Jeg har mye stress på skolen | på jobben.

Jeg er stresset.

røyking: Røyker du?

Jeg røyker ikke.

Jeg røyker aldri.

Jeg røyker av og til.

Jeg røyker for mye.

drikking: Drikker du? Hvor mye drikker du?

Jeg drikker med måte.

Jeg drikker ikke.

Jeg drikker meg full.

Jeg drikker for mye.

søvn: Får du nok søvn? Hvor mange timer sover du om natta?

Jeg får nok søvn.

Jeg sover åtte timer om natta.

Jeg får lite søvn.

Jeg sover fem timer om natta.

forandringer: Hva burde du forandre på i livet ditt? Hva burde du begynne å gjøre? Hva burde du slutte å gjøre?

kosthold	Jeg burde slanke meg. | Jeg burde legge på meg. Jeg burde spise sunnere mat. Jeg burde spise mer grønnsaker og mindre kjøtt.
mosjon	Jeg burde mosjonere oftere. Jeg burde begynne å trene.
stress	Jeg burde ha mindre stress.
røyking	Jeg burde røyke mindre. Jeg burde slutte å røyke.
drikking	Jeg burde drikke mindre. Jeg burde slutte å drikke.
søvn	Jeg burde få mer søvn. Jeg burde sove mer.

 øving a.
LEVEVANER

Describe your health habits using the words and phrases above.

 øving b.
LEVEVANER

Think of some famous people and discuss their health habits.

øving c.
HELSE

Read the short texts about health habits and fill out the chart with relevant information on the top of the following page.

TRE PÅ GATA: «Har du god helse?»

Espen Hansen (42 år)
Jeg har relativt god helse, til tross for levevanene. Jeg har mye stress på jobben, og det blir mye sitting og lite tid til mosjon. Jeg vet at jeg spiser for mye og at jeg bør slanke meg. Men jeg utsetter det stadig. Jeg trøster meg med at siden jeg ikke røyker og sjelden drikker alkohol, så går det nok bra.

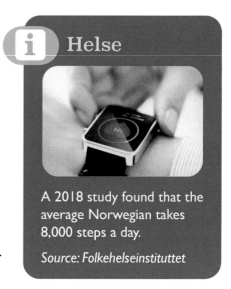

i Helse

A 2018 study found that the average Norwegian takes 8,000 steps a day.

Source: Folkehelseinstituttet

Katinka Haugen (19 år)
Ja, det har jeg. Sport er en viktig del av livet mitt. Jeg spiller fotball, går på ski, jogger og spiller ishockey. Jeg røyker og spiser ofte gatekjøkkenmat, og i helgene drikker jeg en del. Jeg tror ikke jeg har tatt skade av det. Jeg er nesten aldri syk.

Sigrid Berg (58 år)
Jeg har god helse nå, men det har ikke alltid vært slik. Da jeg var i førtiårsalderen, fikk jeg kreft. Operasjonen og etterbehandlingen gikk heldigvis bra. Jeg var syk lenge, men jeg ble helt frisk. Jeg forsto da at jeg måtte forandre levevanene. Jeg la om kostholdet og sluttet å røyke. Nå mosjonerer jeg daglig. Om sommeren sykler jeg og går på tur. Om vinteren går jeg på ski eller svømmer i svømmehallen. Jeg er full av energi og livslyst.

øving d.
HELSE

In groups of two, take turns describing people's health habits using the key words provided in the chart below. The person listening should record the information.

Student A	Student B
1. GRETE 23 år, god helse, får mye mosjon, et godt kosthold, røyker ikke, drikker i helgene	2. Navn: _____ _____ _____
3. ANITA 19 år, i god form, jogger, sykler, er vegetarianer, burde få mer søvn	4. Navn: _____ _____ _____
5. GUDVEIG 65 år, frisk og aktiv, liker å gå turer, røyker ikke, drikker litt vin til maten, burde spise sunnere mat	6. Navn: _____ _____ _____

Navn	Helse	Mosjon	Røyking	Drikking	Stress	Kosthold	Forandringer
Espen							
Sigrid							
Katinka							

i Innblikk Tran

One thing that many Norwegians do for their health is to take **tran** *(cod liver oil)*. **Tran** is, for most people, a very bad-tasting fish oil that has many health benefits. Now there is a pill form of **tran**, but many people still take the liquid form. Norwegians typically take tran in months with the letter R (all months except for May, June, July, and August). ■

Student A	Student B
1. Navn: _____ _____ _____	2. **AKSEL** 43 år, i dårlig form, sitter for mye, trener bare i helgene, spiser usunn mat, burde slanke seg
3. Navn: _____ _____ _____	4. **ODD** 52 år, har dårlig helse, arbeider for mye, får lite søvn, får lite mosjon, har mye stress, burde dra på ferie og slappe av
5. Navn: _____ _____ _____	6. **TERJE** 26 år, røyker, drikker mye, spiser usunn mat, trener mye, burde røyke og drikke mindre

Ordstilling: Inversjon [WORD ORDER: INVERSION]

Inversjon etter adverb

In this section, we are going to review the use of inverted word order following adverbials and dependent clauses. In Ch. 5 of *Sett i gang 1*, you learned that the subject and the verb are inverted whenever a sentence or clause starts with an adverbial of time or place. More recently, in Ch. 23, you started to use transition words to create more coherence in your writing. These transition words function also as adverbials, causing inversion when starting a sentence or clause.

Transition words: derfor, dessuten, dessverre, egentlig, endelig, ellers, heldigvis, likevel, vanligvis

Normal word order: Adverbial in the middle or end of the sentence	Inverted word order: Adverbial at the start of the sentence
Jeg bader ofte **om sommeren**.	**Om sommeren** bader jeg ofte.
Jeg pleier å sove **her**.	**Her** pleier jeg å sove.
Jeg spiller **vanligvis** piano.	**Vanligvis** spiller jeg piano.

Inversjon etter leddsetning

In Ch. 20, you identified the subordinating conjunctions that start dependent clauses and learned the rules for word order used in sentences with dependent clauses.

Normal word order: Dependent clause at the end of the sentence	Inverted word order: Dependent clause at the start of the sentence
Jeg skal jogge **hvis det blir fint vær**.	**Hvis det blir fint vær**, <u>skal jeg</u> jogge.
Jeg spiser mange grønnsaker **fordi det er sunt**.	**Fordi det er sunt**, <u>spiser jeg</u> mange grønnsaker.
Jeg trener ofte **siden jeg prøver å slanke meg**.	**Siden jeg prøver å slanke meg**, <u>trener jeg</u> ofte.
Jeg røyker **selv om det er farlig for helsa**.	**Selv om det er farlig for helsa**, <u>røyker jeg</u>.
Jeg trener **når jeg har tid**.	**Når jeg har tid**, <u>trener jeg</u>.
Jeg fikk mer søvn **da jeg var yngre**.	**Da jeg var yngre**, <u>fikk jeg</u> mer søvn.
Jeg drikker alltid kaffe **mens jeg studerer**.	**Mens jeg studerer**, <u>drikker jeg</u> alltid kaffe.
Jeg går ofte en tur **før jeg spiser middag**.	**Før jeg spiser middag**, <u>går jeg</u> ofte en tur.
Jeg skal legge meg **etter at jeg har gjort leksene**.	**Etter at jeg har gjort leksene**, <u>skal jeg</u> legge meg.

øving e.
LEVEVANER

Fill in the subject and verb in the correct order. Check to see whether the subject and verb are in a dependent clause (no inversion) or follow a transition word or dependent clause (inversion).

1. Jeg pleier å trene eller gå tur når _____ mye stress på skolen *(jeg / har)*.

2. Søstera mi jogger hver dag, og dessuten _____ med yoga *(hun / driver)*.

3. Hvis _____ sunn mat, føler jeg meg veldig bra *(jeg / spiser)*.

4. I helgene _____ å sove til klokka elleve eller tolv *(jeg / liker)*.

5. Da jeg var på videregående, _____ amerikansk fotball *(jeg / spilte)*.

6. Jeg har lyst til å bli sterkere, og derfor _____ begynt med styrketrening *(jeg / har)*.

7. Det er hyggelig å prate med vennene mine når _____ på tur *(vi / går)*.

8. Selv om jeg får åtte timers søvn om natta, _____ trøtt i timene mine *(jeg / er)*.

9. Det regner mye nå. Likevel _____ spille fotballkampen *(vi / skal)*.

10. Jeg skal slutte å røyke fordi _____ veldig usunt *(det / er)*.

Plassering av setningsadverb

In Ch. 6 and 12 of *Sett i gang 1,* you learned the rules about the placement of **ikke** in the sentence, namely that **ikke** comes after the main verb, between two verbs in a sentence, or after the object and reflexive pronoun. In this section, you will see that sentence adverbs are placed in front of the verb when they are inside a dependent clause.

Placement of Sentence Adverbs	Examples	
After the main verb	Jeg **snakker** <u>ikke</u> norsk.	Han **spiser** <u>ofte</u> sunn mat.
Between two verbs	Jeg **skal** <u>ikke</u> **røyke** mer.	Hun **har** <u>aldri</u> **drukket** øl.
After the object or reflexive pronoun	Jeg **ser ham** <u>sjelden</u>.	Hun **hjelper meg** <u>alltid</u>.
Before the verb in a dependent clause	Vi skal løpe hvis det <u>ikke</u> **regner**. Jeg blir lei fordi jeg <u>aldri</u> **vinner**. Han sier at han <u>sjelden</u> **trener**. Jeg har en venn som <u>ikke</u> **liker** sjokolade.	Hvis det <u>ikke</u> **regner**, skal vi løpe. Fordi jeg <u>aldri</u> **vinner**, blir jeg lei.

øving f.
SETNINGSADVERB

Draw an arrow showing where the sentence adverb should be placed in the sentences below. If the sentence has two clauses, add the sentence adverb to the dependent clause.

1. Jeg driver med styrketrening *(ikke)*.

2. Broren min kjører meg til trening *(alltid)*.

3. Jeg håper at jeg blir syk *(ikke.)*

4. Jeg går til legen *(aldri)*.

5. Jeg har en venn som drikker alkohol *(sjelden)*.

6. Faren min burde jobbe så mye *(ikke)*.

7. Jeg røyker ofte selv om det er bra for helsen *(ikke)*.

8. Jeg har hatt sunne levevaner *(alltid)*.

9. Når jeg får nok søvn, blir jeg i dårlig humør *(ikke)*.

10. Jeg vet at mange barn får nok mosjon *(ikke)*.

11. Romkameraten min legger seg klokka tre *(ofte)*.

12. Hvis jeg spiser sunt, føler jeg meg dårlig *(ikke)*.

Adverb [ADVERBS]

Adverbs are words that modify verbs, adjectives, and other adverbs. In previous chapters, you have learned about adverbs of time and place as well as adverbs of location and motion. In this section, you will learn about adverbs of manner, review some adverbs of time, and learn about comparison of adverbs.

Måtesadverb [ADVERBS OF MANNER]

Adverbs of manner modify the verb in the sentence and tell something about how the action in the sentence was done. Although there are some words that are only adverbs of manner, many adverbs of manner are formed by adding a -t to an adjective. In English, we add an -ly to adjectives when they are used as adverbs of manner.

Adjective	Adverb (Adjective + t)
Fotballkampen var god. *The soccer game was good.*	Begge lagene spilte godt. *Both teams played well.*
Fotturen var langsom. *The hike was slow.*	Alle gikk langsomt. *Everyone walked slowly.*

Adverbs of manner:	**fort** *fast*	**lenge** *for a long time*		
Adjectives + t:	**pent** *nicely*	**rart** *strangely*	**raskt** *quickly*	**langsomt** *slowly*
	høyt *loudly*	**lavt** *quietly*	**klart** *clearly*	**langt** *far*
Adjectives that can't take a -t ending:	**bra** *well*	**fantastisk** *fantastically*		
	rolig *calmly*	**dårlig** *poorly*		

✍ **øving g.**
MÅTESADVERB   Fill in adverbs that make sense in the sentences below.

1. Jeg liker å løpe _____, men faren min pleier å løpe _____.

2. Tennislaget spilte _____ og vant kampen i dag, men i går spilte de veldig _____.

3. Bestefaren min snakker _____ og _____. Derfor er det lett å forstå ham.

4. Vi syklet i 8 timer. Vi syklet _____.

5. Vi gikk 25 kilometer i dag. Vi gikk _____.

6. Hvordan gikk det på trening i dag? Det gikk _____.

7. Romkameraten min blir sjelden stresset. Han snakker alltid _____.

8. Hvordan går det med oppgaven du skriver? Ikke så bra. Jeg synes det går veldig _____.

9. Jeg liker det ikke når broren min kjører. Han kjører altfor _____.

10. Det er vanskelig å studere når søstera mi synger. Hun pleier å synge veldig _____.

Tidsadverb [ADVERBS OF TIME]

alltid *always*   **ofte** *often*   **sjelden** *seldom*   **aldri** *never*

Gradsadverb [ADVERBS OF DEGREE]

Adjective	Adverb of degree
Broren min spiser **mye** dessert. *My brother eats a lot of dessert.*	Faren min røyker **mye**. *My dad smokes a lot.*
Søstera mi drikker **lite** alkohol. *My sister drinks little alcohol.*	Mora mi sover **lite**. *My mom sleeps little.*

Gradbøyning av adverb [COMPARISON OF ADVERBS]

Like adjectives, adverbs have comparative and superlative forms. The regular endings are -**ere** for comparative and -**est** for superlative. Note that there are several adverbs with irregular forms.

Adverbs	Positive		Comparative	Superlative
Regular forms	**pent** **fort**	*nicely* *fast*	**pen<u>ere</u>** **fort<u>ere</u>**	**pen<u>est</u>** **fort<u>est</u>**
Irregular forms	**godt / bra** **dårlig** **mye** **lite** **ofte** **langt** **lenge**	*well* *poorly* *much* *little* *often* *far* *a long time*	**bedre** **verre** **mer** **mindre** **oftere** **lenger** **lenger**	**best** **verst** **mest** **minst** **oftest** **lengst** **lengst**

øving h.
GRADBØYNING
Compare the living habits of the people described below.

1. Erling drikker lite. | Tom drikker mye. Tom drikker _____ enn Erling.

2. Trine spiller bra. | Bente spiller dårlig. _____

3. Karin trener to ganger i uka. | Kjersti trener fem ganger i uka. _____

4. Morten sov i ni timer. | Anders sov i tre timer. _____

5. Sigrid gikk ti kilometer. | Annette gikk bare to kilometer. _____

6. Frank røyker lite. | Jon røyker mye. _____

i Innblikk 7% of Norwegians between the ages of 16-74 smoke daily, and another 7% smoke now and then. 15% use chewing tobacco daily, and 4% use it occasionally. ■

Source: SSB

Levevaner i Norge og Nord-Amerika

 øving i.
LEVEVANER

Read the following dialog about health habits and make a list of the statements about North America and about Norway. Put a plus sign next to the positive statements and a minus next to the negative statements.

Jon. Hva er noen av forskjellene mellom levevanene i USA og Norge?

Lise. Jeg tror de fleste i Norge lever et sunnere liv. Det er f. eks. sjelden å se overvektige unge mennesker her.

Jon. Hva mener du det kommer av?

Lise. Nordmenn spiser sunnere kost, mye grovbrød og poteter, f. eks., og ikke så mye sukker.

Jon. Hva med mosjon?

Lise. Jeg tror også at nordmenn får mer mosjon. Unge mennesker her i landet har vanligvis ikke bil. De går eller sykler til universitetet eller jobben.

Jon. Er det noe annet du har lagt merke til om nordmenn?

Lise. Ja, når de drikker alkohol, så drikker de ofte altfor mye. Dessuten røyker de mye mer. I USA var det ingen av vennene mine som røykte. Men her er det mange som røyker.

Jon. Er det noe annet du har sett som er forskjellig?

Lise. Jeg liker at nordmennene tar fritida alvorlig. Mange har hytte enten på fjellet eller ved sjøen, og de reiser dit så ofte de kan. Amerikanerne setter alltid arbeidet først.

f. eks. = for eskempel. ◼

Nord-Amerika	Norge

 **øving j.**
LEVEVANER

Describe the health habits of the people in the boxes below. Then, describe yourself in a similar fashion.

BJØRN

23 år
student, U. i Oslo, historie
ugift, far, mor, to søstre
lyst hår, briller, slank
utadvendt, vennlig
mosjonerer ofte
går på ski, går turer, sykler
spiser mye gatekjøkkenmat
røyker, drikker lite
blir ofte syk
føler seg uopplagt

HANNE

17 år
elev, videregående skole
stor familie, fire søsken
mørkt hår, brune øyne,
smilehull, slank, høy
hyggelig, utadvendt
i god form
føler seg opplagt, energisk
svømmer, jogger
har et sunt kosthold
drikker litt, røyker ikke

PÅL

38 år
arbeider på kontor
gift, tre barn
rødt hår, grønne øyne
overvektig, høy
føler seg ofte sliten
mye stress på jobben
lite tid til mosjon
har et sunt kosthold
spiser for mye
drikker litt, røyker

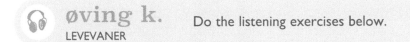

øving k.
LEVEVANER

Do the listening exercises below.

Pre-listening. In the middle column, write the number or percent that you think fits the average student on your campus.

Listening. In the right column, write the number or prosent you hear that refers to the average Norwegian.

	En gjennomsnittlig student på skolen din	En gjennomsnittlig nordmann
Timer søvn om natta		
Antall øl per år		
Vegetarianere		
Minutter mosjon per dag		
Antall timer foran TV-en eller PC-en		

Post-listening. What are the biggest differences? How would you explain those differences?

🔍 i fokus: **øl i norge**

Øl har spilt en viktig rolle i mange land og kulturer i tusenvis av år. I Norge var det først i vikingtida at det ble vanlig å brygge øl på gårdene på landsbygda. I lovene fra før år 1000 var det påbud om å brygge øl til gudene. Julenatt, for eksempel, skulle man komme sammen og drikke for Frøya og Odin. Etter at kristendommen ble innført i Norge, fikk mange av disse tradisjonene et kristent innhold. Man skulle drikke til ære for Maria og Jesus istedenfor de gamle gudene.

I dag står denne tradisjonen med juleøl fortsatt sterkt. Det finnes over 50 typer juleøl, og de fleste er produsert i Norge. Dessuten er det mange som brygger juleøl eller andre typer øl hjemme.

ℹ️ Innblikk   The English word *ale* comes from the old Norse **ol** (in modern Norwegian **øl**). ∎

Nordmenn drikker mer øl enn vin, og det er historiske grunner til det. Siden klimaet er så kaldt, har det aldri vært vinproduksjon i Norge, og derfor har øl vært mer tilgjengelig. Mesteparten av ølet i Norge er pilsner, et relativt lyst og svakt øl som ligner mer på de tyske og tjekkiske pilsene enn de amerikanske og britiske. Pilsner er populært i Norge fordi sterkere øl må kjøpes på vinmonopolet og er ikke like tilgjengelig eller billig. Hver nordmann drikker i gjennomsnitt 50 liter i året.

I dag har Norge over 100 bryggerier. Fire store bryggerier er:

Ringnes
Fra Oslo, men eid av Carlsberg, som er dansk. Lager 32 prosent av Norges øl.

Aass
Fra Drammen. Norges eldste bryggeri. Etablert i 1834.

Hansa
Fra Bergen. Lager 26 prosent av Norges øl.

Mack
Fra Tromsø. Det nordligste bryggeriet i verden.

Mikrobryggerier blir mer og mer populære i Norge. Den første **brewpuben** i Norden ble etablert i Oslo i 1989 og heter Oslo Mikrobryggeri.

i Innblikk Nøgne Ø

The name of the brewery **Nøgne Ø** (Naked Island) came from a reference to the barren islands in Norway from the poem "Terje Vigen" by Henrik Ibsen. The poem's setting is in Grimstad, where the brewery is located. ■

I Norge kan man kjøpe øl og vin når man fyller 18 år, og det er veldig mange som liker å kose seg på pub om kvelden, til tross for prisen. I dag koster en halvliter øl på en pub i Norge 89-109 NOK.

Når nordmenn vil ha alkohol som er sterkere en 4,75 %, må de kjøpe det på en statseid butikk som heter **vinmonopol**. Alkohol er veldig dyrt i Norge, så det er mange som drar til Sverige eller Danmark for å kjøpe øl.

ANDRE POPULÆRE DRIKKER

VIN
(hvitvin og rødvin)

BRENNEVIN
(akevitt, whisky, gin, rom, vodka, hjemmebrent osv.)

Fylla har skylda

Promille	
Norge:	.02
Japan:	.03
Tyskland:	.05
Australia:	.05
USA:	.08
Canada:	.08

Man hører ofte slagordet «Fylla har skylda», og i Norge er det også mange problemer som er forårsaket av alkohol.

- Fyllekjøring er årsak til svært mange dødsulykker i trafikken.

- I en stor andel av overgrepssaker er alkohol involvert.

- Alkohol er involvert i over 80 prosent av alle voldstilfeller i Norge.

i drinking age
The legal drinking age in Norway is 18 years for beer and wine and 20 years for liquor (22% alcohol by volume or more). As a result, many pubs and night clubs have age limits of 18 and 20 years, depending on what type of alcohol is served. ■

Source: Statistics from SSB

topp 50 — MEST UTFORDRENDE ORD OG SETNINGER

Listen to the sounds, the words, and the sentences and practice saying them aloud, either as a class or with another student.

Sounds	Words	Stress and Tones	Examples
i	finger, frisk	**Stress: 1st syllable**	**syk**dom, **ak**tiv
y	syk, nyser, mye	**Stress: 2nd syllable**	aller**gisk**, mi**gre**ne, e**len**dig
e	feber, lege, levevaner	**Stress: 3rd syllable**	aller**gi**, dia**ré**, ameri**ka**ner
ø	føler, søvn	**Stress: Sentences**	Jeg har vondt i hodet.
a	kvalm, angst		Jeg skal gå til legen.
æ	tær, knær		Jeg hoster og nyser hele tida.
å	tå, måte		Jeg har mye stress på jobben.
o	hodepine, hoster, vondt	**Stress: Questions**	Er det stort fokus på kroppen i Norge?
u	full, sunn		Har du feber?
ei, au, øy, ai	bein, øyne, røyke		Hvilke sykdommer har du hatt?
Silent cons.	hodet, synd, alvorlig		Hvordan føler du deg?
j	jente, hjerte, begynner	**Tone 1**	**kin**net, **hån**da
kj	kinn, forkjølelse	**Tone 2**	**ne**se, **syk**dom
skj	stakkars, sjelden, mosjon	**Syllable reduction**	Jeg **vil ikke** gå til legen.
r	rygg, vrikke, forandre,		Jeg **har ikke** feber.
ng	slanke, finger		Jeg **er ikke** syk.

🎧 øving 1. DIKTAT
Listen to the recording and fill in the missing words.

Det første året på _____ hadde jeg veldig _____ _____.
Jeg gikk på _____ og leste mye om dagen, men om _____ gikk jeg ofte ut
med _____ mine. Vi _____ for mye og _____ ofte seint
hjem. Det var ikke _____ for meg å få bare fire eller fem timers _____.
Jeg _____ lyst til å jogge og drive med _____, men jeg var ofte altfor
_____. _____ mitt var heller ikke så bra. Jeg spiste _____
med ost eller _____ til frokost og lunsj og pizza eller _____ til middag.
Det var _____ at jeg spiste noe frukt eller _____. Heldigvis går det mye
_____ i år. Jeg går ut bare i _____ nå, så jeg har tid og energi til både
_____, deltidsjobb og _____. Jeg har til og med _____ å
lage salater, wok og andre _____ matretter.

REPETISJON: ORD OG UTTRYKK

27. Levevaner	27. Health Habits
Har du god helse? Ja, jeg har god helse. | Nei, jeg har dårlig helse.	***Do you have good health?*** *Yes, I have good health. | No, I have poor health.*
Er du frisk? Ja, jeg er frisk. | Nei, jeg er ofte syk.	***Are you healthy?*** *Yes, I am healthy. | No, I am often sick.*
Har du sunne eller usunne levevaner? Jeg har sunne levevaner. | Jeg har både sunne og usunne levevaner. | Jeg har usunne levevaner.	***Do you have healthy or unhealthy habits?*** *I have healthy habits. |* *I have both healthy and unhealthy habits. |* *I have unhealthy habits.*
Har du et sunt kosthold? Ja, jeg har et sunt kosthold. Jeg spiser mye grovbrød, grønnsaker, frukt og hvitt kjøtt. | Nei, jeg har et usunt kosthold. Jeg spiser mye søt mat, fet mat og rødt kjøtt.	***Do you have a healthy diet?*** *Yes, I have a healthy diet. I eat a lot of multigrain bread, vegetables, fruit, and white meat. |* *No, I have an unhealthy diet. I eat a lot of sweets, fatty food, and red meat.*
Vil du slanke deg? Ja, jeg vil slanke meg. | Nei, jeg er fornøyd med kroppen min. | Nei, jeg trenger å legge på meg.	***Do you want to lose weight?*** *Yes, I want to lose weight. |* *No, I am satisfied with my body. |* *No, I need to gain weight.*
Får du mye mosjon? Ja, jeg får mye mosjon. | Nei, jeg får lite mosjon.	***Do you get a lot of exercise?*** *Yes, I get a lot of exercise. | No, I get little exercise.*
Hvor ofte trener du? Jeg trener _____. (hver dag, tre ganger i uka, av og til, sjelden, ikke, aldri)	***How often do you work out?*** *I work out _____. (every day, three times a week, now and then, seldom, not, never)*
Har du mye stress i livet ditt? Ja, jeg har mye stress på skolen | jobben. Nei, jeg har lite stress på skolen | jobben.	***Do you have a lot of stress in your life?*** *Yes, I have a lot of stress at school | work.* *No, I have little stress at school | work.*
Røyker du? Ja, jeg røyker. | Ja, jeg røyker av og til. | Nei, jeg røyker ikke.	***Do you smoke?*** *Yes, I smoke. | Yes, I smoke now and then. |* *No, I don't smoke.*
Drikker du? Ja, jeg drikker mye. | Ja, jeg drikker med måte. | Nei, jeg drikker ikke.	***Do you drink?*** *Yes, I drink a lot. | Yes, I drink in moderation. |* *No, I don't drink.*
Hvor mye søvn får du om natta? Jeg får _____ timers søvn om natta.	***How much sleep do you get at night?*** *I get _____ hours of sleep at night.*
Hvilke levevaner burde du forandre på? Jeg burde _____. (få mer søvn, røyke mindre, spise sunnere, begynne å trene, slutte å drikke, slanke meg, legge på meg)	***What health habits should you change?*** *I ought to _____.* *(get more sleep, smoke less, eat healthier, begin working out, quit drinking,lose weight, gain weight)*

reiseliv og geografi

travel & geography

In this section, you will...

- learn about travel in Norway, including typical types of transportation, travel activities, accommodations, tourist attractions, and vacation trips

- understand and participate in conversations about the transportation and trip planning

- understand and participate in interviews about travel activities and accommodations

- read informative texts about the travel destinations for Norwegians

- listen to short descriptions of favorite tourist attractions and trips

- write descriptions of trips you have taken, including dates, transportation, accommodations, activities, weather, and tourist attractions

- reflect on how travel and transportation choices are related to cultural values

	28. Transportation & Accommodations	29. Tourist Attractions	30. Trips in Norway
Content	Types of transportation, travel activities, and accommodations	Museums, galleries, parks, and natural features	Popular trips and vacations in Norway, Norway in a nutshell
Grammar	Nouns: Indefinite and Definite form, Pronouns: Subject, Object, Reflexive Determinatives: Possessives	Adjectives: Indefinite and Definite form, Word order: Questions	Verbs: Tense Overview Word Order: Inversion after Adverbials and Dependent Clauses
Pronunciation	Vowels, diphthongs, and consonants	Stress and tones	Song: "Ja, vi elsker"
Functions	Asking for directions, discussing preferences	Describing places, making plans with another person	Narrating in past tense
Tasks	Describing or discussing transportation, interviewing others about travel activities and accommodations	Discussing what tourist attractions to visit	Describing trips one has taken
Culture	Transportation system, common travel activities and types of accommodations	Popular tourist attractions	Popular travel destinations

Kap. 28: Reisemåter og overnatting

gå

sykle

kjøre bil

ta drosje

ta buss

ta trikk

ta T-bane

ta tog

ta ferge / ferje

øving a.
STUDENT I OSLO

Read the short interviews with students from the University of Oslo International Summer School and answer the questions below.

1. Hva slags kollektivtrafikk er det der du bor?
2. Hvordan reiser du fra sted til sted der du bor? Går du? Sykler du? Kjører du bil? Tar du buss, trikk, T-bane, tog eller ferje? Hvordan reiser familien din og vennene dine fra sted til sted?
3. Hvordan reiser studentene i teksten nedenfor rundt i byen?

TRE PÅ GATA: Hvordan reiser du rundt i Oslo?

Laura

Jeg bor på Blindern studenterhjem og trives veldig godt her! Jeg kommer fra et lite sted i Texas, og der kjører alle bil for å komme fra sted til sted. Derfor var det nytt for meg å reise med kollektivtrafikk her i Oslo. Jeg tar T-bane nesten hver dag når vi skal til sentrum eller til Sognsvann for å gå tur rundt innsjøen. Noen ganger tar jeg trikken når jeg skal besøke vennene mine på Ekeberg, og jeg har også tatt bussen til Bygdøy flere ganger for å bade på Huk. Hvis vi er seint ute i helgene, hender det at vi tar drosje tilbake til Blindern.

Braden

I sommer bor jeg hos slektningene mine på Nesodden, ei halvøy som ligger tvers over fjorden fra Rådhuset. Om morgenen tar jeg bussen til Nesoddtangen, og derfra går ferga inn til Oslo. Båtturen tar omtrent 20 minutter og er en deilig måte å starte dagen på. Når vi er framme i Oslo, går jeg til Nationaltheatret hvor jeg tar T-bane videre til Blindern. Hele turen tar litt under én time hver vei. Jeg har kjøpt månedskort, så jeg trenger ikke å kjøpe billetter hver dag.

Rik

Jeg bor hos en venn av meg på Grünerløkka. For å komme meg til universitetet tar jeg bussen til Bislett og trikken derfra til Blindern. Bussene kommer hvert tiende minutt og trikken hvert femte minutt, så jeg bruker bare 20-25 minutter hver vei. Hvis været er fint, liker jeg å sykle til universitetet. Etter forelesningene hender det at jeg sykler en tur i Nordmarka, til Bygdøy, eller til Vigelandsparken. Å sykle er helt gratis, og det er en fin måte å bli kjent med byen på.

Å spørre om veien

Hvordan kommer jeg til...?
Kan du si meg veien til...?
Unnskyld, jeg finner ikke veien til...

Å gi instruks

Gå rett fram | gå rett fram to kvartaler.
Ta til høyre i Universitetsgata.
Ta til venstre ved parken.
Når du kommer til hotellet, tar du til høyre.

Kunstgalleriet ligger i Universitetsgata.
Bussholdeplassen ligger på venstre side.
Trikkeholdeplassen ligger på høyre side.

øving b.   KART OVER OSLO

Read the short dialogs below and draw the directions on the map. Then practice giving directions to another student in the class as the student draws the route on the map. Be sure to say where you are starting.

Klaus *(En tysk turist som står utenfor Grand Hotel og skal til Nasjonalgalleriet)*

Klaus. Unnskyld, kan du si meg veien til Nasjonalgalleriet?

Nora. Ja, det kan jeg. Gå rett fram i Karl Johans gate. Når du kommer til Universitetsgata, tar du til høyre. Gå rett fram ett kvartal, og så ser du Nasjonalgalleriet på venstre side.

Klaus. Takk for hjelpen.

Nora. Bare hyggelig.

Rika *(En japansk turist som står utenfor Nasjonalgalleriet og skal til Blindern.)*

Rika. Unnskyld, hvordan kommer jeg til Blindern?

Nora. Det er lettest å ta T-bane dit. Følg Universitetsgata rett fram og ta til høyre i Karl Johans gate. Gå rett fram ett kvartal, og så ser du Nationaltheatret T-banestasjon på venstre side. Derfra går det flere T-baner til Blindern.

Rika. Tusen takk for hjelpen!

Nora. Ikke noe å takke for.

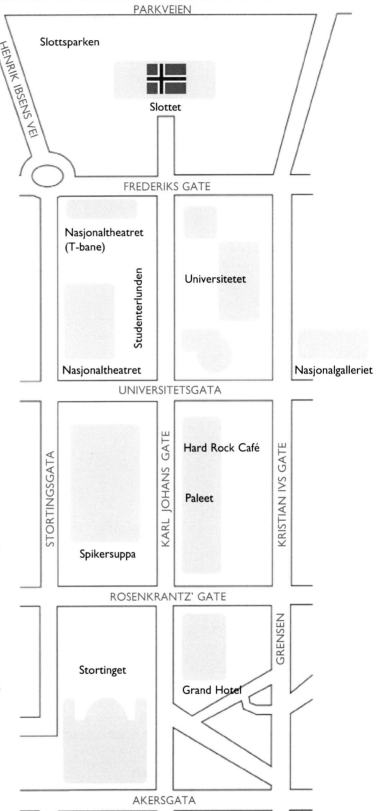

øving c.
OSLO SENTRUM

Listen to the dialogs about tourists asking for directions in Oslo. Put an x on the map where the person is, trace the route on the map, and draw a star at the final destination.

øving d.
PÅ FERIE

Discuss the different types of vacations you take, focusing especially on the types of transportation that you use.

Hvordan liker du best å reise når du er på ferie? Reiser du med fly, med buss eller med tog?
Drar du på bilferie? Reiser du med båt eller på cruiseferie?

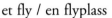

et fly / en flyplass

et tog / en togstasjon

en buss / en bussterminal

en båt / en båtterminal

Reisemåter i Norge

Selv om Norge er et land med mange fjell og fjorder, er det mange muligheter for turister som ønsker å reise rundt i landet.

Man kan reise med fly til de fleste store og mellomstore byer. Hovedflyplassen i Norge heter Oslo Lufthavn og ligger på Gardermoen, ca. 45 minutter nord for Oslo. Dessuten er det store flyplasser i Stavanger, Bergen, Trondheim, Bodø og Tromsø, pluss 40 mindre flyplasser spredt over hele Norge.

Folk som foretrekker en roligere og mer avslappende tur, kan velge å reise med tog eller med buss. Norge har et godt nett av tog- og bussruter som dekker det meste av Norge og går gjennom de mest populære turistområdene i landet. Fra Oslo kan man ta toget til Stavanger, Bergen, Åndalsnes, Trondheim og Bodø. Dessuten kan man reise sørover til København i Danmark eller østover til Stockholm i Sverige.

På Vestlandet og i Nord-Norge er det spesielt populært å reise med ekspressbåt for å se på fjordene eller å ta Hurtigruta, en elleve dagers reise fra Bergen til Kirkenes og tilbake. Det er mange turister som tar hele turen, men det er også mulig å ta Hurtigruta på kortere strekninger.

For folk som vil ha mest mulig fleksibilitet, kan man leie bil og dra på bilferie i Norge. I dag finnes det 18 nasjonale turistveier hvor man kan oppleve natur- og kulturlandskapet.

øving e. REISEMÅTER

Read the text about transportation in Norway. Label the main airports and draw in the main routes for the train and the **Hurtigruta** (Coastal Steamer).

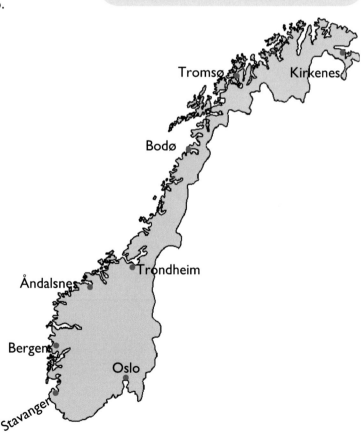

Tromsø   Kirkenes

Bodø

Trondheim

Åndalsnes

Bergen

Oslo

Stavanger

øving f.
FLYREISER

These short texts describe the beginning of Stian's trip to Tromsø, and all of his travel arrangements work out well. Rewrite the dialog with several things that could go wrong with his trip.

INNSJEKKING

Ansatt. God dag, velkommen til SAS. Har du legitimasjon og boardingkort?

Stian. Vær så god.
Ansatt. Har du bare med deg håndbagasje?
Stian. Nei, jeg har også en koffert jeg skal sjekke inn.
Ansatt. OK. Her er boardingkortet ditt. Du må være ved gaten seinest kl 10.30. Du har sete 23B. God tur!

Stian. Takk for hjelpen.
Ansatt. Bare hyggelig.

SIKKERHETSKONTROLLEN

Vekter. Vær så snill å ta mobil, nøkler og andre metallgjenstander ut av lommene og pakk inn i håndbagasjen.
Stian. Hva med PC-en min?
Vekter. Alle store elektriske artikler som PC, nettbrett og kamera må du legge i en beholder og sende separat gjennom røntgenmaskinen. Yttertøyet og væskeposen også.
Stian. Takk.
Vekter. Så kan du gå gjennom metalldetektoren og hente sakene dine på rullebåndet der borte.

GATE

Ansatt. SK 4472 til Tromsø begynner ombordstigning om fem minutter. Eldre og familier med små barn, kan komme fram til skranken nå.

Ansatt. *(litt seinere)* Velkommen til SK 4472 til Tromsø! Ombordstigning for alle rader.
Stian. Hei.
Ansatt. Velkommen til SAS. Boardingkortet, er du snill. Ha en god tur!

OM BORD

Flyvert. Hei, vil du ha noe å drikke?
Stian. Ja, takk. Kan jeg få en Solo?
Flyvert. Vær så god. Noe annet?
Stian. Nei, ellers takk. *(seinere)*
Flyvert. I dag serverer vi smørbrød. Vil du helst ha rekesalat eller skinke?
Stian. Rekesalat.
Flyvert. Vær så god.
Stian. Tusen takk.

ⓘ Innblikk lyddusjer

When you arrive at Gardermoen airport in Norway, you may notice one of eleven **lyddusjer** *(sound showers)* created by artist Anna Karin Rynander. Stand on the designated spot under the **lyddusj**, and sounds will wash down over the listener, audible only to the person standing directly beneath it. The hope is that innovative art installations will attract more travelers to the airport and provide cultural experiences in unexpected places. ∎

Substantiv: Uregelmessige former [NOUNS: IRREGULAR FORMS]

Indefinite singular (Examples: en bil, ei hytte, et kart)
- Used with the indefinite article (en, ei, et) the first time a noun is introduced:
  Jeg har <u>en</u> **bil**. | Jeg har <u>ei</u> **hytte**. | Jeg har <u>et</u> **kart**.
- Used without the article with collective nouns, occupations, nationalities, and religions:
  Jeg liker **frukt**. | Jeg er **lærer**. | Jeg er **amerikaner**. | Jeg er **muslim**.

Definite singular (Examples: bilen, hytta, kartet)
- Used with the definite article (-en, -a, -et) when the noun has already been introduced:
  Jeg liker **bil<u>en</u>**. | Jeg liker **hytt<u>a</u>**. | Jeg liker **kart<u>et</u>**.
- Used with the definite article (-en, -a, -et) with possessives, demonstratives, and definite adjectives.
  Jeg liker **bilen** <u>min</u>. | Jeg liker <u>denne</u> **hytta**. | Jeg liker <u>det store</u> **kartet**.

Indefinite plural (Examples: biler, hytter, kart)
- Used with the indefinite plural ending -er the first time the noun is introduced. Note there are many irregular plural forms. The indefinite plural often occurs after numbers or the adjective "mange."
  Vi har <u>tre</u> **biler**. | Naboen min har <u>to</u> **hytter**. | Jeg har <u>mange</u> **kart**.

Definite plural (Examples: bilene, hyttene, kartene)
- Used with the definite plural ending -ene when the noun has already been introduced:
  Jeg liker **bil<u>ene</u>**. | Jeg liker **hytt<u>ene</u>**. | Jeg liker **kart<u>ene</u>**.
- Used with the definite plural ending -ene with possessives, demonstratives, and definite adjectives.
  Jeg liker **bilene** <u>mine</u>. | Jeg liker <u>disse</u> **hyttene**. | Jeg liker <u>de nye</u> **kartene**.

Nouns	Indefinite singular	Definite singular	Indefinite plural	Definite plural
Most one-syllable et-nouns	et kart et barn	kartet barnet	**kart** **barn**	kartene **barna**
A few one-syllable en-nouns	en ting en sko	tingen skoen	**ting** **sko**	tingene skoene
Most en-nouns ending in -er	en amerikaner en genser	amerikaneren genseren	**amerikanere** **gensere**	**amerikanerne** **genserne**
Some en- and et-nouns ending in -er	en sommer en vinter et senter et teater	sommeren vinteren senteret teateret	**somre** **vintre** **sentre** **teatre**	**somrene** **vintrene** **sentrene** **teatrene**
Most en- and et-nouns ending in -el	en sykkel et eksempel et kapittel	sykkelen eksempelet kapittelet	**sykler** **eksempler** **kapitler**	**syklene** **eksemplene** **kapitlene**
Most et-nouns ending in -um	et museum et akvarium	**museet** **akvariet**	**museer** **akvarier**	**museene** **akvariene**

øving g.
SUBSTANTIV
Fill in the correct forms of the noun.

1. *(et barn)* Hvor mange _____ har du? Skal _____ dine bli med deg til Norge?

2. *(en ting)* Det er mange _____ jeg vil se i Norge. Hva er noen av disse _____?

3. *(en amerikaner)* Jeg skal reise til Norge sammen med 30 _____.

4. *(en sykkel)* Vi leide 30 _____ til gruppa vår. Vi likte de nye _____ godt.

5. *(et kapittel)* Hvor mange _____ har vi lest? Vi har lest alle _____.

6. *(et teater)* I Norge er det mange _____. De største _____ er i Oslo.

7. *(et museum)* Det er et _____ i Oslo jeg har lyst til å besøke. _____

heter Vikingskiphuset og inneholder gamle vikingskip og andre gjenstander. Det er mange andre

_____ i Oslo, og jeg vil se så mange av disse _____ som jeg kan.

Substantiv med vokalskifte [NOUNS WITH A VOWEL SHIFT]

These nouns all have a vowel shift in the plural forms.

Nouns	Indefinite singular	Definite singular	Indefinite plural	Definite plural
Nouns with a vowel shift in the plural (family)	en far	faren	**fedre**	**fedrene**
	ei/en mor	mora / moren	**mødre**	**mødrene**
	en nordmann	nordmannen	**nordmenn**	**nordmennene**
	en bror	broren	**brødre**	**brødrene**
	ei/en søster	søstera / søsteren	**søstre**	**søstrene**
	ei/en datter	dattera / datteren	**døtre**	**døtrene**
Nouns with a vowel shift in the plural (the body)	et øye	øyet	**øyne**	**øynene**
	ei/en tann	tanna / tannen	**tenner**	**tennene**
	ei/en hånd	hånda / hånden	**hender**	**hendene**
	et kne	kneet	**knær**	**knærne**
	en fot	foten	**føtter**	**føttene**
	ei/en tå	tåa / tåen	**tær**	**tærne**
Nouns with a vowel shift in the plural (misc.)	et tre	treet	**trær**	**trærne**
	ei/en strand	stranda / stranden	**strender**	**strendene**
	ei/en natt	natta / natten	**netter**	**nettene**
	ei/en bok	boka / boken	**bøker**	**bøkene**
	ei/en fiskestang	fiskestanga / fiskestangen	**fiskestenger**	**fiskestengene**
	en bonde	bonden	**bønder**	**bøndene**

Pronomen og determinativer [PRONOUNS AND DETERMINATIVES]

Below is an overview of three types of pronouns: subject, object, and reflexive. These pronouns replace nouns or names in sentences. Possessives are now categorized as determinatives because they usually occur with nouns.

Number	Subject	Object	Reflexive	Possessive
1. person, singular	**jeg** *I*	**meg** *me*	**meg** *myself*	**min-mi-mitt-mine** *my*
2. person, singular	**du** *you*	**deg** *you*	**deg** *yourself*	**din-di-ditt-dine** *your*
3. person, singular	**han** *he*	**ham** *him*	**seg** *himself*	**hans** or **sin-si-sitt-sine** *his* *his*
	hun *she*	**henne** *her*	**seg** *herself*	**hennes** or **sin-si-sitt-sine** *her* *her*
	hen *they*	**hen** *them*	**seg** *themselves*	**hens** or **sin-si-sitt-sine** *their* *their*
1. person, plural	**vi** *we*	**oss** *us*	**oss** *ourselves*	**vår-vår-vårt-våre** *our*
2. person, plural	**dere** *you-plural*	**dere** *you-plural*	**dere** *yourselves*	**deres** *your-plural*
3. person, plural	**de** *they*	**dem** *them*	**seg** *themselves*	**deres** or **sin-si-sitt-sine** *their* *their*

a) **Subject**: Subject pronouns usually come at the beginning of the sentence, except in questions and in statements with inversion of the subject and the verb.

Jeg heter Thomas. | **Jeg** liker å reise. | Hvordan reiser **du** til Norge? | Om sommeren drar **jeg** på ferie.

b) **Object**: Object pronouns usually follow the verb or a preposition

Jeg <u>liker</u> **ham**. | Jeg <u>forstår</u> **henne**. | Jeg må snakke <u>med</u> **deg**. | Han er snill <u>mot</u> **meg**.

c) **Reflexive**: Reflexive pronouns usually follow the verb. Note that the subject of the sentence and the reflexive object represent the same person. The reflexive objects are the same as the regular object forms, except in third person.

Jeg <u>legger</u> **meg** klokka tolv. | Du <u>må skynde</u> **deg**. | Han <u>gleder</u> **seg**. | Vi <u>skal kose</u> **oss**. | De <u>satte</u> **seg**.

d) **Possessive**: Possessives usually follow the noun. Note that the possessive often has to match the gender and the number of the noun, except when the possessive is **hans**, **hennes**, **hens** or **deres**.

Det er <u>foreldrene</u> **mine**. | Jeg liker <u>rommet</u> **ditt**. | Du skal bruke <u>bilen</u> **hens**.| Vi leser <u>bøkene</u> **våre**.

øving h.
PRONOMEN
Fill in the correct form of the pronoun (subject, object, reflexive) or the possessive.

1. Familien _____ *(my)* skal reise til Norge til sommeren. I Oslo skal _____ *(we)* besøke besteforeldrene _____ *(our)*, og i Bergen skal vi overnatte hos tanta _____ *(our)*. _____ *(I)* gleder _____ *(myself)* veldig. Faren _____ *(my)* har også lyst til å reise til Trondheim. Han har lyst til å besøke vennene _____ *(his)* der.

2. Søstera _____ *(my)* heter Mariann og bor på Lillehammer. _____ *(she)* liker _____ *(herself)* veldig godt der. Akkurat nå jobber _____ *(she)* på Maihaugen. _____*(she)* er veldig glad i jobben _____ *(her)*, og alle liker _____ *(her)* godt.

3. Hva skal _____ *(you-singular)* gjøre i kveld? Skal _____ *(you-singular)* legge _____ *(yourself)* tidlig eller vil _____ *(you-singular)* bli med _____ *(us)* ut på byen? _____ *(I)* må bli hjemme fordi bilen _____ *(my)* ikke funker.

4. Jakob har en stor familie. Foreldrene _____ *(their)* er 65 år gamle og bor i Kragerø. Dessuten har _____ *(they)* tre søsken. Jakob ser ofte søsknene _____ *(their)* fordi _____ *(they)* trener sammen hver lørdag.

5. Skal _____ *(you-plural)* gå på kino med _____ *(me)* i kveld? Takk, men ____ *(we)* skal kose _____ *(ourselves)* hjemme. Er barna _____ *(your-plural)* hjemme? Nei det er ____ *(they)* ikke.

6. Espen og Anne har bodd sammen i 10 år. I sommer kjøpte _____ *(they)* _____ *(themselves)* ei hytte på fjellet. _____ *(they)* er glad i hytta _____ *(their)* og tilbringer mye tid der. Hundene _____ *(their)* liker også å være på hytta.

7. Noah skal reise til Spania sammen med vennene _____ *(his)*. _____ *(he)* gleder _____ *(himself)* veldig til reisen. Vennene _____ *(his)* jobber mye for å tjene penger til reisen.

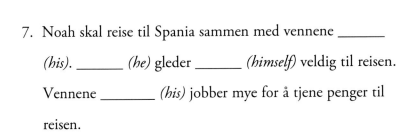

Overnatting i Norge

Hotell: Det finnes mange typer hoteller i Norge, alt fra historiske hoteller med flott beliggenhet til moderne konferansehoteller i storbyene. I Nord-Norge kan man til og med bo på et ishotell. Dessverre er det dyrt å bo på hotell i Norge, men vanligvis er frokost inkludert i prisen.

Fjellstue: Fjellstuer er små, tradisjonelle hoteller som ligger på fjellet, vanligvis med fantastisk utsikt og flott turterreng. Derfor er de ideelle som utgangspunkt for turer i skog og mark, sommer som vinter.

Pensjonat: Norske pensjonater tilsvarer den klassiske *bed & breakfast* i England. De er små og billige, og inkluderer et rom og noe mat. Noen er som små hoteller, mens andre er rom i private hus.

Vandrerhjem: For billigere og enklere standard enn hoteller er vandrerhjem gode alternativer. Her kan man bo på enkeltrom, firemannsrom eller i en sovesal, med eller uten bad. I Norge finnes det over 70 vandrerhjem.

Hytte: I Norge finnes det ca. 440 443 hytter. For mange folk er deres egen hytte ved sjøen eller på fjellet det mest populære feriemålet. Hyttene varierer i standard og størrelse, fra små hytter med utedo til luksushytter med både vann, strøm og parabol.

Campinghytte: Det finnes over 950 campingplasser i Norge, og mange ligger flott til ved elver og innsjøer. De fleste leier ut campinghytter og tilbyr plasser for campingvogner og bobiler samt teltplasser. Campinghyttene er gjerne små, med 2-5 sengeplasser.

Campingvogn: Dersom man har lyst til å reise fra sted til sted i Norge, er det billig og enkelt å bo i campingvogn. Det er mange flotte campingplasser å velge mellom, og man kan også overnatte langs veien.

Bobil: På samme måte som campingvogn er bobil en populær måte å reise rundt i Norge på. I bobilen har man både senger, kjøkken, bad og oppholdsrom, noe som gjør bilferie både enkelt, komfortabelt og billig.

Telt: Telt passer bra for overnatting dersom du liker å være ute i naturen. Allemannsretten gir deg lov til å sette opp telt hvor som helst i Norge så lenge du unngår dyrket mark og er 150 meter unna nærmeste hus.

øving i.
OVERNATTING

Discuss the different options for accommodations in Norway and in your country.

1. Hvor pleier du å overnatte når du er på ferie i landet ditt? _____.
   (på hotell, fjellstue, pensjonat, vandrerhjem, hytte, campinghytte | i campingvogn, bobil, telt)

2. Hvor ville du overnatte hvis du reiste til Norge? _____.

øving j.
OVERNATTING

Read the texts below with a partner, underline the necessary phrases for reserving a room, and practice short dialogs about reserving a room.

med dusj   uten dusj   enkeltrom   dobbeltrom

SALTSTRAUMEN HOTELL

Resepsjonist. Saltstraumen Hotell, du snakker med Morten.
Nina. Hei, jeg skulle gjerne ha bestilt et rom for to personer fra 13. juli til 16. juli.
Resepsjonist. Skal vi se. Juli er allerede nesten fullbooket. Hva slags rom ønsker du?
Nina. Et dobbeltrom, ikke-røyk, med toalett og dusj.
Resepsjonist. Vi har ett dobbeltrom igjen i det tidsrommet, til 1500 kroner per natt.
Nina. Oj. Jeg trodde det var 1100 kroner per natt.
Resepsjonist. Den prisen gjelder for en annen type rom, som dessverre ikke er ledig. Men siden det er det siste rommet, skal dere få det til 1100 kroner dersom du bestiller det i dag.
Nina. Den er god! Tusen takk.

TYRIFJORDEN CAMPINGPLASS

Resepsjonist. Velkommen til Tyrifjorden campingplass! Hva kan jeg hjelpe dere med?
Ragnhild. Vi kjørte forbi og syntes det var så vakkert her. Har dere noen ledige campinghytter i natt?
Resepsjonist. Ja, det skal gå fint. Hvor mange er dere?
Ragnhild. To voksne og to barn.
Resepsjonist. Da har jeg ei fin lita hytte med fire sengeplasser helt nede i vannkanten. Den koster 1100 kroner per natt.
Ragnhild. Det passer bra. Har den kjøkken?
Resepsjonist. Ja, men bare et lite kjøkken. Det er også et felleskjøkken i bygningen der borte. Vær så snill og fyll ut navn og adresse og annen informasjon på dette skjemaet. Her er nøkkelen.
Ragnhild. Takk skal du ha!

øving k.
FERIER I NORGE

Listen to the three descriptions of Norwegian vacations and fill out the chart below.

	Tid	Sted	Reisemåter	Overnatting	Synspunkter
Sander					
Janne					
Rikke					

i fokus: kollektivtransport i Norge

I Norge er det et godt nettverk av kollektivtransport. I de fleste storbyer finnes det busser, tog og noen ganger ferjer. I tillegg er det T-bane og trikk i Oslo, trikk i Trondheim og den nye Bybanen i Bergen. Bybanen åpnet i Bergen i 2010, og i 2022 ble den andre strekningen ferdig slik at Bybanen går fra Bergen sentrum helt ut til flyplassen.

Under koronapandemien ble kollektivreisene redusert med ca. 50 prosent, men nå går det oppover igjen. I 2022 var det 626 millioner kollektivreiser, en økning på 33 prosent fra 2021 men fortsatt 13 prosent lavere enn i 2019.

For å oppmuntre flere til å reise kollektivt ble Stavanger den første byen til å innføre gratis kollektivtrafikk for alle sine innbyggere fra 2023. Byen har som mål at minst 70 prosent av personreisene i byen skal foregå til fots, med sykkel eller på kollektivtransport for å redusere biltrafikk og forurensning.

Source: Pew Research and SSB

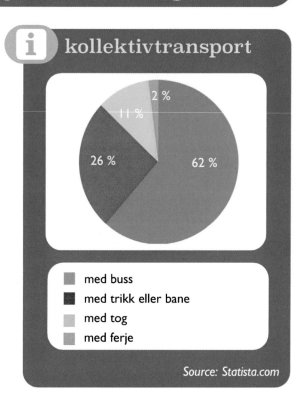

i — kollektivtransport

- 2 %
- 11 %
- 26 %
- 62 %

■ med buss
■ med trikk eller bane
■ med tog
■ med ferje

Source: Statista.com

Hva er fordelene med kollektivtransport?

Alle – unge, gamle, uføre og folk med sykler og ski – har tilgang til kollektivtrafikk.

Det er miljøvennlig. Det blir mindre forurensning, og folk blir mindre avhengig av olje og bensin.

Man må ikke kjøre selv og kan derfor jobbe, lese eller bare slappe av og nyte reisen.

Man slipper å sitte i kø og oppleve stresset som kommer med mye trafikk.

Man trenger ikke å finne en parkeringsplass eller betale for parkering.

Man kan bo utenfor byen hvis man vil og pendle inn til byen med kollektivtransport.

Slik kjøper du billett

I Oslo er det mange måter på å kjøpe billett til buss, trikk, T-bane, båt og tog. Man kan ha billetten på en app på mobilen, på et reisekort (et plastkort som man fyller opp med billetter eller reisepenger) eller på engangskortet Impuls.

Det er flere typer billetter man kan kjøpe:
- en enkeltbillett
- en 24-timersbillett
- en 7-dagersbillett (et ukeskort)
- en 30-dagersbillett (et månedskort)
- en studentbillett (et månedskort med 40 % rabatt)
- en 365-dagersbillett (et årskort)

 Elbil

Electric cars are becoming more and more popular in Norway with each passing year. In 2021, 65 percent of all new cars were electric. As a result, 16 percent of all cars run on electricity with the number increasing exponentially each year. Tesla's Model 3 is the most popular electric car in Norway, and it is priced between 360 000 and 550 000 crowns depending on the range of the vehicle. ■

Source: SSB and NAF

 øving 1.
KOLLEKTIVTRANSPORT

Read the short texts about public transportation and discuss the questions below with another student.

I Norge

1. De fleste nordmenn som reiser kollektivt, reiser med _____ og T-bane/trikk.
2. Selv om mange nordmenn bor ved fjorden eller havet, er det ikke mange nordmenn som reiser med _____.
3. Banen i Bergen heter _____, og den går fra _____ til flyplassen.
4. Hva er noen fordeler og ulemper med kollektivtransport?

I hjemlandet ditt

5. Hva slags kollektivtransport er det der du bor?
6. Hva slags kollektivtransport bruker du? Hvorfor?
7. Hvor ofte bruker du bil, sykkel eller kollektivtransport?
8. Er det lett å sykle fra sted til sted der du kommer fra?
9. Hvor finner man den beste kollektivtransporten i USA eller Canada? Hvorfor?

i Innblikk tunneler

With over 1,000 tunnels, Norway is considered to be a world leader in constructing roadways through mountains, and under fjords and the sea. The Lærdal tunnel opened in 2020 and is the world's longest drivable tunnel at 15.2 miles (24.5 km). It links Aurland and Lærdal in the heart of Sogn, and provides a ferry-free connection between Oslo and Bergen. ■

Source: visitnorway.com

uttale: vokaler, diftonger og konsonanter

Norwegian vowels are challenging for native speakers of English because three of the vowels do not exist in English (**æ** – **ø** – **å**), and five of the vowels are rounded (**y** – **ø** – **å** – **o** – **u**). Norwegian vowels also have long and short forms that are differentiated more by length than by quality. In addition to the nine vowels, there are four diphthongs in Norwegian (**ei** – **au** – **øy** – **ai**).

Norwegian consonants are easier for English speakers to learn since they are more similar to English than the vowels. However, there are still several consonant sounds that are challenging to English speakers, especially the "**r**," which is rolled in eastern Norway, but occurs as a uvular -*r* rolled in the back of the throat in southern and western Norway. In some positions, the "**r**" is reduced to a tap or becomes a retroflex sound. English speakers also have trouble pronouncing the "**l**," which is produced with the tongue behind the top teeth, as well as the **kj** sound, which has no equivalent in English. Finally, there are several consonant combinations that are unusual for English speakers, such as **kv, kn,** and **fj**, as well as several consonants that are silent.

 **øving m.**
UTTALE

Listen to the recording and practice pronouncing the sounds and words in the chart. Then analyze the paragraph below and find examples of the sounds in the chart. Mark the sounds and read the paragraph aloud.

Vowels	Examples		Consonants	Examples
i	bil	trikk	b	**b**illett, til**b**ake
y	fl**y**	s**y**kkel	d	**d**eilig, **d**rosje, Bo**d**ø
e	s**e**te	fj**e**ll	f	**f**oretrekke, skuf**f**et
ø	kj**ø**re	n**ø**kler	g	**g**å, fer**g**e
a	T-b**a**ne	r**a**batt	h	**h**otell, **h**uske
æ	kj**æ**re	ferje [f**æ**rje]	j	**j**ernbane, **hj**elpe, **gj**øre, **g**i
å	tog [t**å**g]	m**å**tte	k	**k**ollektivtrafi**kk**, besø**k**e, bo**k**
o	kr**o**ner	b**o**rte	l	**l**igge, syk**l**e, sko**l**e, bi**l**
u	t**u**r	b**u**ss	m	**m**an, fa**m**ilie, velko**mm**en
			n	**n**este, ve**nn**er, nordma**nn**
ei [æi]	r**ei**se, v**ei**, pl**ei**e, l**ei**e	p	**p**akke, **p**ris, landska**p**
au [æu]	fl**au**, Eur**o**pa, **au**	r	**r**eise, t**r**ikk, kjø**r**e, No**r**ge, tu**r**
øy	**øy**, Bygd**øy**, h**øy**re, **øy**eblikk	s	**s**ykle, **s**tor, tu**s**en, campingplas**s**
ai	h**ai**, m**ai**	t	**t**urist, **t**rikk, fo**t**o, di**t**
			v	**v**enstre, **hv**orfor, so**v**e, lo**v**
			kj	**kj**øre, **k**ino, **ky**sse, **tj**ue
			sj	**skj**ønne, inn**sj**ø, **sk**ip, unn**sky**ld, Lar**s**
			ng	e**ng**elsk, i**ng**enti**ng**, ga**ng**
			Silent	billi**g**, spenne**nde**, unnsky**ld**, go**d**, fjelle**t**

Jeg bor på Blindern studenterhjem og trives veldig godt her! Jeg kommer fra et lite sted i Texas, og der kjører alle bil for å komme fra sted til sted. Derfor var det nytt for meg å reise med kollektivtrafikk her i Oslo. Jeg tar T-bane nesten hver dag når vi skal til sentrum eller til Sognsvann for å gå tur rundt innsjøen. Noen ganger tar jeg trikken når jeg skal besøke vennene mine, og jeg har også tatt bussen til Bygdøy flere ganger for å bade på Huk. Hvis vi er seint ute i helgene, hender det at vi tar drosje tilbake til Blindern.

REPETISJON: ORD OG UTTRYKK

28. Transport og overnatting	28. Transportation and Accommodations
Hvordan reiser du til skolen eller jobben? Jeg _____. (går, sykler, kjører bil, tar buss, tar trikk, tar T-bane, tar tog, tar ferje)	*How do you travel to school or to work?* *I _____.* *(walk, bike, drive a car, take a bus, take a streetcar, take a subway / metro, take a train, take a ferry)*
Hvor lang tid tar det? Det tar _____ én vei. (10 minutter, et kvarter, en halv time, en time, halvannen time, to timer)	*How long does it take?* *It takes _____ one way.* *(10 minutes, 15 minutes, a half hour, an hour, an hour and a half, two hours)*
Vær så god. Jeg skulle gjerne hatt _____. (en enkeltbillett, en 24-timersbillett, en 7-dagersbillett, en 30-dagersbillett, en studentbillett, en 365-dagersbillett, et Oslo Pass)	*Can I help you?* *I would like _____.* *(a single ticket, a 24-hour ticket, a 7-day ticket, a 30-day ticket, a student ticket, a 365-day ticket, an Oslo tourist ticket)*
For voksne eller barn? Én voksen og ett barn, takk. To voksne og to barn, takk.	*For adults or children?* *One adult and one child, please.* *Two adults and two children, please.*
Hvordan kommer jeg til Vigelandsparken? Du kan ta trikken eller T-banen fra sentrum til Majorstua. Derfra kan du gå til Vigelandsparken. | Du kan ta trikken fra Aker Brygge.	*How do I get to the Vigeland sculpture park?* *You can take the streetcar or the subway from downtown to Majorstua. From there you can walk to Vigeland sculpture park. |* *You can take the streetcar from Aker Brygge.*
Kan du si meg veien til Stortinget? Ja, det kan jeg. Følg Kristian IVs gate rett fram. Ta til høyre når du kommer til Universitetsgata. Gå rett fram og ta til venstre i Karl Johans gate. Gå rett fram to kvartaler, og så ligger Stortinget på høyre side. | Beklager, men jeg er ikke kjent her.	*Can you tell me the way to the parliament?* *Yes, I can.* *Follow Kristian IV's Street straight ahead.* *Go to the right when you get to University Street.* *Go straight ahead and take a left on Karl Johan's Street. Go straight ahead two blocks, and then the parliament will be on the right side. |* *Sorry, but I'm not familiar with this area.*
Hvordan liker du å reise når du er på ferie? Jeg liker å reise med _____. (sykkel, motorsykkel, bil, bobil, buss, tog, fly, båt, Hurtigruta)	*How do you like to travel when you are on vacation?* *I like to travel by _____.* *(bicycle, motorcycle, car, RV, bus, train, plane, boat, the Coastal Steamer)*
Hvor pleier du å overnatte når du er på ferie? Jeg pleier å overnatte _____. (på hotell, på fjellstue, på pensjonat, på vandrerhjem, på hytte, på campinghytte, i campingvogn, i bobil, i telt)	*Where do you usually stay when you are on vacation?* *I like to stay _____.* *(in a hotel, in a mountain hotel, in a Bed and Breakfast, in a hostel, in a cabin, in a camping cabin, in a camping trailer, in an RV, in a tent)*

Kap. 29: Turistattraksjoner

 øving a. Answer the questions below.
TURISTATTRAKSJONER OG AKTIVITETER

1. Hvilke turistattraksjoner finnes i nærheten av der du bor?

2. Er det mange museer, kunstgallerier, kirker eller festninger der du bor? Er du interessert i historiske severdigheter?

3. Er det en fornøyelsespark, skulpturpark, en dyrepark eller et akvarium der? Hva heter de? Drar du ofte dit?

4. Er det fine butikker og butikksentre der du bor? Drar du på shopping?

5. Hvilke turistattraksjoner liker du best i landet ditt?

6. Hva liker du å gjøre når du drar på ferie? Drar du på sightseeing?
Går du på museer eller kunstgallerier? Drar du på shopping?
Går du på kino, teater, konserter eller restauranter?
Slapper du av? Bader du? Soler du deg? Går du på fottur?
Besøker du familie eller venner? Tar du mange bilder? Leser du?

stavkirker
Built in the Middle Ages, the Norwegian stave churches are known for their unique wooden architecture. Today, there are 28 stave churches remaining, including Urnes Stave Church, which was added to the Unesco World Heritage List in 1979. ■

Turistattraksjoner og turistaktiviteter

ei/en kirke, ei/en stavkirke, en festning, et slott, et museum, et kunstgalleri, et konserthus, et teater, en skulpturpark, en dyrepark, en fritidspark, et akvarium, en butikk

å dra på sightseeing, å besøke kirker, festninger, slott, å besøke dyreparker, fornøyelsesparker, skulpturparker, å gå på museer, å gå på kunstgallerier, å gå på konserter, å gå i teater, å gå på kino, å gå på restauranter, å gå på akvarier, å dra på shopping, å handle suvenirer, å besøke familie eller slekt, å ta bilder, å slappe av, å lese, å bade, å sole seg, å gå tur, å gå på fottur, å sykle

 øving b.
TURISTATTRAKSJONER I NORGE

Match the descriptions below with the names of the most popular tourist attractions in Norway listed on the next page.

1. _____ En fantastisk katedral i Trondheim
2. _____ Et skihopp
3. _____ Et museum med ei stor samling malerier av Edvard Munch
4. _____ En bane som går fra Bergen sentrum til toppen av Fløifjellet
5. _____ Figurer hugget inn i stein fra bronsealderen
6. _____ Edvard Griegs hjem
7. _____ En skulpturpark med 221 skulpturer i bronse, granitt og smijern
8. _____ Senter for samisk politikk i Norge
9. _____ Et friluftsmuseum på Lillehammer med gårdsbygninger og ei stavkirke
10. _____ Et akvarium med fisker, seler og pingviner
11. _____ En dyrepark med mange flotte dyr og Kardemomme by
12. _____ Et verksted hvor det produseres glass, vaser, figurer og kunstglass

De mest populære turistattraksjonene i Norge

i Nord-Norge
a) Ishavskatedralen (Tromsø)
b) Sametinget (Karasjok)
c) Helleristninger (Alta)

på Vestlandet
d) Fisketorget (Bergen)
e) Bryggen (Bergen)
f) Fløibanen (Bergen)
g) Akvariet (Bergen)
h) Troldhaugen (Bergen)
i) Urnes stavkirke (Urnes)
j) Norsk oljemuseum (Stavanger)

i Trøndelag
k) Nidaros Domkirke (Trondheim)
l) Ringve Museum (Trondheim)

på Østlandet
m) Maihaugen (Lillehammer)
n) Norges Olympiske Museum (Lillehammer)
o) Hadeland Glassverk (Jevnaker)
p) Holmenkollen (Oslo)
q) Vikingskipshuset (Oslo)
r) Norsk folkemuseum (Oslo)
s) Kon-Tiki Museet (Oslo)
t) Vigelandsparken (Oslo)
u) Akershus slott og festning (Oslo)
v) Nasjonalgalleriet (Oslo)
w) Munchmuseet (Oslo)
x) Operahuset (Oslo)
y) Bø Sommarland (Bø i Telemark)

på Sørlandet
z) Kristiansand Dyrepark (Kristiansand)

13. _____ Ei stavkirke i Urnes
14. _____ Et museum om Thor Heyerdahls reise fra Peru til Polynesia
15. _____ En fritidspark i Telemark
16. _____ Et museum om musikk og musikkinstrumenter i Trondheim
17. _____ En katedral med flotte glassmalerier i Tromsø
18. _____ Ei festning grunnlagt i 1299 som står ved havna i Oslo
19. _____ Et museum om oljeindustrien i Norge
20. _____ Et torg i Bergen sentrum med fersk fisk, grønnsaker og frukt
21. _____ Et kunstgalleri i Oslo
22. _____ Gamle bygninger fra hansatida som står ved havna i Bergen
23. _____ Et friluftsmuseum i Oslo med gamle gårdsbygninger og ei stavkirke
24. _____ Et museum om vinter-OL på Lillehammer i 1994
25. _____ Et museum med gamle vikingskip og kunstverk fra vikingtida
26. _____ En fantastisk bygning for opera-, ballett- og musikkforestillinger

Naturattraksjoner i Norge

Torghatten:
Et fjell med et hull som
går tvers gjennom det

Lofoten: Ei øygruppe
med flotte fjell i Nord-Norge

Nordkapp: En klippe
på 307 meter over havet
som ofte er omtalt som
Europas nordligste punkt

Atlanterhavsveien:
En vei som går fra øy til øy
på Vestlandet

Trollstigen:
En vei med mange
svinger på Vestlandet

Besseggen: Et populært
turistmål i Jotunheimen

Telemarkskanalen:
En 105 km lang kanal i
Telemark

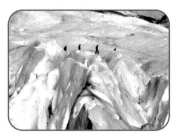

Geirangerfjorden:
En av de smaleste fjordene på
Vestlandet

Oslomarka: Et stort
skog- og friluftsområde
nord (Nordmarka) og øst
(Østmarka) for Oslo

Briksdalsbreen: En
brearm av Jostedalsbreen

Prekestolen: En
fjellformasjon som er
604 meter høy

Skjærgården: Et
område med mange små øyer
langs kysten av Sørlandet

øving c.
TURISTATTRAKSJONER

Read the descriptions of the natural attractions in Norway with a partner and
be sure you understand them. As you listen to the recording of Norwegians
describing their favorite natural attractions, write their names next to the places
they describe and the activities they do at these places.

FEM PÅ GATA:
Hvilken turistattraksjon liker du best? Hva er ditt yndlingsreisemål?

Lofoten er mitt yndlingsreisemål. Jeg pleier å dra dit med familien og leie ei rorbu i to uker hver sommer. Det er så idyllisk der, så rolig og fredelig, selv om det ligger midt i havgapet. Vi drar ofte på fisketur og spiser fersk fisk til middag nesten hver dag. Dessuten er det mange flotte steder å gå tur i Lofoten og mange fine restauranter og gallerier. Og midnattssola er jo alltid fantastisk.

Jeg liker **Folkemuseet** aller best. Det ligger på Bygdøy, bare et kvarter fra Oslo sentrum, og er ei stor samling av antikvariske bygninger fra over hele Norge. Museet inneholder blant annet ei stavkirke fra 1200-tallet, gårdsbygninger fra ulike steder i landet og restaurerte bygårder fra Oslo og andre byer. Det er en flott opplevelse å gå rundt og se på bygningene. Jeg har bare vært der én gang, men håper jeg kan komme tilbake.

Når jeg er på tur med barna mine, er **Kristiansand dyrepark** mitt favorittsted. Her er det så mye morsomt å finne på! Barna kan se på dyr fra over hele verden, kjøre tømmerrenna, besøke Kardemomme by som alle kjenner fra Thorbjørn Egners barnebøker og se utendørs barneteater om sjørøveren Kaptein Sabeltann. Barna mine maser om å dra tilbake, så vi tar nok en tur dit til sommeren.

Fisketorget i Bergen er turistattraksjonen jeg liker best. Siste gang jeg var der var i fjor sommer. Her kan man kjøpe alle slags fisk og skalldyr, i tillegg til grønnsaker, frukt og håndverksartikler. Hver gang jeg er i Bergen, kjøper jeg ferske reker fra Fisketorget og nyter en nydelig lunsj på brygga.

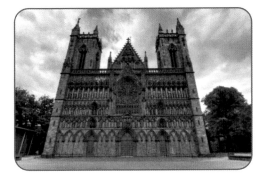

Min favoritt er uten tvil **Nidarosdomen**, den store katedralen midt i Trondheim. Jeg bor ikke så langt unna, så jeg drar dit så ofte jeg kan. Det er noe magisk ved Nidarosdomen, den ruvende størrelsen, alle de skumle steinfigurene og de fantastiske detaljene. Jeg oppdager alltid noe nytt. Dessuten er det deilig å bare sitte inni katedralen. Der inne er det en helt spesiell stillhet.

øving d.
TURISTATTRAKSJONER

Read the texts about favorite tourist attractions. Draw a circle around the tourist attractions and underline what the people like about the attractions.

Regelmessige adjektiv [REGULAR ADJECTIVES]

	Masculine	Feminine	Neuter	Plural
Indefinite form (Attributive)	Det er en **fin** park.	Det er ei **fin** kirke.	Det er et **fint** slott.	Det er **fine** båter.
Indefinite form (Predicative)	Parken er **fin**.	Kirka er **fin**.	Slottet er **fint**.	Båtene er **fine**.
Definite form	den **fine** parken	den **fine** kirka	det **fine** slottet	de **fine** båtene

> ✍ **øving e.**
> BESTEMT FORM
> What did the tourists like the best about their trips in Norway? Change the nouns and adjectives from the indefinite to the definite form.

1. Karen likte _____ (en fin båttur).

2. Claus likte _____ (pene fjorder).

3. Jen likte _____ (et nytt galleri).

4. Mari likte _____ (et fint skihopp).

5. Lou likte _____ (ei varm dyne).

6. Martin likte _____ (lyse netter).

Uregelmessige adjektiv [IRREGULAR ADJECTIVES]

Adjectives	Irregular forms
1. Adjectives ending in -ig and adjectives ending in -sk that indicate nationality or have more than one syllable (artig, koselig, norsk, fantastisk)	No -t ending with neuter nouns (et **artig** konserthus, et **koselig** hjem, et **norsk** flagg, et **fantastisk** slott)
2. Adjectives ending in -el, -er, and -en (gammel, vakker, sulten)	Contracted form with plural or definite nouns (**gamle** bygninger, **vakre** fjorder, **sultne** turister)
3. Adjectives ending in a stressed vowel (ny, blå)	Add -tt ending with neuter nouns. Sometimes no -e ending with plural and definite nouns (et **nytt** skihopp, **nye** gallerier, et **blått** hus, **blå** biler)
4. Adjectives ending in a double consonant (snill, grønn)	Double consonant is simplified when adding -t ending with neuter nouns (et **snilt** barn, et **grønt** hus)
5. Adjectives ending in a consonant and a -t (svart, kort)	No -t ending with neuter nouns (et **svart** telt, et **kort** tog)
6. Adjectives ending in an unstressed vowel (spennende, moderne, utfordrende)	No endings with any nouns (en **spennende** reise, et **moderne** slott, **utfordrende** turer)
7. Adjectives that are completely irregular (liten)	liten, lita, lite, små — lille, lille, lille, små (en **liten** buss, ei **lita** øy, et **lite** telt, **små** bilder, den **lille** bussen, den **lille** øya, det **lille** teltet, de **små** bildene)

øving f.
UREGELMESSIGE ADJEKTIV

Complete the descriptions by filling in the indefinite or the definite form of the adjective. Watch for the irregular forms.

1. Da vi var i Norge, traff vi mange _____ mennesker *(hyggelig)*. Vi bodde hos

   den _____ familien vår *(norsk)* i et _____ og _____

   hus på Nordstrand *(stor, koselig)*. Det var _____ å bli bedre kjent med familien vår

   (fantastisk).

2. I Oslo gikk vi på teater en kveld. Skuespillet var ganske _____ *(kort)*, men vi likte det

   veldig godt. Hovedpersonen i stykket var kledd i et _____ skjørt *(svart)*,

   en _____ genser *(svart)* og _____ sko *(svart)*, så vi trodde at

   skuespillet skulle være litt _____ *(deprimerende)*, men det var egentlig veldig

   _____ *(morsom)*.

3. Norsklærerne våre er veldig _____ *(hyggelig)*. De gir oss aldri lekser i feriene,

   og de hjelper oss når vi trenger det. Det er _____ av dem *(snill)*.

4. Vi tok mange bilder av de _____ fjordene *(norsk)*.

   Vannet var så _____ *(blå)*, og været var veldig _____ *(pen)*. Jeg var

   veldig fornøyd med det _____ fotoapparatet mitt *(ny)*. Søstera mi hadde også

   et _____ kamera *(ny)*, men bildene hennes ble ikke så _____ *(fin)* som mine.

5. Besteforeldrene mine er 74 år _____ *(gammel)* og bor på en gård litt utenfor Tromsø.

   Det er et _____ sted *(idyllisk)* med _____ fjell *(vakker)*

   og en _____ utsikt *(fin)* over havet. Det var _____ *(artig)* å sitte og høre på bestefar

   fortelle om livet på den _____ gården *(gammel)* da han var barn.

6. Det har regnet hver dag siden vi kom til Norge, og det er ganske _____ *(deprimerende)*.

   Vi hadde håpet på at vi kunne ta mange _____ bilder *(flott)*,

   men hittil har det ikke gått så bra. Det var også _____ *(irriterende)* å finne ut at

   vi hadde glemt det _____ regntøyet vårt hjemme *(ny)*.

7. Da vi var på Lillehammer, bodde vi i ei _____ hytte *(liten)*. Alle rommene i hytta var

   _____ *(liten)*, men vi syntes de var veldig _____ *(koselig)*. I stua var det

   en _____ sofa *(pen)* og en _____ lenestol *(behagelig)*, og på kjøkkenet var det et

   _____ spisebord med fire stoler *(liten)*.

Ordstilling: Spørsmål [WORD ORDER: QUESTIONS]

Spørsmål med spørreord [QUESTIONS WITH INTERROGATIVES]

Below is an overview of the interrogatives you have learned as well as examples of questions in both present and past tense. Remember not to use the helping verbs *do* or *did* when writing questions in Norwegian.

Interrogative		Questions in Present Tense	Questions in Past Tense
hva	*what*	**Hva** <u>liker</u> du å gjøre i ferien?	**Hva** <u>likte</u> du å gjøre i ferien?
hvor	*where*	**Hvor** <u>overnatter</u> du i ferien?	**Hvor** <u>overnattet</u> du i ferien?
hvordan	*how*	**Hvordan** <u>liker</u> du best å reise?	**Hvordan** <u>likte</u> du best å reise?
hvem	*who*	**Hvem** <u>besøker</u> du i Norge?	**Hvem** <u>besøkte</u> du i Norge?
hvorfor	*why*	**Hvorfor** <u>reiser</u> du til Norge?	**Hvorfor** <u>reiste</u> du til Norge?
når	*when*	**Når** <u>drar</u> du på sightseeing?	**Når** <u>dro</u> du på sightseeing?
hvilken	*which*	**Hvilken** buss <u>tar</u> du til byen? **Hvilken** fjellstue <u>bor</u> du på? **Hvilket** tog <u>går</u> til Bergen? **Hvilke** suvenirer <u>liker</u> du best?	**Hvilken** buss <u>tok</u> du til byen? **Hvilken** fjellstue <u>bodde</u> du på? **Hvilket** tog <u>gikk</u> til Bergen? **Hvilke** suvenirer <u>likte</u> du best?
hva slags	*what kind*	**Hva slags** fotoapparat <u>har</u> du?	**Hva slags** fotoapparat <u>hadde</u> du?
hvor mange	*how many*	**Hvor mange** kofferter <u>har</u> du?	**Hvor mange** kofferter <u>hadde</u> du?
hvor mye	*how much*	**Hvor mye** <u>koster</u> flyreisa?	**Hvor mye** <u>kostet</u> flyreisa?
hvor lenge	*how long*	**Hvor lenge** <u>varer</u> reisa di?	**Hvor lenge** <u>varte</u> reisa di?
hvor langt	*how far*	**Hvor langt** <u>er</u> det til Tromsø?	**Hvor langt** <u>var</u> det til Tromsø?
hvor gammel	*how old*	**Hvor gammel** <u>er</u> kirka?	**Hvor gammel** <u>var</u> kirka?

 **øving g.**
SPØRSMÅL

Complete the interviews by filling in the appropriate questions. Note that the first interview is about a trip taken every year (use present tense) and the second is about a trip to Norway taken in 2022 (use past tense).

Reisen vår

1. _____ Vi pleier å dra til hytta vår i sommerferien.
2. _____ Hytta vår ligger på Sørlandet.
3. _____ Det er ca. 250 kilometer til hytta vår.
4. _____ Vi pleier å kjøre bil til hytta.
5. _____ Hele familien min reiser til hytta i sommerferien.

6. _____ Vi er vanligvis på hytta i tre uker om sommeren.
7. _____ Vi har en seilbåt og en motorbåt på hytta.
8. _____ Jeg liker seilbåten best.

Reisen til Norge i 2022

1. _____ Jeg reiste til Norge i august 2022.
2. _____ Jeg var i Norge i to uker.
3. _____ Jeg reiste sammen med tre venner.
4. _____ Vi overnattet for det meste på campinghytte.
5. _____ Vi besøkte over 15 museer i Norge!
6. _____ Jeg likte best Skimuseet i Holmenkollen.
7. _____ Vi besøkte Oslo, Bergen og Trondheim.
8. _____ Vi reiste til Norge fordi vi har venner der.

Ja/Nei-spørsmål   [YES/NO QUESTIONS]

Below are examples of yes/no questions in both present and past tense. Once again, note that the helping verbs *do* and *did* are not needed when creating these questions.

Yes / No Questions in Present Tense	Yes / No Questions in Past Tense
Reiser du med tog? Ja, det gjør jeg. | Nei, det gjør jeg ikke.	**Reiste** du med tog? Ja, det gjorde jeg. | Nei, det gjorde jeg ikke.
Har du mye bagasje? Ja, det har jeg. | Nei, det har jeg ikke.	**Hadde** du mye bagasje? Ja, det hadde jeg. | Nei, det hadde jeg ikke.
Er du turist? Ja, det er jeg. | Nei, det er jeg ikke.	**Var** du turist? Ja, det var jeg. | Nei, det var jeg ikke.
Skal du ta Hurtigruta? Ja, det skal jeg. | Nei, det skal jeg ikke.	**Skulle** du ta Hurtigruta? Ja, det skulle jeg. | Nei, det skulle jeg ikke.

 **øving h.** KORTSVAR   Practice forming yes/no questions in past tense and answering with short answers in past tense as you interview one another about your most recent vacation.

Reiste alene	Besøkte mange museer	Reiste med fly eller med tog	Gikk på kino eller på teater	Kjøpte mange suvenirer
Hadde mye bagasje	Hadde et kamera med seg	Hadde tid til å lese bøker	Hadde lyst til å bo på hotell	Hadde en fantastisk ferie
Var i USA	Var i utlandet	Var sammen med venner	Var på ferie i over to uker	Var avslappet og glad
Måtte jobbe eller studere i ferien	Kunne forstå språket	Skulle ringe til familien hver dag	Ville bade og sole seg hver dag	Kunne slappe helt av

øving g.
EN REISE TIL NORGE

In the short dialogs below, two friends are planning a trip to Norway. Read the text once and write a title for each of the main sections. Then, read the text again and draw their route on the map along with their plans for accommodations, transportation, tourist attractions, activities, and dates.

REISEN TIL MARI OG KARIN

1. _____

Mari. Hei! Jeg gleder meg til å dra til Norge! Jeg har aldri vært der før.

Karin. Ikke jeg heller. Har du lyst til å reise om sommeren eller om vinteren?

Mari. Tja… Det er sikkert veldig fint i Norge om vinteren, men jeg vil helst reise dit om sommeren.

Karin. Det er greit. Skal vi se… vi har begge fri uke 26 og 27. Hva med å dra herfra søndag 25. juni, og så reise hjem søndag den 9. juli?

Mari. Det høres bra ut!

2. _____

Mari. Jeg har veldig lyst til å besøke Bergen. Alle skryter sånn av Bryggen og Fisketorget i Bergen. Hvilke norske byer har du lyst til å se?

Karin. Jeg kunne godt tenke meg å dra til Oslo, siden det er jo hovedstaden, og så har jeg lyst til å se Stavanger. Jeg har noen venner som jobber for et oljefirma, og vi kunne kanskje overnatte hos dem.

Mari. Det blir moro og litt billigere også.

Karin. Ja, og rett utenfor Stavanger ligger Prekestolen. Det ville vært kjempefint å gå helt til toppen!

Mari. Ja, så klart! Tror du vi kunne stoppe i Kristiansand på veien fra Oslo til Stavanger? Da kunne vi besøke Dyreparken.

Karin. Ja, det vil jeg gjerne! Jeg kan finne mer informasjon om Dyreparken på nettet.

3. _____

Mari. Vi må tenke litt på hvordan vi skal reise fra sted til sted.

Karin. Vi kommer jo til Oslo med fly og skal være der noen dager. Hva om vi reiste videre til Stavanger med buss?

Mari. Med buss? Går det ikke tog mellom Oslo og Stavanger?

Karin. Jo, men på nettet så jeg at det er gode sommertilbud på bussen. Da sparer vi litt penger på det.

Mari. Ok, det er greit. Kunne vi ta båt fra Stavanger til Bergen?

Karin. Gjerne for meg. Jeg er veldig glad i å være på havet. Hvordan kommer vi oss tilbake til Oslo? Skal vi ta toget?

Mari. Ja, læreren vår sa at det er en nydelig tur over fjellet!

4. _____

Karin. Jeg er litt usikker på hvor vi skal overnatte.

Mari. Jeg har en venn som bodde på et billig vandrerhjem i Oslo.

Karin. Ja, heter det ikke Haraldsheim?

Mari. Mmm. Hvis du kunne undersøke det, så kunne jeg prøve å finne ei campinghytte i Kristiansand.

Karin. Flott! Så kan vi som sagt overnatte hos vennene mine i Stavanger. Da har vi bare Bergen igjen.

Mari. Jeg synes vi skulle bo på hotell i Bergen. Vi har vært så flinke til å spare penger ellers.

Karin. Helt enig!

5. _____

Mari. Skal vi prate om hva vi skal gjøre på hvert sted?

Karin. Ja, vi må ikke planlegge alt på forhånd, men vi kunne gå gjennom det vi har mest lyst til å gjøre. For eksempel vil jeg absolutt dra til Vigelandsparken og Munchmuseet. Hva med deg? Hva vil du se?

Mari. Jeg er ikke like interessert i kunst som du er, så jeg vil helst tilbringe mer tid ute i naturen. Jeg vil gå tur eller sykle i Nordmarka, for eksempel, og bade i fjorden hvis det er varmt nok.

Karin. I Kristiansand bruker vi sikkert en hel dag i Dyreparken, men jeg har også lyst til å dra på shopping i sentrum og ta en båttur i skjærgården.

Mari. Ja, jeg også! Jeg har hørt at skjærgården er nydelig. Dagen etter vet vi at vi skal til Prekestolen, men vet du hva mer det er å gjøre i Stavanger?

Karin. Nei, men det kan jeg kanskje spørre vennene mine om.

Mari. God idé! Og så er det Bergen da.

Karin. I Bergen foreslår jeg at vi går på Bryggen og på Fisketorget. Jeg har også lyst til å ta Fløibanen opp til Fløyen og se på den flotte utsikten!

TROMSØ

BODØ

STEINKJER
TRONDHEIM

øving j.
REISEN MIN

Work with a partner and plan a two-week trip to Norway. Use the map and the planning chart in the portal to get started.

LILLEHAMMER

BERGEN

OSLO

STAVANGER

ARENDAL

KRISTIANSAND

| Stasjonshall Station hall |
| Bussterminalen Bus Terminal |
| T-bane Underground train |

🔍 i fokus: fjell, vidder og isbreer

Nordkapp blir ofte beskrevet som det nordligste punktet i Norge og i Europa. Det er faktisk ikke helt sant, men likevel er Nordkapp et populært turistmål med et flott turistsenter.

Lofoten er ei stor øygruppe i Nord-Norge som er kjent for sin vakre natur med fjell, hav og strender. Hvert år fra januar til april er det tida for Lofotfisket, det viktigste sesongfisket etter torsk i Norge.

Finnmarksvidda er det største høyfjellsplatået i Norge og ligger 300–500 meter over havet. Finnmarksvidda er kjent som hjemmet til samene, urfolket i Nord-Norge som tradisjonelt drev med reindrift.

Svartisen er den nest største isbreen i Norge og ligger litt sør for Bodø. Den mest kjente brearmen heter Engenbreen, og den munner ut i Holandsfjorden bare 20 meter over havet.

Polarsirkelen på 66 grader 33 minutter nordlig bredde går gjennom Nord-Norge. Nord for polarsirkelen kan man oppleve midnattssol om sommeren og mørketid og nordlys om vinteren.

Jostedalsbreen er den største isbreen i Norge og i Europa. To av de mest kjente brearmene er Briksdalsbreen og Nigardsbreen. Hver sommer kommer det mange turister for å se på breene og gå på bretur.

Jotunheimen er et stort fjellområde med de høyeste fjellene i Norge, Galdhøpiggen og Glittertind. Jotunheimen er et populært turområde både om sommeren og vinteren. Navnet stammer fra norrøn mytologi og betyr *Home of the Giants*.

Galdhøpiggen er det høyeste fjellet i Norge og i Nord-Europa. Den er 2649 meter høy og ligger i Jotunheimen.

Gudbrandsdalen er én av de mange store dalene i Norge og strekker seg fra Lillehammer i sør til Otta i nord. Gudbrandsdalen er kjent for sine historiske og kulturelle tradisjoner og har inspirert mange av Norges største kunstnere som Henrik Ibsen, Sigrid Undset, Bjørnstjerne Bjørnson og Edvard Grieg.

Hardangervidda er et stort høyfjellsplatå i Sør-Norge. Hardangervidda er et populært turområde med mange merkede stier og turisthytter. Dessuten er vidda kjent for å ha Europas største villreinstamme..

i fokus: fjorder, innsjøer og elver

øving 1.

GEOGRAFI

Read the short descriptions of the geographical features and bodies of water. Underline the main words that describe each of these and then answer the questions about the landscape in Norway and in your country.

a) Hva er det nordligste punket i Norge?
b) Hva heter ei stor øygruppe i Nord-Norge?
c) Hva er den største isbreen i Norge?
d) Hva heter et stort fjellområde i Norge?
e) Hva er det høyeste fjellet i Norge?
f) Hva er den største innsjøen i Norge?
g) Hva er den lengste elva og fjorden i Norge?

Porsangerfjorden
er 123 kilometer lang og er den fjerde lengste fjorden i Norge. Den ligger i Finnmark fylke.

Trondheimsfjorden
er 130 kilometer lang og er den tredje lengste fjorden i Norge. Den ligger i Trøndelag fylke.

Nordfjord er 106 kilometer lang og er den sjette lengste fjorden i Norge. Den ligger i Vestland fylke.

Sognefjorden
er 204 kilometer lang og er den lengste og dypeste fjorden i Norge. Den ligger i Vestland fylke.

Mjøsa er den største innsjøen i Norge og er 117 kilometer lang. Det ligger flere byer ved Mjøsa, blant annet Lillehammer, Gjøvik og Hamar, og rundt innsjøen finnes noen av de mest fruktbare jordbruksområdene i landet.

Glomma er den lengste elva i Norge og er 604 kilometer lang. Glomma har sitt utspring nordøst for Røros og munner ut i Oslofjorden ved Fredrikstad sør for Oslo.

Oslofjorden er 107 kilometer lang og er den femte lengste fjorden i Norge. Oslofjorden er viktig både for skipstrafikk og for rekreasjon, blant annet fiske, båtturer og hytteliv.

Hardangerfjorden er 179 kilometer lang og er den nest lengste fjorden i Norge. Den ligger i Vestland fylke.

uttale: trykk og tonem

Stress in words

In most Norwegian words, the stress falls on the first syllable. However, there are many loan words in Norwegian where the stress is placed on other syllables because they start with a particular prefix or end with a particular suffix. See examples in the chart below.

Stress on first syllable	Second syllable		Second-to-last syllable		Last syllable	
reise	be-:	be**søke**	-ere:	fotogra**fere**	-sjon:	attrak**sjon**
sommer	be-:	be**tale**	-ere:	mosjo**nere**	-al:	festi**val**
kanskje	for-:	for**stå**	-isk:	fan**tas**tisk	-ist:	journa**list**
ferie	for-:	for**holde**	-um:	mu**se**um	-ikk:	poli**tikk**

Stress in statements and questions

In Norwegian speech, it is important to note that only a few words in each sentence are stressed, namely the words that carry the meaning. In contrast, most of the short, functional words in Norwegian, such as pronouns, articles, and prepositions, are usually unstressed. Learning to put stress on the appropriate words in the sentence is one of the keys to having good pronunciation in Norwegian.

Tones

TONE 1   TONE 2

In addition to stress, Norwegian also uses a system of tones to distinguish between different words. Tone 1 starts low and becomes high, while Tone 2 starts high, becomes low, and then rises at the end. There are several sets of words in Norwegian that can only be distinguished from one another by the tone. Words with Tone 1 typically have only one syllable, unless they are foreign words or have two syllables due to the addition of a grammatical ending. In contrast, Tone 2 most commonly occurs in words of two or more syllables and in compound words.

In the flow of normal speech, the tones only occur when words have stress. In other words, when you are reading individual words aloud, they will all have stress and thus the tones as well. However, if you are reading a text aloud, only a few words in each sentence will have stress and tones.

øving 1.
TRYKK OG TONEM

Listen to the text below and do the following.

a) Listen to the individual words in this text. What words don't have stress on the first syllable? Why?
b) Listen to the text as a whole. Mark the words in the sentences that are stressed more than others.
c) Listen carefully to the words stressed in each sentence. Do they have tone 1 or tone 2?

M. Jeg har veldig lyst til å besøke Bergen. Alle skryter sånn av Bryggen og Fisketorget i Bergen. Hvilke norske byer har du lyst til å se?

K. Jeg kunne godt tenke meg å dra til Oslo, og så har jeg lyst til å se Stavanger. Jeg har noen venner som jobber for et oljefirma, og vi kunne kanskje overnatte hos dem.

M. Det blir moro – og litt billigere også.

K. Ja, og rett utenfor Stavanger ligger Prekestolen. Det ville vært kjempefint å gå helt til toppen!

M. Ja, så klart! Tror du vi kunne stoppe i Kristiansand på veien fra Oslo til Stavanger? Da kunne vi besøke Dyreparken.

K. Ja, det vil jeg gjerne! Jeg kan finne mer informasjon om Dyreparken på nettet.

REPETISJON: ORD OG UTTRYKK

29. Turistattraksjoner	28. Tourist Attractions
Hvor pleier du å reise på ferie? Jeg pleier å reise _____ på ferie. (på hytta, i staten min, til andre stater, til utlandet, til Norge, til Europa)	*Where do you usually travel on vacation?* *I usually travel _____ on vacation.* *(to the cabin, in my state, to other states,* *to other countries, to Norway, to Europe)*
Hva liker du å gjøre i ferien? Jeg liker å _____. (dra på sightseeing, besøke historiske bygninger, gå på museer, gå på kunstgallerier, gå på konserter gå på teater, dra på shopping, ta bilder, slappe av, lese, bade, sole meg, gå tur, gå på fottur, sykle)	*What do you like to do on vacation?* *I like to _____.* *(go sightseeing, visit historical buildings,* *go to museums, go to galleries, go to concerts,* *go to theater, go shopping, take photos, relax,* *read, swim, sunbathe, walk, hike, bike)*
Liker du å være turist? Ja, det gjør jeg. | Nei, det gjør jeg ikke.	*Do you like to be a tourist?* *Yes, I do. | No, I don't.*
Hvilke turistattraksjoner finnes på hjemstedet ditt? På hjemstedet mitt finnes _____. (et museum, et friluftsmuseum, et kunstgalleri, ei/en kirke, ei/en stavkirke, ei/en festning, et slott, et konserthus, et teater, en park, en fornøyelsespark, en skulpturpark, en dyrepark, et akvarium)	*What tourist attractions are there in your hometown?* *In my hometown, there is _____.* *(a museum, an outdoor museum, an art gallery,* *a church, a stave church, a fort, a palace,* *a concert hall, a theater, a park, an amusement park,* *a sculpture park, a zoo, an aquarium)*
Hva er de mest populære turistattraksjonene i Norge? De er _____. (Holmenkollen, Vikingskiphuset, Norsk folkemuseum, Kon-Tiki Museet, Vigelandsparken, Akershus slott og festning, Nasjonalgalleriet, Munchmuseet, Operahuset, Norges Olympiske Museum, Maihaugen, Kristiansand dyrepark, Kardemomme by, Fisketorget, Bryggen, Fløibanen, Akvariet, Troldhaugen, Nidaros Domkirke, Ishavskatedralen, Norsk oljemuseum)	*What are the most popular tourist attractions in Norway?* *They are _____.* *(Holmenkollen, Viking Ship Museum,* *Norwegian Folk Museum, Kon-Tiki Museum,* *Vigeland Park, Akershus Castle and Fort,* *National Gallery, Munch Museum, Opera House,* *Norway's Olympic Museum, Maihaugen,* *Kristiansand Zoo, Kardemomme City,* *Fish Market, Wharf, Funicular,* *Aquarium, Troldhaugen, Nidaros Cathedral,* *Arctic Cathedral, Norwegian Oil Museum)*
Hva er de mest populære naturattraksjonene i Norge? De er _____. (Østlandet: Oslomarka, Besseggen Sørlandet: Prekestolen, Skjærgården Vestlandet: Atlanterhavsveien, Trollstigen, Geirangerfjorden, Briksdalsbreen Nord-Norge: Lofoten, Torghatten, Nordkapp)	*What are the most popular natural attractions in Norway?* *They are _____.* *(Eastern Norway: Oslo Wilderness, Besseggen* *Southern Norway: Pulpit Rock, Archipelago* *Western Norway: Atlantic Highway, Briksdal Glacier,* *Trollstigen Road, Geiranger Fjord* *Northern Norway: Lofoten, Torghatten, North Cape)*

Kap. 30: Reiser i Norge

Oslo

Markus. Hallo, det er Markus.

Kari. Hei, Markus! Det er Kari! Ja, nå er vi endelig i Oslo.

Markus. Så hyggelig! Når kom dere?

Kari. For tre dager siden. Vi reiste fra Minneapolis via Amsterdam til Gardermoen.

Markus. Tok dere flytoget inn til byen?

Kari. Jeg pleier å gjøre det, men vi bor på SAS-hotellet og derfor tok vi flybussen i stedet. Den stopper ved alle de store hotellene.

Markus. Det var nok lurt. Hvordan liker Emma seg i Norge, forresten? Hun har vel ikke vært i Norge før?

Kari. Nei, dette er første gang. Jeg tror hun liker seg, men hun var litt plaget av jetlag i begynnelsen. Plutselig ble klokka stilt sju timer framover.

Markus. Har dere hatt det travelt med sightseeing?

Kari. Ja, så klart. Vi har vært i Vigelandsparken og Holmenkollen. Emma er ikke like glad i museer som jeg er, men hun likte Vigeland-museet og Skimuseet veldig godt. I Holmenkollen har de en skisimulator, og den elsket hun!

Markus. Det med skisimulatoren var en god idé! Tenk så moro å oppleve hvordan det er å hoppe i Holmenkollen. Hva annet spennende har dere gjort?

Kari. Vi har også besøkt Vikingskiphuset og Folkemuseet på Bygdøy, og vi har også vært på båttur på Oslofjorden. Tidligere i dag var vi på stranda på Huk og svømte i sjøen. Det var deilig.

Markus. Så hyggelig! Ja, været har vært veldig fint i det siste. Varmt og godt. Men i morgen skal det visst bli litt regn, har jeg hørt.

Kari. Da var det godt vi fikk badet i sjøen i dag!

Markus. Mm. Har dere lyst til å komme på besøk og spise middag hos oss i morgen?

Kari. Ja, det vil vi veldig gjerne!

Markus. Flott! Da sier vi klokka seks.

Kari. Det går bra. Det blir hyggelig å se deg og familien din igjen! Ha det bra så lenge!

Markus. Vi ses! Ha det!

> ### i Tigerstaden
>
> Oslo is often called **Tigerstaden** (The Tiger City). The name comes from the poem "Sidste sang" (1870) by Bjørnstjerne Bjørnson, who used the tiger as a symbol to describe a dangerous and merciless city.
>
> Today the name **Tigerstaden** has a positive connotation, and the city has placed statues of tigers in various locations.
>
>

øving a.
TELEFONSAMTALE

Read the summary of the dialog about Oslo. Cross out the parts that are wrong and write in the corrections in the text.

Kari er på ferie i Oslo sammen med dattera si, Emma. De reiste med fly fra London til Gardermoen og tok flytoget inn til byen hvor de bor på et koselig pensjonat. De har vært i Oslo i fire dager før de ringer en venn som heter Marius. Kari sier at Emma har det bra og at hun er spesielt interessert i alle museene i Oslo. Dessuten har hun prøvd skisimulatoren i Vigelandsparken, og tidligere i dag badet de. Markus sier det er bra, for i morgen kommer det til å regne. Markus inviterer dem på kaffe i morgen.

Bergen

  øving b.
BERGEN

Read the journal entry about a day in Bergen below and answer the questions as you progress through the text. Then listen to the description of another tourist's experiences in Bergen. Note in the questions where their experiences are similar and where they are different.

Fra dagboka: Bergen!

I dag var det en fantastisk dag! Jeg sto opp ganske tidlig for å pakke ryggsekken og lage matpakke, brødskiver med brunost. Heldigvis skinte sola, og himmelen var blå og klar. Jeg traff Henrik i sentrum, og på veien stakk vi innom en kiosk og kjøpte Kvikk Lunsj og litt frukt. Henrik hadde tatt med seg kart over alle turistattraksjonene i Bergen. Vi var innom Fisketorget og gikk en lang tur langs Bryggen.

Det mest interessante i dag var likevel turen opp Fløibanen. Det var litt skummelt da vogna kjørte oppover fordi det var så bratt.

Da vi kom på toppen av Fløifjellet, kunne vi se hele Bergen, og utsikten var virkelig flott! På toppen var det en restaurant hvor flere av turistene spiste lunsj. Siden Henrik og jeg hadde tatt med oss matpakker, fant vi en rolig plass og koste oss

med brødskivene, frukten og sjokoladen.

Etterpå gikk vi ned til sentrum, og det var en flott tur. Vi gikk langs smale gater og beundret de gamle husene. Alt i alt var det en strålende dag.

SPØRSMÅL

1. Var det en fin dag?

2. Hvorfor sto denne personen opp tidlig?

3. Hvordan var været?

4. Hva kjøpte de i kiosken?

5. Besøkte de Fisketorget?

6. Gikk de en tur langs Bryggen?

7. Hvordan var det å reise med Fløibanen?

8. Hvordan var utsikten på toppen av Fløifjellet?

9. Hvor spiste de lunsj?

10. Hva spiste de?

11. Hvordan kom de seg tilbake til sentrum?

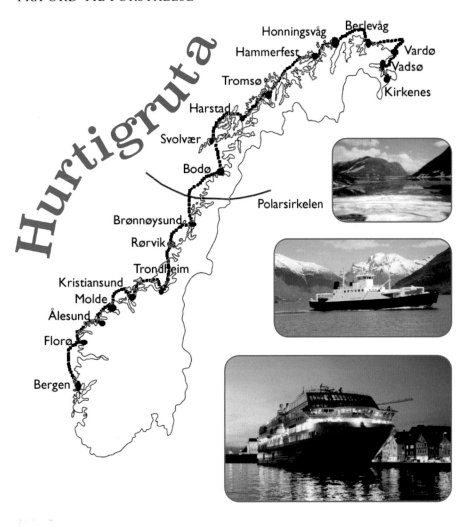

Hurtigruta

Honningsvåg
Berlevåg
Hammerfest
Vardø
Vadsø
Tromsø
Kirkenes
Harstad
Svolvær
Bodø
Polarsirkelen
Brønnøysund
Rørvik
Trondheim
Kristiansund
Molde
Ålesund
Florø
Bergen

Hurtigruta blir ofte kalt for verdens vakreste sjøreise. Denne unike reisen begynner i Bergen, Vestlandets hovedstad, og går langs kysten av Norge helt til Kirkenes i nord og tilbake. Om sommeren opplever man midnattssola, og om vinteren mørketida og nordlyset.

Hurtigruta seiler gjennom dype fjorder og mellom nydelige øyer, og den stopper i 34 havner. Man kan velge å ta hele turen, som varer i 11 døgn, eller å være med på en kortere tur, for eksempel fra Bergen til Trondheim eller fra Trondheim til Svolvær.

I tillegg til den flotte sjøreisen har Hurtigruta mange spennende utflukter på land som man kan være med på.

1. Tur til Geirangerfjorden
2. Byvandring i Ålesund
3. Nidarosdomen og Ringve museum i Trondheim
4. Brevandring på Svartisen
5. Havsafari til Saltstraumen
6. Ishavsbyen Tromsø med Ishavskatedralen og Polaria
7. Hundekjøring i Tromsø
8. Nordkapp
9. Gjesvær fuglesafari
10. Kirkenes: Elvebåtsafari eller snøscootersafari til Russland
11. Midnattkonsert i Tromsø
12. Samiske opplevelser
13. Lofoten
14. Havørnsafari

F-13215-9   Parti fra Jølster med Grovabreen
Norway   1516 m.o.h. i bakgrunnen.
           View of Jølster.

Hei Mari!
Du klarer aldri å gjette hvor jeg er nå! På Hurtigruta! Vi la ut fra Bergen for fire dager siden, seilte nordover og hadde en stopp i Trondheim der vi så på Nidarosdomen. Tidlig neste dag passerte vi polarsirkelen, og nå er vi i midnattssolas rike, nærmere bestemt Lofoten, og du kan tro det er vakkert her. Vi skal helt nord til Kirkenes før vi snur og reiser sørover igjen. Nest siste stopp er Molde, rosenes by. Hele turen tar oss 11 dager. Håper du har det fint i byen. Ser deg om noen dager!
                    Hilsen,
                    Camilla

ENERETT: Aune FORLAG AS   TLF. 73 91 65 40

Mari Lund

Risomv. 123C

0464 OSLO

7029550 200305

PRINTED IN NORWAY

øving c.
HURTIGRUTA

Read the description of the Coastal Steamer in Norway and make plans to take this cruise with another student. Decide whether you will do the whole trip or just a portion of it, and discuss which land tours you would like to do. Then, write a postcard to a friend describing your trip in past tense.

Norge i et nøtteskall

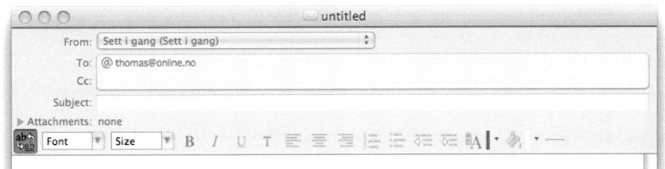

Hei Thomas!

Jeg kom akkurat hjem fra en kort ferie som jeg tilbrakte sammen med tre andre studenter fra Den internasjonale sommerskolen i Oslo. Vi hadde fri fra undervisningen i fire dager, så vi tok turen som blir kalt «Norge i et nøtteskall». Dette er den mest populære rundturen for turister i Norge.

Vi begynte i Oslo og reiste med tog (Bergensbanen) til Myrdal. I Myrdal byttet vi til Flåmsbana, som er én av verdens peneste og bratteste togreiser. Den begynte ved høyfjellsstasjonen Myrdal (867 moh.) og sluttet i Flåm helt innerst i Aurlandsfjorden (2 moh.) Togreisen tok ca. 55 minutter, og underveis hadde vi en fantastisk utsikt over nydelige fjell og fosser.

Fra Flåm tok vi ferge ut Aurlandsfjorden og inn Nærøyfjorden, den smaleste fjorden i Europa. Den har høye fjell på begge sider og er faktisk på toppen av UNESCOs verdensarvliste. På båten kjøpte vi oss sveler og kaffe og satt ute på dekk for å nyte utsikten. Vi var heldige med været – solskinn og 20 grader!

Da vi kom til Gudvangen, gikk vi av båten og reiste videre med buss. Vi kjørte oppover Stalheimskleiva, den bratteste veien i Norge med 18 % stigning og 13 hårnålssvinger. Jeg blir ikke så lett redd, men jeg torde nesten ikke å se ut av vinduet mens vi kjørte oppover. På toppen stoppet vi på Stalheim Hotell, hvor vi hadde fin utsikt over hele dalen.

Da vi kom til Voss, byttet vi til tog og reiste videre til Bergen. Der tilbrakte vi tre flotte dager med shopping, sightseeing, fotturer og båtturer. Vi reiste tilbake til Oslo med nattoget og var veldig fornøyde med turen! Gleder meg til å se deg og fortelle deg mer når jeg kommer hjem i august!

Klem fra Susanne

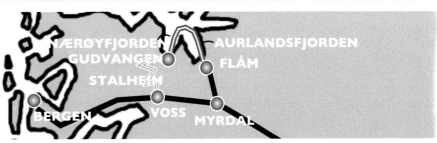

øving d.
NORGE I ET NØTTESKALL

Read the description of the "Norway in a Nutshell" trip. On the map above, draw the route and the types of transportation the students took. Write down also any information you learned about the places visited or the types of transportation.

Sterke verb [STRONG VERBS]

Infinitive		Present tense	Past tense	Present perfect
bli	*become; stay*	Jeg **blir** her.	Jeg **ble** her.	Jeg **har blitt** her.
dra	*go; leave*	Jeg **drar** hjem.	Jeg **dro** hjem.	Jeg **har dratt** hjem.
drikke	*drink*	Jeg **drikker** kaffe.	Jeg **drakk** kaffe.	Jeg **har drukket** kaffe.
drive	*do*	Jeg **driver** med yoga.	Jeg **drev** med yoga.	Jeg **har drevet** med yoga.
finne	*find*	Jeg **finner** veien.	Jeg **fant** veien.	Jeg **har funnet** veien.
forstå	*understand*	Jeg **forstår**.	Jeg **forsto**.	Jeg **har forstått**.
få	*get, receive*	Jeg **får** en e-post.	Jeg **fikk** en e-post.	Jeg **har fått** en e-post.
gi	*give*	Jeg **gir** ham en gave.	Jeg **ga** ham en gave.	Jeg **har gitt** ham en gave.
gjøre	*do*	Jeg **gjør** lekser.*	Jeg **gjorde** lekser.	Jeg **har gjort** lekser.
gå	*go*	Jeg **går** på museum.	Jeg **gikk** på museum.	Jeg **har gått** på museum.
hjelpe	*help*	Jeg **hjelper** turister.	Jeg **hjalp** turister.	Jeg **har hjulpet** turister.
komme	*come*	Jeg **kommer** hjem.	Jeg **kom** hjem.	Jeg **har kommet** hjem.
se	*see*	Jeg **ser** fjorden.	Jeg **så** fjorden.	Jeg **har sett** fjorden.
si	*say*	Jeg **sier** det.*	Jeg **sa** det.	Jeg **har sagt** det.
skrive	*write*	Jeg **skriver** et brev.	Jeg **skrev** et brev.	Jeg **har skrevet** et brev.
sove	*sleep*	Jeg **sover** godt.	Jeg **sov** godt.	Jeg **har sovet** godt.
spørre	*ask*	Jeg **spør** ham.*	Jeg **spurte** ham.	Jeg **har spurt** ham.
stå	*stand*	Jeg **står** på ski.	Jeg **sto** på ski.	Jeg **har stått** på ski.
synge	*sing*	Jeg **synger** i kor.	Jeg **sang** i kor.	Jeg **har sunget** i kor.
ta	*take*	Jeg **tar** bussen.	Jeg **tok** bussen.	Jeg **har tatt** bussen.
treffe	*meet*	Jeg **treffer** venner.	Jeg **traff** venner.	Jeg **har truffet** venner.
vite	*know*	Jeg **vet** det.*	Jeg **visste** det.	Jeg **har visst** det.
være	*be*	Jeg **er** turist.*	Jeg **var** turist.	Jeg **har vært** turist.

Svake verb [WEAK VERBS]

Group 1: (Stem ends in 2 consonants / -et, -et)   Group 3: (Stem ends in diphthong, -g, -v / -de, -d)
Group 2: (Stem ends in 1 consonant / -te, -t)   Group 4: (Stem ends in stressed vowel / -dde, -dd)

Infinitive		Present tense	Past tense	Present perfect
overnatte	*overnight*	Jeg **overnatter** her.	Jeg **overnattet** her.	Jeg **har overnattet** her.
snakke	*talk*	Jeg **snakker** norsk.	Jeg **snakket** norsk.	Jeg **har snakket** norsk.
besøke	*visit*	Jeg **besøker** dem.	Jeg **besøkte** dem.	Jeg **har besøkt** dem.
reise	*travel*	Jeg **reiser** til Norge.	Jeg **reiste** til Norge.	Jeg **har reist** til Norge.
leie	*rent*	Jeg **leier** en bil.	Jeg **leide** en bil.	Jeg **har leid** en bil.
prøve	*try*	Jeg **prøver**.	Jeg **prøvde**.	Jeg **har prøvd**.
bo	*live*	Jeg **bor** på hotell.	Jeg **bodde** på hotell.	Jeg **har bodd** på hotell.
ha	*have*	Jeg **har** et kart.	Jeg **hadde** et kart.	Jeg **har hatt** et kart.*

Modalverb [MODAL VERBS]

Infinitive	Present tense	Past tense
burde (ought to, should)	Jeg **bør** sove.	Jeg **burde** sove.
kunne (can)	Jeg **kan** forstå.	Jeg **kunne** forstå.
måtte (must, have to)	Jeg **må** dra.	Jeg **måtte** dra.
skulle (shall, will)	Jeg **skal** reise.	Jeg **skulle** reise.
ville (want, will)	Jeg **vil** spise.	Jeg **ville** spise.

øving e.
PRESENS / INFINITIV

Complete the sentences with one of the following:
a) infinitive (used after modal verbs);
b) å + infinitive (used after verbs such as *liker, pleier, prøver, trenger, begynner, slutter, lærer*) (used after expressions such as *har lyst til, er flink til, er interessert i*)
c) present tense (add -r to the infinitive except *vite, gjøre, være, spørre, si*)

1. Hvor skal dere _____ i sommer *(reise)?* Vi har lyst til _____ til Europa *(reise),* men vi _____ ikke *(vite)* om vi _____ råd til det *(ha).*

2. Om sommeren pleier vi _____ slektningene våre i Norge *(besøke).* De _____ på en gård på Vestlandet *(bo).* De liker _____ bønder *(være),* men de gleder seg til _____ på ferie hvert år *(dra).*

3. Jeg kan ikke _____ å reise med fly *(fordra).* Jeg _____ det likevel *(gjøre)* fordi jeg vil _____ sommeren i Europa *(tilbringe).*

øving f.
PRETERITUM

Fill in the past tense form of the verb.
a) Past tense is used to describe events that took place at specific times in the past.
b) Regular endings are added to the four classes of weak verbs (-et, -te, -de, -dde), but the strong verb forms must be memorized.

1. I sommer _____ vi med toget til Bergen *(reise)* og _____ en fantastisk ferie der *(ha).* Sola _____ hver dag *(skinne),* og det _____ ikke én eneste gang *(regne).* Vi _____ til Fisketorget, Bryggen og Akvariet *(dra*),* og vi _____ Fløibanen til toppen av Fløien *(ta*).* Derfra _____ vi en flott utsikt over hele byen *(få*).* Vi _____ av på terrassen utenfor restauranten *(slappe),* _____ en god middag *(spise)* og _____ et par øl *(drikke*).*

2. For to år siden _____ vi langs kysten av Norge med Hurtigruta *(reise).* Reisa vår _____ i Bergen *(begynne)* og _____ i Kirkenes *(slutte).* På veien _____ vi i mange flotte byer, som Trondheim, Bodø og Tromsø *(stoppe),* og vi _____ fantastisk natur *(se*).* Dessuten _____ vi mange andre turister *(treffe*)* som vi _____ godt kjent med *(bli*).* Det _____ veldig avslappende å være på båten *(være*).* Vi _____ *(lese),* _____ Sudoku *(gjøre*)* og _____ postkort *(skrive*).*

øving g.
PERFEKTUM

Discuss what activities you have done with another student. Use the question below and the verbs on the previous page.

a) Present perfect is used to describe events that took place at an unspecified time in the past, events that started in the past and are still continuing, and actions that have just been completed.
b) Present perfect consists of the helping verb "har" and the participle. The participles of strong verbs must be memorized, but the participles of weak verbs receive regular endings (-et, -t, -d, -dd).
_____ du _____? Ja, det har jeg. | Nei det har jeg ikke.

Ordstilling: Inversjon [WORD ORDER: INVERSION]

When describing a trip you have taken, you will need to use a variety of adverbials as well as dependent clauses. When adverbials or dependent clauses start a sentence, there will always be inversion of the subject and verb after them. See the examples below.

Tidsadverbial

Normal word order *Adverbial in the middle or end of the sentence*	Inverted word order *Adverbial at the beginning of the sentence*
Vi var i Norge **fra 1. til 5. juli.**	**Fra 1. til 5. juli** <u>var vi</u> i Norge.
Vi reiste til Kristiansand **første dag.**	**Første dag** <u>reiste vi</u> til Kristiansand.
Vi dro videre til Stavanger **neste dag.**	**Neste dag** <u>dro vi</u> videre til Stavanger.
Vi tok båten til Bergen **siste dag.**	**Siste dag** <u>tok vi</u> båten til Bergen.
Vi reiste **så** med fly til New York.	**Så** <u>reiste vi</u> med fly til New York.
Vi dro **deretter** til Minneapolis med fly.	**Deretter** <u>dro vi</u> til Minneapolis med fly.

Stedsadverbial

Normal word order *Adverbial in the middle or end of the sentence*	Inverted word order *Adverbial at the beginning of the sentence*
Vi bodde på hotell **i Kristiansand.**	**I Kristiansand** <u>bodde vi</u> på hotell.
Vi dro på sightseeing **der.**	**Der** <u>dro vi</u> på sightseeing.
Vi reiste med tog til Stavanger **fra Kristiansand.**	**Fra Kristiansand** <u>reiste vi</u> med tog til Stavanger.
Vi tok båten til Bergen **derfra.**	**Derfra** <u>tok vi</u> båten til Bergen.

Overgangsord *(derfor, dessuten, dessverre, egentlig, endelig, ellers, heldigvis, likevel, vanligvis)*

Normal word order *Adverbial in the middle or end of the sentence*	Inverted word order *Adverbial at the beginning of the sentence*
Vi besøkte **derfor** Troldhaugen i Bergen.	**Derfor** <u>besøkte vi</u> Troldhaugen i Bergen.
Vi dro **dessuten** på fisketur.	**Dessuten** <u>dro vi</u> på fisketur.
Sola skinte **heldigvis.**	**Heldigvis** <u>skinte</u> sola.
Vi gikk **likevel** på fottur.	**Likevel** <u>gikk vi</u> på fottur.
Vi kom **endelig** tilbake til Oslo.	**Endelig** <u>kom vi</u> tilbake til Oslo.

 øving h.
INVERSJON

Describe the trip below. Start each sentence with the adverbial printed in bold type. Remember to invert the subject and the verb.

1. Vi var i Norge **fra 23. til 30. juni.**
2. Vi tok toget til Trondheim **første dag.**
3. Vi besøkte Nidarosdomen og Musikkmuseet **der.**
4. Vi dro **dessuten** på shopping i sentrum.
5. Vi reiste videre med tog til Bodø **neste dag.**
6. Vi overnattet på hotell **i Bodø.**
7. Det kostet **heldigvis** ikke så mye.
8. Vi leide **så** bil og kjørte til Skutvik.
9. Vi tok båten til Lofoten **derfra.**
10. Vi bodde på campinghytte der **i tre dager.**
11. Vi reiste med fly tilbake til Oslo **siste dag.**

Leddsetninger

Normal word order *Dependent clause at the end of the sentence*	**Inverted word order** *Dependent clause at the beginning of the sentence*
Vi fisket ikke **hvis det var kaldt ute.**	**Hvis det var kaldt ute,** <u>fisket vi</u> ikke.
Vi reiste til Tromsø **fordi vi ville se midnattssola.**	**Fordi vi ville se midnattssola,** <u>reiste vi</u> til Tromsø.
Vi la oss seint **siden nettene var så lyse.**	**Siden nettene var så lyse,** <u>la vi</u> oss seint.
Vi reiste til Norge **selv om alt var så dyrt.**	**Selv om alt var så dyrt,** <u>reiste vi</u> til Norge.
Vi skal lage fotoalbum **når vi kommer hjem.**	**Når vi kommer hjem,** <u>skal vi</u> lage fotoalbum.
Vi så midnattssola **da vi kom til Bodø.**	**Da vi kom til Bodø,** <u>så vi</u> midnattssola.
Vi tok mange bilder **mens vi reiste.**	**Mens vi reiste,** <u>tok vi</u> mange bilder.
Vi badet **før vi spiste frokost.**	**Før vi spiste frokost,** <u>badet vi.</u>
Vi reiste til Alta **etter at vi hadde vært i Bodø.**	**Etter at vi hadde vært i Bodø,** <u>reiste vi</u> til Alta.

💬 **øving i.**
INVERSJON

Use the vocabulary provided below to create descriptions of several short trips you have taken. Use past tense and try to start some of the sentences with adverbials or dependent clauses.

1. reise med tog fra Oslo til Bergen
   bo på hotell i Bergen
   besøke Grieghallen og Fløyen
   dra på båttur
   reise hjem

2. leie bil,
   kjøre til Trondheim,
   brettseile, bade, dykke og fiske
   ligge i telt
   spise brødskiver med
   peanøttsmør, drikke øl

3. ta flyet til Narvik
   stå på slalåm, gå på ski
   bo på hytte, spise på kafé
   besøke Krigsmuseet
   dra til Lofoten, overnatte på hotell
   reise hjem

4. ta toget fra Oslo til Myrdal
   sykle fra Myrdal til Flåm
   bade i fjorden, spise på hotell
   gå på dans, drikke vin
   ligge i telt, reise hjem med tog

ℹ️ Innblikk

The majority of foreign tourists in Norway are from Germany (25%), the Netherlands & Belgium (10%) and the US and Sweden (9% each). ■

Source: visitnorway.com

øving j.
NORGESTUREN 2023

Trace the route of this tour on a map of Norway. Read the text again and circle the adverbials and the dependent clauses that help connect the sentences in the text.

Hei, jeg heter Kristina og er 16 år gammel. I sommer reiste jeg til Norge for første gang sammen med familien min. Vi var i Norge i 10 dager, fra 1. til 10. august.

Første dag reiste vi med fly fra Minneapolis via Amsterdam til Oslo. Vi overnattet på et koselig hotell i Oslo sentrum, bare fem minutter fra Karl Johans gate.

Andre dag besøkte vi Vigelandsparken og Vigeland-museet om formiddagen. Jeg tok mange bilder av skulpturene og likte best granittgruppene plassert rundt Monolitten.

Så tok vi T-banen til Frognerseteren. Vi spiste lunsj på terrassen utenfor restauranten og nøt utsikten over hele Oslofjorden. Om ettermiddagen gikk vi på fottur i Nordmarka.

Tredje dag dro vi på sightseeing i sentrum. Vi begynte ved Slottet og gikk nedover Karl Johans gate til Oslo S. Vi tok mange bilder av Slottet, Universitetet, Nationaltheatret og Stortinget. Dessuten kjøpte vi suvenirer til vennene våre.

Deretter gikk vi til havna og spiste ferske reker til lunsj på Aker Brygge. Det var kjempedeilig! Etterpå besøkte vi Rådhuset og Akershus slott og festning. Jeg elsket det gamle slottet, og derfra var det flott utsikt over havna og fjorden.

Fra Oslo reiste vi til Lillehammer med tog. Der traff vi de norske slektningene våre for første gang. De viste oss byen, Olympiaparken og Maihaugen. Jeg snakket norsk med dem og kunne forstå det meste de sa. Det var gøy!

Neste dag kjørte vi til Geiranger sammen med slektningene våre. Foreldrene mine syntes det var litt skummelt å kjøre Trollstigen, men jeg syntes det var spennende. Da vi kom til Geiranger, var det helt klart med solskinn. For en flott utsikt!

I Geiranger dro vi på fjordcruise og handlet i butikkene. Det var tre cruiseskip i enden av fjorden den dagen og mange busser med turister som ankom byen.

Da vi kom til Gudvangen neste dag, tok vi avskjed med slektningene våre. Det var trist fordi vi hadde fått så god kontakt med dem. De sa at de kanskje skulle ta en tur til USA neste år!

Fra Gudvangen tok vi rundturen som heter «Norge i et nøtteskall». Det var en avslappende og nydelig båttur til Flåm og derfra ei spennende togreise med Flåmsbana. Fra Myrdal tok vi toget videre til Bergen.

Bergen er en koselig by som er omkranset av sju fjell, og der avsluttet vi reisa vår. Høydepunktene var å treffe slektningene våre og oppleve den norske naturen! Vi har lyst til å komme tilbake og ta en tur med Hurtigruta!

🔍 i fokus: festivaler i Norge

Hvert år arrangeres det over 100 festivaler i Norge. Det er spesielt mange musikkfestivaler, som fokuserer på alt fra klassisk musikk til jazz og rock. I tillegg er det festivaler som er bygd opp rundt historiske begivenheter, litteratur, kunst, film, teater, dans og lokale tradisjoner. I de seinere år har mange av de største festivalene fått et bredere fokus og begynt å presentere kunst i mange forskjellige sjangre: musikk, litteratur, teater, dans, billedkunst osv. Nedenfor er det eksempler på noen av de mest kjente festivalene.

FESTSPILLENE	Festspillene i Bergen, Festspillene i Nord-Norge
KLASSISK MUSIKK	Hardanger musikkfest, Nordlysfestivalen, Oslo Kammermusikkfestival, Vinterfestspill i Bergstaden
JAZZ	Moldejazz, Vossa Jazz, Kongsberg Jazzfestival, Oslo Jazzfestival
POP / ROCK / HIPHOP	Norwegian Wood, Øyafestivalen, Palmesus
TEATER / LITTERATUR	Peer Gynt-stemnet, Bjørnsonfestivalen, Norsk litteraturfestival
FILM	Tromsø Internasjonale Filmfestival, Den norske filmfestivalen
HISTORISKE BEGIVENHETER	Olsokdagene på Stiklestad
FOLKEMUSIKK	Landskappleiken, Landsfestivalen i gammaldansmusikk
URBEFOLKNING	Samisk Musikkfestival, Riddu Riđđu
SKEIV KJÆRLIGHET	Oslo Pride

Riddu Riđđu

Riddu Riđđu er en samisk kulturfestival og en internasjonal urfolksfestival. Den arrangeres hver sommer på Riddu-sletta i den sjøsamiske kommunen Gáivuotna/Kåfjord i Nord-Troms, 15 mil nord for Tromsø. Festivalens formål er å gjøre den sjøsamiske kulturen kjent og fremme respekt og toleranse.

Riddu Riđđu presenterer hvert år både etablerte og ukjente samiske artister fra Norge i tillegg til urfolksartister fra Skandinavia, Sibir, Grønland, Nord-Amerika og en rekke andre land. Siden begynnelsen i 1991 har festivalen vokst mye, og består nå både av konserter, forestillinger, barnefestival, seminarer, kurs og sirkus. De siste årene har det også vært visninger av dokumentarfilmer som tar opp aktuelle politiske spørsmål knyttet til urfolk verden over.

Festivalen har blitt én av de største internasjonale feiringene av urfolkstradisjoner, men er også et sted der ulike kulturuttrykk og tradisjoner møtes – joikere og sjamaner står på samme scene som rockere og akrobater.

Øyafestivalen

Øyafestivalen er en pop- og rockfestival som arrangeres hver sommer i Oslo. Festivalen ble holdt første gang på Kalvøya i 1999, men den ble flyttet til Middelalderparken i Gamlebyen i 2001 og til Tøyenparken i 2014. De siste årene har festivalen vokst veldig fort og er nå én av de største festivalene i Norge med over 90 000 besøkende.

Festivalen er særlig kjent for å løfte frem nye, norske artister. Noen av de norske artistene som har spilt på Øyafestivalen er DeLillos, Sondre Lerche, Ane Brun, Röyksopp og Thomas Dybdahl. Det er også mange andre nordiske og internasjonale artister som spiller på festivalen hvert år. Noen eksempler er: Björk (IS), Sigur Rós (IS), Lykke Li (SE), Bon Iver (US), Florence and the Machine (UK), Lily Allen (UK), Wilco (US), Kanye West (US) og Feist (CA).

I mai 2014 ble Miniøya holdt for første gang i Tøyenparken. Miniøya er Norges største barnefestival og fokuserer på musikk, dans, teater, litteratur, kunst og film. Miniøya er et alkohol- og røykfritt arrangement som tilbyr kulturopplevelser for barn i et trygt og inkluderende miljø.

Olsokdagene

I juli hvert år arrangeres Olsokdagene på Stiklestad utenfor Trondheim. Olsokdagene er en ti dagers festival bygget opp rundt teaterstykket «Spelet om Heilag Olav». Dette stykket forteller historien om «Norges evige konge» Olav Haraldsson som falt på Stiklestad i 1030. Ved siden av spelet inneholder Olsokdagene middelaldermarked, kunstutstillinger, konserter og aktiviteter for barn. De siste årene har over 50 000 mennesker besøkt denne festivalen.

«Spelet om Heilag Olav» er Nordens største og eldste friluftsteater, og det blir fremført på en friluftscene med plass til 5500 tilskuere. Over 700 mennesker er involvert i å sette opp denne forestillingen, både profesjonelle skuepillere og musikere, amatører, kor, statister og frivillige som jobber bak scenen.

«Spelet om Heilag Olav» forteller historien om den kristne vikingkongen Olav Haraldsson som falt i kamp på Stiklestad 29. juli 1030. Sagaene forteller at Olavs hår og negler fortsatte å vokse etter hans død, og at det skjedde mirakler rundt hans gravsted. Ett år seinere ble han gjort til helgen og fikk navnet Olav den hellige, eller Hellig Olav. Nidarosdomen i Trondheim ble bygget over Olav den helliges gravsted, og Trondheim ble ett av de store pilegrimsmålene i Europa i middelalderen.

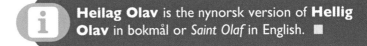
Heilag Olav is the nynorsk version of **Hellig Olav** in bokmål or *Saint Olaf* in English.

øving k. FESTIVALER I NORGE — Work alone or with another student and do further research on one of the festivals in Norway. Make a small poster about the festival with photos and text, and be prepared to present your festival to other students in the class.

Uttale: Nasjonalsangen - «Ja, vi elsker»

One of the best times to visit any Norwegian city or town is on the 17th of May, when you can see hundreds or thousands of Norwegians parading in their **bunader**, waving Norwegian flags, and singing their national anthem, "Ja, vi elsker."

Ja, vi elsker dette landet
som det stiger frem
furet, værbitt over vannet
med de tusen hjem.
Elsker, elsker det og tenker
på vår far og mor
og den saganatt som senker
drømme på vår jord.

The text was written by Bjørnstjerne Bjørnson, a Norwegian author, journalist, and political activist who won the Nobel Prize for Literature in 1903. Bjørnson's cousin, Rikard Nordraak, wrote the melody. The anthem was first performed publicly on the 50th anniversary of the Norwegian constitution in 1864.

 **øving 1.**
NASJONALSANGEN

Listen to "Ja, vi elsker" and do the listening exercises below.

Pre-listening:
Using the rules that you have learned for stress, circle five syllables that you think will be stressed and cross out five that will be unstressed.

Listening:
Listen to a recording of the song to see if your guesses were correct.

Post-listening:
What is this song about? How are Norwegians and Norway portrayed? How does this national anthem compare to others that you know? Consider the lyrics, melody, associations and symbolism.

i Innblikk 17. mai

17. mai (*17th of May*) celebrates the signing of the Norwegian constitution at Eidsvoll in 1814. While many countries mark their national days by holding military parades, the highlight of **17. mai** in Norway is **barnetoget** (*the children's parade*). Bjørnstjerne Bjørnson organized the first children's parade in Christiania (Oslo) in 1870. After Norway won its independence from Sweden in 1905, the royal family started a tradition of waving to the public from the palace balcony in Oslo while the school children and youth with banners, flags, and bands march by in a parade. Over 30 000 young people take part in the children's parade in Oslo, and there are similar local parades across the country on this day of celebration. ∎

REPETISJON: ORD OG UTTRYKK

30. Reiser i Norge	30. Trips in Norway
Hvor reiste du i sommer? Jeg reiste til _____. (Norge, Sverige, Danmark, Europa, utlandet)	***Where did you travel this summer?*** *I traveled to _____.* *(Norway, Sweden, Denmark, Europe, abroad)*
Hvor lenge var du i Norge? Jeg var i Norge i _____. (fem dager, ei uke, to uker, en måned)	***How long were you in Norway?*** *I was in Norway for _____.* *(five days, a week, two weeks, a month)*
Når reiste du? Når kom du hjem? Jeg reiste 1. juni og kom hjem 12. juni.	***When did you leave? When did you come home?*** *I left June 1st and came home June 12th.*
Hvordan reiste du til Norge? Jeg reiste med fly til Norge via Amsterdam.	***How did you travel to Norway?*** *I traveled by plane to Norway via Amsterdam.*
Hvordan reiste du rundt i Norge? Jeg reiste med _____. (bil, buss, tog, båt, Hurtigruta, fly)	***How did you travel around in Norway?*** *I traveled by _____.* *(car, bus, train, boat, Coastal Steamer, plane)*
Hvordan reiste du rundt i Oslo? Jeg reiste med _____. (sykkel, bil, buss, trikk, T-bane, drosje)	***How did you travel around in Oslo?*** *I traveled by _____.* *(bicycle, car, bus, streetcar, subway, taxi)*
Hvor overnattet du? Jeg overnattet _____. (på pensjonat, på hotell, på fjellstue, på hytte, på campinghytte, i campingvogn, i bobil, i telt)	***Where did you stay?*** *I stayed _____.* *(in a bed and breakfast, in a hotel,* *in a mountain hotel, in a cabin, in a camping cabin,* *in a camping trailer, in an RV, in a tent)*
Hva gjorde du mens du var i Norge? Jeg _____. (besøkte slektninger, dro på sightseeing, besøkte historiske bygninger, gikk på museer, gikk på kunstgallerier, gikk på konserter, gikk på teater, dro på shopping, tok bilder, slappet av, leste, badet, solte meg, gikk tur, gikk på fottur, syklet)	***What did you do while you were in Norway?*** *I _____.* *(visited relatives, went sightseeing,* *visited historical buildings, went to museums,* *went to galleries, went to concerts, went to* *the theater, went shopping, took photos, relaxed, read,* *swam, sunbathed, went for walks, hiked, biked)*
Hvordan var været? _____. (Det var fint vær! | Det var dårlig vær! Sola skinte. | Det regnet. | Det blåste. Det var tåkete. | Det snødde.)	***How was the weather?*** *_____.* *(It was nice weather! | It was bad weather!* *The sun shone. | It rained. | It was windy.* *It was foggy. | It snowed.)*
Hvilke turistattraksjoner besøkte du? Jeg besøkte _____. (Vikingskiphuset, Vigelandsparken, Fisketorget, Bryggen, Nidarosdomen)	***What tourist attractions did you visit?*** *I visited _____.* *(Viking Ship Museum, Vigeland Sculpture Park,* *the Fish Market, the Wharf, Nidaros Cathedral)*

Permissions

Section 6 (Ch. 16-18):

p. 7: Information, snl.no

p. 11: Statistics, Statistisk Sentralbyrå (SSB)

p. 14: Statistics, Statistisk Sentralbyrå (SSB)

p. 21: Information, snl.no

p. 33: Article: "Sjekketriks fra gaten," Aftenposten, used by permission.

p. 34: Statistics, Statistisk Sentralbyrå (SSB)

Section 7 (Ch. 19-21):

p. 48: Statistics, Statistisk Sentralbyrå (SSB)

p. 55: Map from regjeringen.no

p. 62-3: Statistics, Statistisk Sentralbyrå (SSB)

pp. 70-71: Illustrations from Hellvik Hus, used by permission.

p. 73: Statistics, Statistisk Sentralbyrå (SSB)

Section 8 (Ch. 22-24):

p. 94: Information, cbsnews.com

p. 101: Information, Lederne.no and Statistisk Sentralbyrå (SSB)

p. 102-3: Statistics, Statistisk Sentralbyrå (SSB) and Organisation for Economic Co-operation and Development (OECD)

p. 109: Statistics, Statistisk Sentralbyrå (SSB) & nye.econa.no, skatteetaten.no

p. 111: Statistics, Statistisk Sentralbyrå (SSB)

p. 116-7: Statistics, Statistisk Sentralbyrå (SSB)

p. 123: Statistics, United Nations Development Programme, Human Development Reports

p. 131: Information in article, world happiness report

Section 9 (Ch. 25-27):

p.138: Article and yoga sequence, Diane Ambrosini, used by permission

p. 150: Statistics, Statistisk Sentralbyrå (SSB)

p. 160: Statistics, Statistisk Sentralbyrå (SSB)

p. 166: Folkehelseinstituttet

p. 171: Statistics, Statistisk Sentralbyrå (SSB)

pp. 174-5: Statistics, Statistisk Sentralbyrå (SSB)

Section 10 (Ch. 28-30):

p. 190: Pew Research, Statistisk Sentralbyrå (SSB), Statista.com

p. 191: Statistisk Sentralbyrå (SSB), and NAF

p. 191: visitnorway.com

p. 215: visitnorway.com

Photo Credits

Thank you to these students, colleagues, and friends for contributing photos:
Bruce Aarsvold, Helmer Aslaksen, Alan Batemann, Douwe Brouwer, Elena Christensen, Liv Dahl, Ottar and Peder Dahl, Reed Deardorff, Sarah Derry, Erika Espey-Sundt, Brock Foreman, Mark Fulton, Melissa Gjellstad, Peggy Hager, Milda Halvorson and Concordia College, Serianna Henkel, Frode Husvær and Helge, Chelsey Johnson, Thea Lund, Molly Manago, Mitchell Moe, Laura Moquin, Katinka Nagell, Margaret Hayford O'Leary, Chizoba Ozowara, Nicholas Ritz, Ty Robinson, Jack Schoephoerster, Heather Gliadon Schraan, Krista Schweppe, Nora Serres, Nina Slupphaug, Line Solum, Åsmund Svensson, Britta Opal Aasgaard Weber, John Weinstock, Michael Williamson, Elsa Worthington, Ebru Yayla, Kjell and Judy Åvendal

Photo Credits

A special thank you to Jostein, Bente, Dorthea and Elen Solem:
They have allowed us to share with our learners a glimpse of their private family moments.

Thank you to these companies, organizations and others for contributing photos:
AdinaVoicu, Atomicbre, Bamble Kommune, Ekornes ASA, Engelsviken Brygge Fiskerestaurant, Fellesstudentsystem.no, Jørgen Gomnæs - Det kongelige hoff, Hellvik hus, Kenneth Hætta, Jamesbond raul, Jocian, Morten Knutsen, Kotoviski, Lunkwill, Maarud Mediabank, MatPrat Bildearkiv (Synøve Dreyer, Astrid Hals, Aina C. Hole, Anne Manglerud, Mari Svenningsen, Studio Dreyer-Hensley), Alfred Nitsch, Norges Bank, Norway Cup, Karin_Beate_Nosterud, orchidgalore, Oslo Foodie, Prizm, Punctured bicycle, Skogfjorden, St. Olaf College, TINE Mediabank, TINE Mediabank (Eva Brænd, Synøve Dreyer, James Hensley, inkognito as), Christian Fredrik Wesenberg, Jan Roger Østby (Sametinget)

Images from Fotolia, Adobe Stock and Google:
abilitychannel, Africa Studio, aigarsr, ajr_images, aleciccotelli, Alen-D, alephcomo1, Alexanderkonsta, Alexandra, Alex F, Alexanderjoahansen198, alexmu, Alliance, Allie, Morten Almeland, Galyna Andrushko, Polat Alp, Anatolii, andreaxt, andreusK, Andrew, angiolina, Subbotina Anna, annata78, Anterovium, antiksu, Antonioguillem, antonsov85, aqvamarine, artivista | werbeatelier, asantosg, Sergey Ashmarin, aspasy, AstroBoi, Peter Atkins, auremar, Arancio, R.Babakin, Bacho Foto, Ingo Bartussek, Andrew Bayda, Becker, Øyvind Berg, bert_phantana, berzina, bibi, BIL, Bill, Bits and Splits, Bjoertvedt, Mariusz Blach, blackday, BluedarkArt, BlueOrange Studio, BlueSkyImages, bokan, bonciutoma, Stepan Bormotov, bradcalkins, Brebca, wiktor bubniak, camrocker, cat_smile, Cccc3333, diego cervo, Jacek Chabraszewski, chayathon2000, ckimballphoto, Clichesdumonde, cook_inspire, James Cridland, cristovao31, cromary, CssAndDesign, cunico, Magnus D, Vladyslav Danilin, Simon Dannhauer, danr13, Daxiao Productions, Leonid & Anna Dedukh, Anne DEL SOCORRO, olga demchishina, dgalicia, zhu difeng, dimakp, D.R., dubova, duckman76, Alona Dudaieva, Edgie, effe64, egschiller, ellemarien7, Elnur, EM Art, emirkoo, Daniel Ernst, Fanfo, FedotovAnatoly, felinda, Hugo Félix, Mercedes Fittipaldi, forcdan, fotonen, Fotos 593, francescodemarco, Liv Friis-larsen, Vladislav Gajic, galina.legoschina, GalinaSt, James Gathany, Vladimir Gelpi, Gerasimov, Marzia Giacobbe, gioppi, gmeviphoto, godfer, GoodMood Photo, goodween123, Joe Gough, Andreas Gradin, Gresei, Scott Griessel, Kaspars Grinvalds, Halfpoint, Mat Hayward, heinteh, Alf Sigurd Helgeland, Rick Henzel, Jiri Hera, highwaystarz, Chell Hill, Christian Hillebrand, Jari Hindström, Brent Hofacker, Nataliya Hora, Charlie Hutton, hsagencia, hypotekyfidler.cz, icsnaps, iko, iliadilium, indigolotos, irimeiff, iuneWind, ivabalk, Vlad Ivantcov, JackF, Jag_cz, javarman, jeancliclac, Jenifoto, jolopes, jason gessner, JJAVA, Lars Johansson, jolopes, Lars-Ove Jonsson, julaszka, Kadmy, kai, Kalim, Alexandra Karamyshev, karandaev, karenfoleyphoto, Kartouchken, katarinagondova, ka_terina14, kavring, Kenishirotie, Denis Khveshchenik, Khvost, kichigin19, philip kinsey, klange01, Kletr, kolevv, Nobuyuki Kondo, konstantant, kontur-vid, Patryk Kosmider, Kati Kosonen, koss13, Maksim Kostenko, Olga Kovalenko, krasyuk, Hunor Kristo, Kurhan, Kzenon, laboo, francis lambert, lana_lyst, Johan Larson, Jorge Láscar, Aliaksei Lasevich, Aleksei Lazukov, lefata, Robert Lehmann, leungchopan, lightwavemedia, littlestocker, Lkstrand, Christin Lola, Pavel Losevsky, Maxim Loskutnikov, Lovunka, Lsantilli, ludmilafoto, luismolinero, lulu, Lena Groven Løkslid, magann, Mikhail Malyugin, manaemedia, Sandra Manske, Piotr Marcinski, margo555, Maridav, mariontxa, Mariuszjbie, mariuszks, mark_hubskyi, marokina, Sergio Martínez, masterloi, Saskia Massink, Alexander Maximov, Maxxii, Maygutyak, Alasdair McLellan, Vladimir Melnikov, Melpomene, Jasmin Merdan, metrue, mettus, michaeljung, milanmarkovic78, mirkorrosenau4, Mita Stock Images, mitev, Mivr, MNStudio, Igor Mojzes, Edvard Molnar, monamakela.com, Monart Design, Monkey Business, monticellllo, Morgenstjerne, Sergii Moscaliuk, Sergii Mostovyi, MovingMoment, MR, mrcmos, mrks_v, mylips, nanisimova, nata777_7, Nelos, Michael Neuhauß, Nightman1965, nito, Sergey Nivens, Nomad_Soul, NorGal, Kira Nova, Zbyszek Nowak, nyul, Byelikova Oksana, oldbunyip, OlegDoroshin, olmarmar, Tyler Olson, olya6105, onepony, oocoskun, OPgrapher, opticalearth, ottoflick, Alena Ozerova, Paasland, paffy, pete pahham, Pakhnyushchyy, James Palinsad, slavomir pancevac, Ana Blazic Pavlovic, Pellinni, perfectmatch, peshkova, Photographee.eu, photology1971, Photoman, PhotoSerg, Ludwig Pietsch, pikselstock, pipop_b, pixelrobot, Ekaterina Pokrovsky, polinaloves, poplasen, Andrey Popov, Giuseppe Porzani, pressmaster, Psop Photo, psynovec, puhhha, radub85, rasstock, Alexander Raths, Rawpixel.com, rdnzl, Joshua Resnick, Rido, rilueda, rimglow, robepco, rodho, Rodenberg, ronstik, rookie72, Viktor Rydberg, sad, Sailorr, sakkmesterke, Serg Salivon, John Sandoy, Sasajo, Irina scaliger, Schmidt, Tristan Schmurr, sebra, Rostislav Sedlacek, seksanwangjaisuk, juri semjonow, Oleksii Sergieiev, SergiyN, sergojpg, Shakzu, Maksim Shebeko, Yuriy Shevtsov, Iriana Shiyan, .shock, Serhii Siedykh, sigive, siraphol, Natalija Sirokova, slasnyi, s_l, s_lena, Elmer Boyd Smith, Jonas Smith, somjring34, sommai, Sondem, Nikolai Sorokin, spectrumblue, stanciuc, starush, steamroller, Erik Stenvik, Elena Stepanova, Stillkost, Stocksnapper, Alex Stokes, strannik_fox, stuchin, sveta, Syda Productions, sylv1rob1, Diana Taliun, taniho, Tarabalu, Tarzhanova, Tatty, terex, Olena Teslya, Tesgro Tessieri, theartofphoto, thepoo, Malene Thyssen, Tim UR, Iryna Tiumentseva, tmc_photos, TonyRecena, travelwitness, TTstudio, Svein-Magne Tunli, Tupungato, tycoon101, undrey, valery121283, Jouke van Keulen, Vincent van Zeijst, vaz1, vetre, vichie81, Viktor, De Visu, vladvm50, Alexandr Vlassyuk, volff, Vladimir Voronin, Voyagerix, vvoe, WavebreakmediaMicro, Piotr Wawrzyniuk, Brian Weed, wildman, WONG SZE FEI, Vladimir Wrangel, XtravaganT, Sergey Yarochkin, vadim yerofeyev, Can Yesil, yevgeniy11, yotrakbutda, yurakp, yuryimaging, Mara Zemgaliete, zoomyimages, ZorroIII, zstock, zdyma4, zybilo, 00Ffilip, 2002lubava1981, 3desc, 3355m, AboutLife, Aleix.G.U, Morten Normann Almeland, Morten Normann Almeland, Naser Amlani, Matthew Andersen, Lysenko Andrii, Leonid Andronov, Archi_Viz, Andrei Armiagov, Andrei Armiagov, Baigozin, BBA Photography, Nikola Bilic, Mikael Broms, Brunal, Grisha Bruev, Grisha Bruev, D Busquets, Ivan Cernicky, Jaromir Chalabala, Dmitry Chulov, Olga Danylenko, Ddandkhalee, Marius Doblias, dreamerve, EQRoy, Sergii Figurnyi, fotoandy, Frame Stock Footage, Frame Stock Footage, Nuva Frames, sofie Frydenlund, Peter Hermes Furian, Peter Hermes Furian, GaudiLab, Ingrid Emilie S Hansen, hxdbzxy, hyotographics, Adriana Iacob, Jasminko Ibrakovic, Mostovyi Sergii Igorevich, Mostovyi Sergii Igorevich, Dragon Images, Brian A Jackson, JR-stock, Yelo Jura, Rob Kints, kiuikson, Margit Kluthke, Asmus Koefoed, Yuganov Konstantin, Krakenimages.com, Schuchrat Kurbanov, I am Kulz, Adrian Larisz, l i g h t p o e t, Arild Lilleboe, Ingrid Maasik, Markus Mainka, Malin_82, Olga Miltsova, NadyaEugene, El Nariz, Bucha Natallia, nrqemi, Okrasiuk, Olezzo, All kind of people, Jamen Percy, Janusz Pienkowski, Procreators, Ground Picture, Ground Picture, Ground Picture, Ground Picture, Ground Picture, Ground Picture, Ground Picture, Ground Picture, Pixel-Shot, margouillat photo, Matt Makes Photos, Photoroyalty, PositiveTravelArt, Sahara Prince, Prophoto42, Prostock-studio, Rageziv, Rawpixel.com, Santi Rodriguez, Andrzej Rostek, Roman J Royce, George Rudy, SabineBPhotography, Scharfsinn, Roman Sigaev, SiljeAO, SiljeAO, SkandaRamana, Nataliia Sokolosvka, Ljupco Smokovski, Song_about_summer, spectrumblue, Stock-Asso, Tomsickova Tatyana, TuiPhotoEngineer, Olena Tur, Thor Jorgen Udvang, valeriiaarnaud, Leone_V, Leone_V, Mikhail Varentsov, Tatiana Volgutova, worldclassphoto, Olena Yakobchuk, zstock

About the Authors and Designers

Author **Kari Lie Dorer** is the King Olav V Endowed Chair in Scandinavian-American Studies and a Professor and Chair of the Norwegian Department and Director of Nordic Studies at St. Olaf College in Northfield, Minnesota. She specializes in the scholarship of teaching, foreign language instruction, curriculum development, the use of technology with language learning, Sámi studies and Nordic film. Kari completed her Ph.D. studies at the University of Texas at Austin in the Department of Germanic Studies with an emphasis in Applied Linguistics and a minor emphasis in Scandinavian Languages. Kari received her M.A. in Curriculum and Instruction of Second Languages and Cultures from the University of Minnesota and her B.A. in Scandinavian Studies, History, and Political Science from Concordia College in Moorhead, MN. After spending 10 years as a villager at Skogfjorden, the Norwegian language village located in Bemidji, MN, she attended eight study abroad programs, seven of which were in Norway. Previously, she taught Norwegian at the University of Minnesota and the University of Texas at Austin. In addition, Kari also taught courses in Scandinavian cooking in the Twin Cities area for 10 years.

Author **Nancy Aarsvold** retired from St. Olaf College in 2015 after teaching Norwegian for over 25 years at St. Olaf College, Augsburg College, and the University of Minnesota. She specializes in curriculum development, second language acquisition, and integrating technology into language learning. During her last several years at St. Olaf, Nancy served as the Assistant Director of Instructional Technology, providing campuswide leadership in integrating innovative technologies with effective pedagogical and research practices. Nancy received an M.A. in Scandinavian Studies with an emphasis in Curriculum and Instruction from the University of Minnesota and a B.A. in English and Norwegian as well as Secondary Teaching Certification from Pacific Lutheran University in Tacoma, Washington. In addition, she attended the Oslo International Summer School and the University of Oslo for a year and took *Diplomprøve i norsk språk og litteratur*.

Designer **Alli Hering** is a student at St. Olaf College from Apple Valley, MN. She is studying Political Science and Social Studies Education. Alli is an executive editor at the campus newspaper the Olaf Messenger. After school Alli plans on teaching American History and Government.

Designer **Erika Terwilliger** received her B.F.A. in Studio Art with distinction at St. Olaf College. After she graduated in 2016, she participated in the fifth-year emerging artist program at St. Olaf. Starting in the fall of 2017 she will take part in the University of Minnesota's MFA program where she will continue her work in printmaking, sculpture and ceramics.

Designer **Laura Moquin** received her B.A. in Anthropology and her B.F.A. in Studio Art at the University of Texas at Austin. It was here that she learned Norwegian with Kari Lie Dorer using the very first edition of *Sett i gang*! This fall, she will begin her M.A. in Scandinavian Studies at the University of Wisconsin Madison with the assistance of the L&S Community of Graduate Research Scholars Fellowship. She has also attended the University of Oslo International Summer School.

Designer **Chelsey Johnson** learned Norwegian at Skogfjorden and the University of Oslo, and spent several summers working for Skogfjorden, including one as dean of the credit abroad program in Sogndal, Norway. She is now an Assistant Professor of English at the College of William & Mary, where she teaches creative writing. She received her MFA from the University of Iowa and was a Stegner Fellow at Stanford. Her short stories have appeared in Ploughshares, One Story, NPR's Selected Shorts program, and other publications.

Made in United States
Orlando, FL
04 September 2024

51147195R00128